Der Datenzugriff der Finanzverwaltung
im Rahmen der (digitalen) Außenprüfung

Bochumer Schriften zum Steuerrecht

Herausgegeben von Roman Seer

Band 22

PETER LANG

Frankfurt am Main · Berlin · Bern · Bruxelles · New York · Oxford · Wien

Björn Schüßler

Der Datenzugriff der Finanzverwaltung im Rahmen der (digitalen) Außenprüfung

PETER LANG
Internationaler Verlag der Wissenschaften

Bibliografische Information der Deutschen Nationalbibliothek
Die Deutsche Nationalbibliothek verzeichnet diese Publikation in der Deutschen Nationalbibliografie; detaillierte bibliografische Daten sind im Internet über http://dnb.d-nb.de abrufbar.

Zugl.: Bochum, Univ., Diss., 2010

Umschlaggestaltung:
Olaf Glöckler, Atelier Platen, Friedberg

Abbildung auf dem Umschlag:
Siegel der Universität Bochum.
Abdruck mit freundlicher Genehmigung
der Universität Bochum.

Gedruckt auf alterungsbeständigem,
säurefreiem Papier.

D 294
ISSN 1613-933X
ISBN 978-3-631-60994-1

www.peterlang.de

Meinen Eltern,
Sabrina und Ben

Vorwort

Die vorliegende Untersuchung wurde im Sommersemester 2010 von der Juristischen Fakultät der Ruhr-Universität Bochum als Dissertation angenommen. Sie befindet sich auf dem Stand April 2009.

Mein Dank gilt zunächst meinem Lehrer Prof. Dr. Roman Seer für die Betreuung und Begutachtung der Arbeit sowie Prof. Dr. Walter Drenseck für die Erstellung des Zweitgutachtens.

Auch Prof. Dr. Klaus-Dieter Drüen, der in unserer gemeinsamen Zeit am Lehrstuhl für Steuerrecht an der Ruhr-Universität Bochum mein Interesse für dieses Thema geweckt hat und mich gerade in der Anfangsphase immer wieder ermutigt und unterstützt hat, schulde ich nicht minder größten Dank.

Ich widme dieses Buch meiner Familie. Meinen Eltern, ohne deren Hilfe ich diesen akademischen Weg niemals hätte beschreiten können. Meiner Ehefrau Sabrina, die mir immer den nötigen Freiraum eingeräumt hat, damit ich mich auf die Fertigstellung dieser Arbeit konzentrieren konnte und nicht zuletzt meinem Sohn Ben, der zwei Tage vor der mündlichen Prüfung das Licht der Welt erblickte und mir damit die nötige Ruhe und Kraft für diesen letzten Akt des Verfahrens gab.

Meinen besonderen Dank verdienen meine Freunde Barbara Jung und Vedo Ibrahimovic sowie mein Bruder Jens, die die Arbeit Korrektur gelesen und damit letztlich für eine veröffentlichungsfähige Version meiner Gedanken gesorgt haben.

Hagen, im Juli 2010 — Björn Schüßler

Inhaltsverzeichnis

Einleitung und Gang der Untersuchung

Das Steuersenkungsgesetz verankerte eine neue Prüfungsmöglichkeit der Finanzverwaltung in der Abgabenordnung. Die Befugnis des § 147 Abs. 6 AO eröffnet der Finanzverwaltung die Möglichkeit im Rahmen einer Außenprüfung die aufbewahrungspflichtigen Daten des Steuerpflichtigen, die er in digitaler Form vorhält, maschinell auszuwerten. Dieser so genannte „Datenzugriff" bei der in diesem Zusammenhang oft als „digital" bezeichneten Außenprüfung eröffnet der Finanzverwaltung den Anschluss an die modernen Prüfungstechniken, die bei den Abschlussprüfungen im Sinne der §§ 316 ff. HGB durch einen Wirtschaftsprüfer schon seit geraumer Zeit gängig sind.

Ziel dieser Arbeit ist es, die Neuregelung des Datenzugriffs rechtlich zu durchleuchten. Zunächst ist die Entwicklung der (Reichs-)Abgabenordnung hin zur digitalen Außenprüfung zu skizzieren. Danach soll die Darstellung des Gesetzgebungsverfahrens eine vertiefte Untersuchung der gesetzgeberischen Ausgestaltung und tatbestandlichen Voraussetzungen der im Zusammenhang mit der Einführung des Datenzugriffs normierten Vorschriften ermöglichen. Dabei handelt es sich nicht nur um die Befugnisnorm des § 147 Abs. 6 AO, sondern die Realisierung des Datenzugriffs bedingt im Vorfeld auch eine spezielle Aufbewahrung (so genannte Archivierung) der Daten, die dem Datenzugriff unterliegen. Daher bedarf der Datenzugriff der Mitwirkung durch den Steuerpflichtigen, so dass der Frage nachgegangen werden muss, welche Folgen den Steuerpflichtigen bei Mitwirkungspflichtverletzungen treffen.

Der Datenzugriff war nach Einführung insbesondere verfassungsrechtlicher Kritik ausgesetzt, bevor die verfassungskonforme Ausgestaltung der Neuregelung nachgeprüft werden kann, ist es aber zunächst erforderlich darzustellen, was für Auswertungsmöglichkeiten durch den Datenzugriff der Finanzverwaltung zur Verfügung stehen. Da die Datenzugriffsbefugnis als Ermessensvorschrift ausgestaltet ist, wird aufzuzeigen sein, dass die Frage der Verfassungsmäßigkeit untrennlich mit der Frage nach der pflichtgemäßen Ermessensausübung verknüpft ist, so dass auch das eröffnete Ermessen näher beurteilt werden muss. Schließlich stellt sich das Problem einer Überschreitung der Datenzugriffsbefugnisse durch die Finanzverwaltung und des dagegen einzulegenden Rechtsschutzes.

A. Von der Buchprüfung der Reichsabgabenordnung zur digitalen Außenprüfung

I. Reichsabgabenordnung

Die RAO 1919 sah noch keine eigentliche Betriebsprüfung vor, sondern normierte in § 162 Abs. 9 u. 10 eine reine Buchprüfung als Stichprobenprüfung. Hiernach konnte das Finanzamt prüfen, ob die Bücher und Aufzeichnungen fortlaufend, vollständig und formell und sachlich geführt wurden. Der Steuerpflichtige war nach § 173 Abs. 2 RAO 1919 verpflichtet, diese Unterlagen, soweit sie für die Festsetzung der Steuern von Bedeutung waren, auf Verlangen vorzulegen. Weder die Organisation eines Prüfungsdienstes noch der methodische Ablauf einer Prüfung, die Prüfungsgegenstände, ihr Umfang oder die Tatsache, dass die Prüfung beim Steuerpflichtigen erfolgen konnte, war geregelt.[1] Erstmals durch die Erlasse des Reichsfinanzministers vom 29.7.1921 und 1.10.1921 wurden die Einrichtung und die Organisation eines Buch- und Betriebsprüfungsdienstes näher geregelt.[2] Durch die RAO 1925 wurde eine turnusmäßige Buch- und Betriebsprüfung Gesetz (§ 162 Abs. 10 RAO), so dass die Betriebsprüfung nun nach der Konzeption des Gesetzes ein reguläres, kein außergewöhnliches Instrument der Finanzverwaltung mehr war.[3] Jedoch wurde keine umfassende Regelung der Außenprüfung aufgenommen, vielmehr handelte es sich um Einzelregelungen, die das in der Praxis bereits erprobte Verfahren absichern sollten.[4] Auch die RAO 1931, die bis zum 31.12.1976 in Kraft war, enthielt nur knappe, unzusammenhängende und verstreute Regelungen.[5] Während der Zeit der Nationalsozialisten von 1933 bis 1945 wurde die „Buch- und Betriebsprüfung“ lediglich noch als „Betriebsprüfung“ bezeichnet. Damit einhergingen eine Ausweitung ihres Anwendungsbereichs und eine Intensivierung der Kontrollmittel, um das Ziel einer restlosen Erfassung der Steuern zu erreichen. Die Betriebsprüfung bei Mittelbetrieben wurde ausgeweitet und bei Kleinbetrieben im Jahr 1935 eingeführt.[6]

---

1 Eckhoff, in: Hübschmann/Hepp/Spitaler, Vor §§ 193-203 AO Tz. 12 (Juni 2002); Sauer, StBp 1991, S. 217, 218.

2 Hierzu ausführlich Eckhoff, in: Hübschmann/Hepp/Spitaler, Vor §§ 193-203 AO Tz. 12 ff. (Juni 2002).

3 So auch Eckhoff, in: Hübschmann/Hepp/Spitaler, Vor §§ 193-203 AO Tz. 24 (Juni 2002).

4 Frotscher, in: Schwarz, Vor §§ 193-203, Tz. 3 (9/2004).

5 Vgl. Becker[7], § 162 RAO Tz. 7.

6 Eckhoff, in: Hübschmann/Hepp/Spitaler, Vor §§ 193-203 AO Tz. 43 (Juni 2002).

Nach den Verordnungen vom 20.6.1935[7] bzw. 20.6.1936[8] wurde die Führung eines Wareneingangs- und –ausgangsbuches für die Unternehmer verpflichtend. Nach dem Krieg ging man zunächst wieder von der turnusmäßigen Betriebsprüfung ab, an ihre Stelle trat eine Schwerpunkt und Stichprobenprüfung.[9] Im Jahr 1954 erging als interne Dienstanweisung eine erste Betriebsprüfungsordnung (BpO) als gemeinsamer Ländererlass[10], ihr Nachfolger trat zum 1.1.1966 in Kraft.[11] Die Erlasse betrafen insbesondere organisatorische Fragen, aber es wurden auch vereinzelt die Befugnisse und Pflichten der Betriebsprüfer gegenüber dem Steuerpflichtigen abgegrenzt, das Gesamtbild der Betriebsprüfung konnten sie allerdings nur wenig verändern.[12]

II. Abgabenordnung 1977

Erst die Abgabenordnung 1977 sollte in dieser Hinsicht Abhilfe schaffen. Die „Betriebsprüfung" wurde begrifflich und durch die fehlende Beschränkung auf Betriebe als Prüfungsobjekt auch inhaltlich zur „Außenprüfung" und erhielt einen eigenen ausführlichen Abschnitt im Mantelgesetz. Insbesondere trug die Abgabenordnung 1977 der inzwischen eingetretenen Entwicklung von der Papierbuchhaltung zur EDV-Buchführung dadurch Rechnung, dass sie die Buchführung auf Datenträgern erlaubte, soweit sie den Grundsätzen ordnungsmäßiger Buchführung (GoB) entsprach (§ 146 Abs. 5 AO).[13] Als Ergänzung zu den GoB hat das BMF für den Bereich der EDV-Buchführung die Grundsätze ordnungsmäßiger Speicherbuchführung (GoS)[14] in Form einer Verwaltungsanweisung[15] erlassen, die aufgrund der technischen Weiterentwicklung in diesem Bereich durch die Grundsätze ordnungsmäßiger DV-gestützter Buchführungssysteme (GoBS) abgelöst wurden[16]. Die GoBS präzisieren dabei die GoB im Hinblick auf die datenverarbeitungsgestützte Buchführung und beschreiben die Maßnahmen, die der Buchführungspflichtige sicherstellen muss, damit die Buchungen und sonst erforderlichen Aufzeichnungen als vollständig, richtig, zeitgerecht und geordnet vorgenommen gelten[17].

---

7 RGBl. I 1935, 752 ff.

8 RGBl. I 1936, 507 ff.

9 Vgl. Tipke, Steuerliche Betriebsprüfung im Rechtsstaat, S. 12.

10 Vgl. Sauer, StBp 1991, S. 217, 220.

11 BdF BStBl. I 1966, 46.

12 Vgl. Eckhoff, in: Hübschmann/Hepp/Spitaler, Vor §§ 193-203 AO Tz. 61 f. (Juni 2002).

13 Dazu Drüen, in: Tipke/Kruse, § 145 AO Tz. 26 ff.; § 146 AO Tz. 51 ff. (April 2007).

14 BMF-Schreiben vom 5.6.1978, IV A 7 – S 0316 -7/78, BStBl. I 1978, 250.

15 Mösbauer, in: Koch/Scholtz[5], § 146 AO Tz. 28.

16 BMF-Schreiben vom 7. Nov. 1995 – IV A 8 – S 0316 – 52/95, BStBl. I 1995, S. 738.

17 BMF-Schreiben vom 7. Nov. 1995 – IV A 8 – S 0316 – 52/95, BStBl. I 1995, S. 738 unter 1.1.

III. Einzug der Technik

Die Betriebsprüfungsstellen selbst vollzogen den Schritt zur Nutzung der modernen EDV-Technik zur Unterstützung ihrer Prüfungstätigkeit relativ spät. Der Einsatz von Laptops und für die Prüfungsdurchführung im Außendienst entwickelter Programme ermöglicht es erst seit 1988, auch Prüfungsfelder aufzugreifen, die zuvor aus Zeitgründen oder wegen zu umfangreicher Datenmengen ausgespart blieben. Insbesondere gestatteten es diese Programme, die Betriebseinnahmen zutreffender zu ermitteln und deren Verkürzung aufzudecken, was der Betriebsprüfung mit herkömmlichen manuellen Rechenverfahren nur unter besonders günstigen Umständen gelang.[18] Obwohl sich zunächst bei den Betriebsprüfungsstellen keine nachhaltigen, flächendeckenden Rationalisierungserfolge[19], die auf den Einsatz der automatischen Datenverarbeitung zurückzuführen sind, feststellen ließen, erblickte der Bundesrechnungshof in der umfassenden Nutzung der automatisierten Datenverarbeitung eine wesentliche Möglichkeit, Schlagkraft und Ergebnisse der Betriebsprüfung auch ohne Personalvermehrungen erheblich zu erhöhen. Er mahnte deshalb den zügigen Ausbau der automatischen Datenverarbeitung bei den Betriebsprüfungsstellen sowie die entsprechende Schulung der Prüfungsbeamten an.[20] Gleichzeitig warnte der Bundesrechnungshof aber davor, vorhandene Vollzugsdefizite[21] bei gleich bleibender Personalkapazität allein durch eine Effizienzsteigerung beheben zu wollen.[22]

Auf die Möglichkeiten, die ein direkter Zugriff auf die Computerdaten des Steuerpflichtigen für die Außenprüfung eröffnet, dürfte die Finanzverwaltung am 13.6.1997 aufmerksam geworden sein. An diesem Tag fand in Straßburg im Rahmen eines deutsch-französischen Meinungsaustausches unter Beteiligung von Vertretern der Direktion für Betriebsprüfung Paris und Straßburg, des Bundesamtes für Finanzen, des Finanzamts Ludwigshafen und der Fachhochschule für Finanzen Rheinland Pfalz eine deutsch-französische Arbeitstagung zum Thema EDV-Nutzung im Rahmen der Betriebsprüfung statt und die deutsche

---

18 Bericht des Bundesrechnungshofes 1996, BT-Drucks. 13/5700, S. 136, Ziff. 53.6.2.

19 Im Einvernehmen mit den Länderfinanzministerien hatte der Bundesfinanzminister erstmals 1979 einen sog. Rationalisierungserlass in einem BMF-Schreiben veröffentlicht. Hiermit sollte die Tätigkeit der Außenprüfung auf größtmögliche fiskalische Effizenz bei Vernachlässigung unwesentlicher Fälle ausgerichtet werden. In den Jahren 1980, 1991, 1995 traten an die Stelle des BMF-Schreibens einheitliche Rationalisierungserlasse der einzelnen Bundesländer (vgl. etwa den Rationalisierungserlass Bp (NW) vom 4.3.1980 – S 1540-25-V A 1/0 2000-3-II C 2; vom 14.8.1991 – S 0401-4-V C 5 und vom 16.5.1995 – S 1502-4-V C 5.

20 Bericht des Bundesrechnungshofes 1996, BT-Drucks. 13/5700, S. 136, Ziff. 53.6.3.

21 Vgl. zur Kritik an der Vollzugspolitik der Betriebsprüfung Eckhoff, in: Hübschmann/Hepp/Spitaler, Vor §§ 193-203 AO Tz. 94 ff. (Juni 2002).

22 Bericht des Bundesrechnungshofes 1996, BT-Drucks. 13/5700, S. 136, Ziff. 53.4.7.

Delegation erhielt Einblick in die in Frankreich übliche Betriebsprüfung unter Nutzung der Dateien des Steuerpflichtigen.[23]

IV. Notwendigkeit einer gesetzlichen Regelung

Ob ein solcher Datenzugriff auch in Deutschland ohne spezielle gesetzliche Befugnis möglich sein sollte, war bereits vor Erlass der Abgabenordnung 1977 streitig. *Maaßen*[24] kritisierte früh die Rechtsunsicherheit, die durch die fehlende Regelung hervorgerufen wurde. Wohingegen *Thiel* die Gestellung der Datenverarbeitungsanlage einschließlich Rechnerzeit und Personal zu den Mitwirkungspflichten des Steuerpflichtigen zählte, wenn damit der Sachverhalt leicht und schnell ermittelt werden kann.[25] Zwar bestehen im Rahmen einer Außenprüfung gesetzliche Mitwirkungspflichten, um die für die Besteuerung erheblichen Sachverhalte festzustellen (§ 200 Abs. 1 Satz 1 AO), jedoch erschöpfte sich das Regelbeispiel des § 200 Abs. 1 Satz 2 AO a. F. darin, dass insbesondere Auskünfte zu erteilen, Aufzeichnungen, Bücher und Geschäftspapiere und andere Urkunden zur Einsicht und Prüfung vorzulegen und die zum Verständnis der Aufzeichnungen erforderlichen Erläuterungen zu geben sind. Daraus und mit Hinweis auf die fehlende Spezialregelung wurde überwiegend gefolgert, dass die Nutzung der Datenverarbeitungsanlage des Steuerpflichtigen für die Zwecke der Betriebsprüfung de lege lata nicht möglich ist.[26] Die Begründung greift indes zu kurz. Die Vorschrift des § 200 Abs. 1 Satz 1 AO nennt nur beispielhaft, wie der Steuerpflichtige "insbesondere" mitzuwirken hat. Das Wort "insbesondere" belegt gleichzeitig, dass die in Satz 2 enthaltene Aufzählung nicht abschließend ist. Deswegen ist zu prüfen, ob die Ermöglichung des Datenzugriffs mit den Regelbeispielen vergleichbar ist und damit bereits unter die Mitwirkungspflicht des § 200 Abs. 1 Satz 1 AO zu subsumieren ist. *Frotscher* sah vor der Einführung des Datenzugriffs in der Überlassung von EDV-Daten in digitalisierter Form eine Unterstützungspflicht, die über die allgemeinen Mitwirkungspflichten hinausgehen würde[27], weil die Auswahl unrichtig berechneter und damit im Rahmen der Prüfung zu berichtigender Daten aus dem Gesamtbestand des Prüfungsstoffes eine typische Prüfungstätigkeit ist, an der das Unternehmen nicht mitzuwirken braucht.[28] *Frotscher* verquickte hier die Frage, ob eine allgemeine Mitwirkungspflicht vorliegt, mit der Frage, ob die EDV-Anlage gem. § 200 Abs. 2 Satz 2 AO als Hilfsmittel zur Verfügung zu stellen ist. Dabei ist zwar anerkannt, dass das Unternehmen keine Mittel stellen muss, die der eigentlichen Prüfungs-

---

23 Vgl. Spönlein, StBp 1997, S. 254.
24 Maaßen, DB 1975, S. 2050, 2052.
25 Thiel, INF 1977, S. 111, 113.
26 Vgl. Kungl, Steuerberaterkongressreport 1982, S. 137, 161.
27 Frotscher, in: Schwarz, AO, § 200 Tz. 8 (6/2001).
28 Frotscher, Betriebsprüfung ab 1977, S. 74.

tätigkeit dienen, also dem Prüfer einen Teil der von ihm zu leistenden Tätigkeit abnehmen.[29] Unbeantwortet bleibt jedoch, ob die Gestattung der Nutzung der digitalisierten Daten zu Prüfungszwecken nicht ebenso eine Mitwirkungspflicht ist, wie die Verpflichtung zur Vorlage von Aufzeichnungen, Büchern, Geschäftspapieren und anderen Urkunden. In beiden Fällen werden vom Steuerpflichtigen Unterlagen (wenn auch einmal in digitaler Form) geliefert, die der Einsicht und Prüfung dienen sollen. Der in § 200 Abs. 1 Satz 2 AO benutzte Oberbegriff „Urkunde“ wird als schriftliche oder in der Form einer Wiedergabe auf einem Bildträger oder auf anderen Datenträgern verkörperte Gedankenerklärung definiert.[30] Die Terminologie der AO ist allerdings nicht einheitlich, teilweise wird auch „Schriftstück“ als Oberbegriff für Urkunden und Belege benutzt (§ 87 Abs. 2 Satz 1 AO) und § 147 AO verwendet „Unterlagen“ als Synonym für Urkunden.[31] Eindeutig ist jedoch, dass die gem. § 200 Abs. 1 Satz 2 AO vorzulegenden Urkunden sich auch auf Datenträgern befinden können. Dies ergibt sich ausdrücklich durch den Verweis in § 97 Abs. 3 S. 2 AO auf § 147 Abs. 5 AO.[32] In diesem Fall entpuppt sich die Nutzungsüberlassung der Datenverarbeitungsanlage nur noch als Gestellung eines erforderlichen Hilfsmittels, weil die Datenverarbeitungsanlage – ähnlich einem Mikrofilmlesegerät[33] – notwendig ist, um die Daten für den Prüfer sichtbar zu machen. Die Regelung des § 147 Abs. 5 AO untermauert dieses Ergebnis, denn hier ist ausdrücklich normiert, dass es im Ermessen des Prüfers liegt, ob er verlangt, dass die nur auf einem Datenträger vorgelegten Unterlagen ausgedruckt werden oder ob er sich die Unterlagen direkt am Bildschirm anschaut.[34] Andererseits geht es beim Datenzugriff nicht nur darum, die digitalen Unterlagen am Bildschirm zu lesen, sondern der Prüfer will die Daten der Unterlagen auch mit Hilfe eines Datenverarbeitungssystems prüfen. Aber auch hier ist der Wortlaut eindeutig, der Steuerpflichtige hat die Urkunden „zur Einsicht *und* Prüfung“ vorzulegen. Fraglich ist hierbei allerdings, ob er hierfür auch das Hilfsmittel – sprich seine Datenverarbeitungsanlage – zur Verfügung stellen muss. Wie bereits ausgeführt, muss ein Steuerpflichtiger keine Mittel stellen, die der eigentlichen Prüfungstätigkeit dienen, also dem Prüfer einen Teil der von ihm zu leistenden Tätigkeit abnehmen. Das wäre aber der Fall, wenn der Steuerpflichtige dem Außenprüfer seine Datenverarbeitungsanlage zur „Einsicht“ und zur „Prüfung“ der vorgelegten digita-

---

29 Tipke, Steuerliche Betriebsprüfung im Rechtsstaat, S. 94.

30 FG Münster, Urteil v. 22.8.2000, 6 K 2712/00, EFG 2001, 4; Schuster, in: Hübschmann/Hepp/Spitaler, § 97 AO Tz. 4 (Juni 2004); Seer, in: Tipke/Kruse, § 97 AO Tz. 2 (Okt. 2008); Uterhark, in: Schwarz, § 97 AO Tz. 2 (9/2002).

31 Uterhark, in: Schwarz, § 97 AO Tz. 2 (11/2002).

32 Schmitz, StBp 2002, S. 221, 224.

33 Vgl. hierzu Tipke, in: Tipke/Kruse, § 200 AO Tz. 41 (Okt. 2007).

34 Vgl. nun auch zu § 147 Abs. 5 n. F.: BFH, Beschluss v. 26.9.2007, I B 53, 54/07, DStR 2007, 2156, 2157.

len Unterlagen überlassen müsste. Die Vorschrift des § 147 Abs. 5 AO a. F. verlangte nur die *Lesbarmachung* und § 200 AO a. F. grundsätzlich nur die *Vorlage* zur Einsicht und Prüfung. Da die Einsichtnahme und Prüfung der vorgelegten digitalen Unterlagen aber über die bloße Lesbarmachung hinausgehen und sich eine Vorlage in der Hingabe des Datenträgers, der die digitalen Unterlagen enthält, erschöpft, fehlt eine gesetzliche Grundlage, um die Datenverarbeitungsanlage des Steuerpflichtigen bei einer Außenprüfung außerhalb der bloßen Lesbarmachung einzusetzen.

Im Ergebnis war die Duldung des Datenzugriffs nur in Form einer Datenträgerüberlassung unter die Mitwirkungspflichten des § 200 Abs. 1 Satz 1 AO a. F. zu subsumieren. Die Notwendigkeit einer gesetzlichen Regelung unterstreicht trotz dieser Möglichkeit allerdings eine Umfrage des Stuttgarter Softwareunternehmens Audicon und der Wirtschaftsprüfungsgesellschaft Ernst & Young vom Mai 2003. Lediglich rund fünf Prozent der befragten 600 Unternehmen erfüllten nach dem Ergebnis dieser Befragung trotz der bereits eingetretenen gesetzlichen Verpflichtung die von der Verwaltung aufgestellten Anforderungen an den Datenzugriff.[35] Das rechtliche Dürfen ermöglicht somit noch nicht das tatsächliche Können.[36] Der Steuerpflichtige konnte ohne ausdrückliche Regelung nicht verpflichtet werden, seine Datenarchivierung so zu organisieren, dass ein Datenzugriff der Finanzverwaltung ohne weiteres möglich ist. Eine derart weitreichende Ausdehnung der allgemeinen Mitwirkungspflichten war vor Einführung der Datenzugriffsregelungen nicht möglich. Dies gilt insbesondere im Hinblick auf § 147 Abs. 2 S. 2 AO a. F., der es ausdrücklich erlaubte, die Unterlagen auch ausgedruckt aufzubewahren. In diesem Fall wäre es zudem regelmäßig unverhältnismäßig gewesen, zusätzlich einen Datenzugriff zu fordern. Daher war eine rechtliche Regelung erforderlich, die die Möglichkeit des Datenzugriffs sicherstellt.

---

35 Presseinformation der Firma Audicon vom 9. Juli 2003.

36 Vgl. auch Kromer, DB 2001, S. 67, 68.

B. Gesetzgebungsverfahren

I. Änderungsvorschlag vom Referatsleiter bei der Bundesbetriebsprüfung

Zur steuerlichen Kontrolle des elektronischen Geschäftsverkehrs schlug *Stephan Schmitz*, Referatsleiter bei der Bundesbetriebsprüfung, im Jahre 1998 Änderungen der §§ 146 Abs. 5 Satz 2 AO und 147 Abs. 5 vor.[37] Angelehnt an die Rechtslage in Frankreich, regelte er bereits den mittelbaren und unmittelbaren Datenzugriff und die Datenträgerüberlassung und verlangte eine Verarbeitungsmöglichkeit der gespeicherten Daten während der gesetzlichen Aufbewahrungsfristen. Eine Änderung des § 200 AO hielt *Schmitz* dagegen nicht für notwendig, da die Datenträger nach der vorgeschlagenen Gesetzesänderung ohnehin zu den vorzulegenden Aufzeichnungen und Unterlagen gehören würden.[38]

Der Wortlaut des Änderungsvorschlags lautet:

> Änderungen des § 146 Abs. 5 Satz 2 AO:
>
> „Bei der Führung der Bücher und Aufzeichnungen und der sonst erforderlichen Aufzeichnungen auf Datenträgern muss insbesondere sichergestellt sein, dass die Daten und Datenträger während der Dauer der Aufbewahrungsfrist verfügbar sind und die Daten jederzeit innerhalb angemessener Frist lesbar gemacht werden können. *Während der gesetzlichen Aufbewahrungsfristen muss der Steuerpflichtige in der Lage sein, die gespeicherten Daten zu verarbeiten.*“

> Änderungen des § 147 Abs. 5 AO
>
> „...; auf Verlangen der Finanzbehörde hat er auf seine Kosten die Unterlagen unverzüglich ganz oder teilweise auszudrucken oder ohne Hilfsmittel lesbare Reproduktionen beizubringen *oder die auf einem Datenträger gespeicherten Unterlagen und Aufzeichnungen auf einem geeigneten maschinell verwertbaren Datenträger zur Verfügung zu stellen. Die Finanzbehörde hat das Recht, auf das EDV-System unmittelbar zuzugreifen, um die Daten anzuzeigen und auszuwerten. Auf Verlangen der Finanzbehörde sind die Daten entsprechend zu verarbeiten. Die Finanzbehörde entscheidet, welche Informationsträger ihr zugänglich gemacht werden.*“

---

37 Schmitz, StBp 1998, S. 197, 203 ff.
38 Schmitz, StBp 1998, S. 197, 204.

II. Steuerbereinigungsgesetz

Wenig später tauchte diese Änderungsempfehlung im Gesetzesentwurf der Bundesregierung zum Steuerbereinigungsgesetz 1999 leicht modifiziert wieder auf.[39] Zwar war der Gesetzesvorschlag im Gesetzesentwurf der Fraktionen SPD und BÜNDNIS 90/DIE GRÜNEN vom 27.8.1999[40] noch nicht enthalten, sondern er geht vielmehr auf die Stellungnahme des Bundesrates vom 24.9.1999[41] zurück. In der Gegenäußerung der Bundesregierung zur Stellungnahme des Bundesrates vom 6.10.1999 stimmte die Bundesregierung dem Vorschlag jedoch vorbehaltlich einer Überprüfung im weiteren Gesetzgebungsverfahren zu.[42] Auch in der Beschlussempfehlung des Finanzausschusses vom 10.11.1999[43] und im Bericht des Finanzausschusses vom 11.11.1999[44] fanden sich die Änderungen leicht abgewandelt noch wieder. Allerdings gelangten die Vorschriften aufgrund massiver Interventionen der Wirtschaft und der Interessenvertretungen der Steuerberater[45] anschließend nicht durch den Vermittlungsausschuss[46] und erlangten noch keine Gesetzeskraft.

III. Steuersenkungsgesetz

Bereits im Entwurf der Fraktionen SPD und BÜNDNIS 90/DIE GRÜNEN des Steuersenkungsgesetzes vom 15.2.2000[47] und im gleich lautenden Entwurf der Bundesregierung vom 30.3.2000[48] wurde der Gedanke der digitalen Außenprüfung wieder aufgegriffen. Und diesmal wurde der durch die F.D.P.-Fraktion angeregte Verzicht auf die Regelungen zum Zugriffsrecht der Finanzverwaltung auf Datenverarbeitungssysteme der Unternehmen von den Fraktionen SPD und BÜNDNIS 90/DIE GRÜNEN und der Fraktion der PDS bei Stimmenthaltung

---

39 Art. 17 im Regierungsentwurf eines Gesetzes zur Bereinigung von steuerlichen Vorschriften (Steuerbereinigungsgesetz 1999 – StBereinG 1999) v. 27.9.1999, BT-Drucks. 14/1655, S. 19 f.

40 BT-Drucks. 14/1514, S. 19 f.

41 BR-Drucks. 475/99, S. 37 ff.

42 BT-Drucks. 14/1720, S. 4.

43 BT-Drucks. 14/2035, S. 61 f.

44 BT-Drucks. 14/2070, S. 31 f. – 7. Ausschuss: Bericht der Abgeordneten Jörg-Otto Spiller, Hans Michelbach, Klaus Wolfgang Müller, Gisela Frick und Heidemarie Ehlert.

45 Deutscher Steuerberaterverband, Stbg 2000, S. 2, 3.

46 BT-Drucks. 14/2380, S. 3.

47 Art. 7 und 8 des Entwurfes eines Gesetzes zur Senkung der Steuersätze und zur Reform der Unternehmensbesteuerung (Steuersenkungsgesetz – StSenkG), BT-Drucks. 14/2683.

48 Beschlussempfehlung und Bericht des Finanzausschusses vom 16.5.2000, BT-Drucks. 14/3074.

der Fraktion der CDU im Finanzausschuss abgelehnt[49] und schließlich die Regelungen zum Datenzugriff mit 324:301 Stimmen im Rahmen des Gesetzespaktes am 18. Mai 2000 vom Bundestag in dritter Lesung beschlossen.[50] Aufgrund der Finanzausschussempfehlung[51] sollte die Regelung zum Datenzugriff jedoch nicht - wie im Entwurf vorgesehen[52] – zum 1. Januar 2001 wirksam werden, sondern erst zum 1. Januar 2002, um dem Steuerpflichtigen Gelegenheit zu geben, seine Datenverarbeitungssysteme technisch mit einer Software auszustatten, die eine Beschränkung des Zugriffs der Finanzverwaltung auf die steuerlich relevanten Daten ermöglicht. Der Einwand des Bundesbeauftragten für den Datenschutz, der dafür plädierte, das Inkrafttreten der Regelungen um ein weiteres Jahr zu verschieben, fand dagegen ebenso wenig eine Mehrheit wie seine Forderung, die Finanzverwaltung zur Protokollierung der Einsichtnahme in gespeicherte Daten und der Nutzung des Datenverarbeitungssystems des Steuerpflichtigen sowie der Prüfung der auf Datenträgern zur Verfügung gestellten Buchführungsdaten zu verpflichten. Die Ausschussmehrheit hielt eine Protokollierung nicht für erforderlich, weil eine Pflicht zur Protokollierung der Zugriffe auf Datenverarbeitungssysteme sowohl in § 9 BDSG i. V. m. der Anlage dazu als auch im BMF-Schreiben vom 7. November 1995 zur Auslegung des unbestimmten Rechtsbegriffs „Ordnungsmäßigkeit der Buchführung" der §§ 238, 239, 257 und 261 HGB als auch in den §§ 145 bis 147 AO enthalten sei. Der Schutz der steuerrelevanten Daten sei ausreichend durch die Regelungen zum strafbewehrten (§ 355 StGB) bereichsspezifischen Datenschutz nach § 30 AO gewährleistet.[53] Der Einwand der Fraktion CDU/CSU, dass die Regelungen zum Datenzugriff einen unvertretbar großen Interpretationsspielraum beinhalten[54], wurde mit folgendem Entschließungsantrag abgewehrt:

„Die Finanzbehörde hat bei Anwendung der Regelungen zum Datenzugriff den Grundsatz der Verhältnismäßigkeit zu beachten. Sie kann demnach beim unmittelbaren Zugriff (Einsichts- und Nutzungsrecht) und beim mittelbaren Zugriff (Recht auf technische Hilfe) nicht verlangen, dass bereits vor dem 1. Januar 2002 archivierte Daten für Zwecke ihrer maschinellen Auswertung (§ 147 Abs. 2 Satz 1 Nr. 2 AO i. V. mit § 147 Abs. 6 AO) nochmals in das DV-System eingespeist (reaktiviert) werden, wenn dies mit unverhältnismäßigem Aufwand für den Steuerpflichtigen verbunden wäre (z. B. fehlende Speicherkapazität). Kommt hiernach eine Reaktivierung von Daten nicht in Betracht, braucht der Steuerpflichtige auch nicht die für eine maschinelle Auswertung der betreffen-

---

49 BT-Drucks. 14/3366, S. 115.

50 Stenografischer Bericht des BT, Plenarprotokoll 14/105, 9809 C.

51 BT-Drucks. 14/3366, S. 115.

52 BT-Drucks. 14/2683, S. 85.

53 BT-Drucks. 14/3366, S. 115.

54 BT-Drucks. 14/3366, S. 115.

den Daten erforderliche Hard- und Software zur Verfügung zu halten, wenn sie nicht mehr im Einsatz ist. Dies gilt auch, wenn die Aufbewahrungsfrist (§ 147 Abs. 3 AO) noch nicht abgelaufen ist.

Diese für die maschinelle Auswertbarkeit der Daten erforderliche technische, organisatorische und zeitliche Einschränkung bezieht sich nicht auf die Pflicht des Steuerpflichtigen zur Lesbarmachung der Daten (§ 147 Abs. 2 Satz 1 Nr. 2 AO, § 147 Abs. 5 AO). Die Lesbarmachung muss während der ganzen Aufbewahrungsfrist sichergestellt sein.“[55]

Aufgrund der Empfehlung des federführenden Finanzausschusses vom 29. Mai 2000, in der auch zum Datenzugriff Stellung genommen wurde und eine Überarbeitung dergestalt angemahnt wurde, dass die Zugriffsrechte der Betriebsprüfer auf steuerrelevante Daten insbesondere hinsichtlich der verfassungsrechtlichen Vorgaben nicht ausgeweitet werden dürften, sondern vielmehr Art und Umfang der Zugriffsrechte exakt geregelt werden müssten[56], beschloss der Bundesrat am 9. Juni 2000 den Vermittlungsausschuss gem. Art. 77 Abs. 2 GG einzuberufen.[57] Ohne eine weitere Erörterung dieses Einwandes im weiteren Verfahren stimmte der Bundesrat am 14. Juli 2000 dem vom Bundestag am 6. Juli 2000[58] beschlossenem Ergebnis des Vermittlungsausschusses nach Art. 105 Abs. 3, 106 Abs. 6 und 108 Abs. 5 GG zu.[59] Das Steuersenkungsgesetz wurde am 23. Oktober 2000 ausgefertigt und am 26.Oktober 2000 im Bundesgesetzblatt verkündet.[60]

Abb. 1.: Entwicklung der endgültigen Gesetzesfassung

	StBereinG Bundesrat	StBereinG Finanzausschuss	StSenkG
§ 146 Abs. 5 AO	...Bei der Führung der Bücher und der sonst erforderlichen Aufzeichnungen auf Datenträgern muss insbesondere sichergestellt sein, dass während der	...Bei der Führung der Bücher und der sonst erforderlichen Aufzeichnungen auf Datenträgern muss insbesondere sichergestellt sein, dass während der	...Bei der Führung der Bücher und der sonst erforderlichen Aufzeichnungen auf Datenträgern muss insbesondere sichergestellt sein, dass während der

55 BT-Drucks. 14/3366, S. 8
56 BR-Drucks. 289/1/00, S. 4.
57 BR-Drucks. 289/00.
58 Stenografischer Bericht des BT, Plenarprotokoll 14/114, 10799 D; Abstimmungsergebnis 312:279.
59 BR-Drucks. 410/00.
60 BGBl. I 2000, S. 1433 ff.

	Dauer der Aufbewahrungsfrist die Daten jederzeit verfügbar sind und unverzüglich lesbar gemacht werden können. Dies gilt auch für die Befugnisse der Finanzbehörde nach § 147 Abs. 6. Die Absätze 1 bis 4 gelten sinngemäß.	Dauer der Aufbewahrungsfrist die Daten jederzeit verfügbar sind und unverzüglich lesbar gemacht werden können. Dies gilt auch für die Befugnisse der Finanzbehörde nach § 147 Abs. 6. Die Absätze 1 bis 4 gelten sinngemäß.	Dauer der Aufbewahrungsfrist die Daten jederzeit verfügbar sind und unverzüglich lesbar gemacht werden können. Dies gilt auch für die Befugnisse der Finanzbehörde nach § 147 Abs. 6. Die Absätze 1 bis 4 gelten sinngemäß.
§ 147 Abs. 2 AO	Mit Ausnahme der Jahresabschlüsse und der Eröffnungsbilanz können die in Absatz 1 aufgeführten Unterlagen auch als Wiedergabe auf einem Bildträger oder auf anderen Datenträgern aufbewahrt werden, wenn … sichergestellt ist, dass die Wiedergabe oder die Daten 1. …, 2. während der Dauer der Aufbewahrungsfrist jederzeit verfügbar sind, unverzüglich lesbar gemacht und maschinell ausgewertet werden können.	Mit Ausnahme der Jahresabschlüsse und der Eröffnungsbilanz können die in Absatz 1 aufgeführten Unterlagen auch als Wiedergabe auf einem Bildträger oder auf anderen Datenträgern aufbewahrt werden, wenn … sichergestellt ist, dass die Wiedergabe oder die Daten 1. …, 2. während der Dauer der Aufbewahrungsfrist jederzeit verfügbar sind, unverzüglich lesbar gemacht und maschinell ausgewertet werden können.	Mit Ausnahme der Jahresabschlüsse und der Eröffnungsbilanz können die in Absatz 1 aufgeführten Unterlagen auch als Wiedergabe auf einem Bildträger oder auf anderen Datenträgern aufbewahrt werden, wenn … sichergestellt ist, dass die Wiedergabe oder die Daten 1. …, 2. während der Dauer der Aufbewahrungsfrist jederzeit verfügbar sind, unverzüglich lesbar gemacht und maschinell ausgewertet werden können.

§ 147 Abs. 5 AO	Es wird das Wort „nur“ gestrichen und die Wörter „vorlegen kann“ durch das Wort „vorlegt“ ersetzt.	Es wird das Wort „nur“ gestrichen und die Wörter „vorlegen kann“ durch das Wort „vorlegt“ ersetzt.	Es wird das Wort „nur“ gestrichen und die Wörter „vorlegen kann“ durch das Wort „vorlegt“ ersetzt.
§ 147 Abs. 6 AO	Sind die Unterlagen nach Absatz 1 mit Hilfe eines Datenverarbeitungssystems erstellt worden, hat die Finanzbehörde das Recht, *auf dieses System unmittelbar zuzugreifen*. Sie kann auch verlangen, dass die Daten nach ihren Vorgaben maschinell ausgewertet oder ihr die gespeicherten Unterlagen und Aufzeichnungen auf einem maschinell verwertbaren Datenträger zur Verfügung gestellt werden. Die Kosten trägt der Steuerpflichtige	Sind die Unterlagen nach Absatz 1 mit Hilfe eines Datenverarbeitungssystems erstellt worden, hat die Finanzbehörde das Recht, *Einsicht in die gespeicherten Daten zu nehmen und das Datenverarbeitungssystem zu nutzen*. Sie kann auch verlangen, dass die Daten nach ihren Vorgaben maschinell ausgewertet oder ihr die gespeicherten Unterlagen und Aufzeichnungen auf einem maschinell verwertbaren Datenträger zur Verfügung gestellt werden. Die Kosten trägt der Steuerpflichtige.	Sind die Unterlagen nach Absatz 1 mit Hilfe eines Datenverarbeitungssystems erstellt worden, hat die Finanzbehörde im Rahmen einer Außenprüfung das Recht, Einsicht in die gespeicherten Daten zu nehmen und das Datenverarbeitungssystem zur Prüfung dieser Unterlagen zu nutzen. Sie kann im Rahmen einer Außenprüfung auch verlangen, dass die Daten nach ihren Vorgaben maschinell ausgewertet oder ihr die gespeicherten Unterlagen und Aufzeichnungen auf einem maschinell verwertbaren Datenträger zur Verfügung gestellt werden. Die Kosten trägt der Steuerpflichtige.

§ 200 Abs. 1 AO	Der Steuerpflichtige hat bei der Feststellung der Sachverhalte, die für die Besteuerung erheblich sein können, mitzuwirken. Er hat insbesondere … die Finanzbehörde beim Zugriff auf die nach § 147 Abs. 6 gespeicherten Daten zu unterstützen…	Der Steuerpflichtige hat bei der Feststellung der Sachverhalte, die für die Besteuerung erheblich sein können, mitzuwirken. Er hat insbesondere … die Finanzbehörde beim Zugriff auf die nach § 147 Abs. 6 gespeicherten Daten zu unterstützen…	Der Steuerpflichtige hat bei der Feststellung der Sachverhalte, die für die Besteuerung erheblich sein können, mitzuwirken. Er hat insbesondere … die Finanzbehörde beim Zugriff auf die nach § 147 Abs. 6 gespeicherten Daten zu unterstützen…
§ 19b EGAO	§ 146 Abs. 5 und 6, § 147 Abs. 2, 5 und 6 sowie § 200 Abs. 1 der Abgabenordnung in der Fassung des Artikels…des Gesetzes vom … (BGBl. I S. …) sind ab dem *1. Januar 2001* anzuwenden.	§ 146 Abs. 5 und 6, § 147 Abs. 2, 5 und 6 sowie § 200 Abs. 1 der Abgabenordnung in der Fassung des Artikels…des Gesetzes vom … (BGBl. I S. …) sind ab dem *1. Januar 2000* anzuwenden.	§ 146 Abs. 5, § 147 Abs. 2, 5 und 6 sowie § 200 Abs. 1 der Abgabenordnung in der Fassung des Artikels 7 des Gesetzes vom 23. Oktober 2000 (BGBl. I S. 1433) sind ab dem *1. Januar 2002* anzuwenden. (Anm.: Im Entwurf noch ab dem 1. Januar 2001)

C. Motive für die Einführung des Datenzugriffs

Die Nutzung des Datenverarbeitungssystems des Unternehmens sah der Gesetzgeber – wie sich aus der Gesetzesbegründung[61] eruieren lässt - nicht von den Mitwirkungspflichten des § 200 Abs. 1 AO umfasst. Aus seiner Sicht musste erst eine Regelung geschaffen werden, die es den Betriebsprüfern erlaubt, auf die Daten des Steuerpflichtigen zuzugreifen und diese Daten maschinell auszuwerten.[62] Die Belegprüfung alter Tage wurde nicht mehr als zeitgemäß angesehen. Die Prüfer sollten in die Lage versetzt werden, sich im Rahmen einer Außenprüfung modernster Techniken zu bedienen. Der Gesetzgeber reagierte daher mit der Einführung der Möglichkeit des Datenzugriffs der Finanzverwaltung auf Datenverarbeitungssysteme der Unternehmen auf die fortschreitende Entwicklung im Bereich der Datenverarbeitung, die sich auch auf moderne Buchführungstechniken und –systeme ausgewirkt hatte. Angeregt durch ähnliche Vorschriften europäischer Mitgliedstaaten und den USA sollte der Verwaltungsvollzug modernisiert werden, um rationellere Prüfungsmethoden zu schaffen und so im internationalen Vergleich mitzuhalten. Damit sollte auch den Forderungen der Wirtschaft Rechnung getragen werden, die in vielen Bereichen bereits auf die papierlose Abwicklung ihrer Buchführung übergegangen ist bzw. durch die gleichzeitige gesetzliche Anerkennung der elektronischen Abrechnung (§ 14 Abs. 1 Satz 2 2. Alt. i. V. m. Abs. 3 UStG) übergehen wollte und deshalb auf den nach alter Rechtslage notwendigen Ausdruck der Unterlagen verzichten wollte. Das Zugeständnis der papierlosen Abwicklung und der elektronischen Abrechnung soll aber nach Auffassung des Gesetzgebers den unmittelbaren Zugriff der Finanzverwaltung auf die Daten und das Datenverarbeitungssystem bedingen, um gleichzeitig sicherzustellen, dass die Überprüfbarkeit der Daten gewährleistet ist. Mit Hilfe der automatisierten Prüfung sollen insbesondere kürzere Prüfungszeiten erzielt werden. Durch die angestrebte verkürzte Prüfungsdauer sollen sowohl die einzelnen Betriebe entlastet werden als auch die Aufgaben der Finanzverwaltung, den Grundsatz der Gleichmäßigkeit der Besteuerung und die Steuergerechtigkeit zu verwirklichen, realisiert werden. Die Möglichkeit der maschinellen Auswertung der in digitaler Form zu übergebenden Daten soll letztlich Waffengleichheit der Finanzverwaltung mit dem Steuerpflichtigen gewährleisten und zu einer effizienteren Außenprüfung verhelfen.

61 BT-Drucks. 14/3074, S. 129 f.
62 Kritisch A.IV.

D. Die gesetzliche Ausgestaltung der digitalen Außenprüfung

I. Unverzügliche Lesbarmachung

Um die digitale Außenprüfung zu verwirklichen, mussten Änderungen an den §§ 146, 147 und 200 AO vorgenommen werden. So wurden die Sätze 2 und 3 des § 146 Abs. 5 AO durch eine Regelung ersetzt, die es nicht mehr wie bisher genügen lässt, dass die auf Datenträgern gespeicherten Bücher und Aufzeichnungen während der Dauer der Aufbewahrungsfrist „innerhalb angemessener Frist lesbar gemacht werden", sondern die verlangt, dass die jederzeit zur Verfügung zu haltenden Daten „unverzüglich" lesbar gemacht werden können und - durch einen Verweis in § 146 Abs. 5 Satz 3 AO auf § 147 Abs. 6 AO – auch der Datenzugriff „unverzüglich" möglich gemacht werden kann. Gleiches wurde auch für die Unterlagen im Sinne des § 147 Abs. 1 AO durch eine Erweiterung des § 147 Abs. 2 Satz 1 Nr. 2 AO normiert. Nach Auffassung des Gesetzgebers war die Einräumung einer angemessenen Frist angesichts des Einsatzes modernster Technologie nicht mehr realitätsnah und eine Angleichung an § 147 Abs. 5 AO, der bereits eine unverzügliche Lesbarmachung von Unterlagen forderte, notwendig. Dabei ist fraglich, ob der geänderte Wortlaut auch eine inhaltliche Veränderung bedeutet, insbesondere also eine Verkürzung der Frist.[63] Unverzüglich bedeutet mit Anlehnung an die Legaldefinition des § 121 Abs. 1 Satz 1 BGB ohne schuldhaftes Zögern[64] und ist daher nicht gleichbedeutend mit sofort.[65] Nach einem Urteil des Reichsgerichts vom 1. März 1911 bestimmt sich die angemessene Frist nach dem Zeitraum, innerhalb dessen ohne schuldhaftes Zögern der Verpflichtung nachzukommen ist.[66] Ist die Frist angemessen, in der die geforderten Unterlagen und Aufzeichnungen der Außenprüfung in der vom Prüfer verlangten Form vorgelegt werden können, wird man auch nicht von einem verschuldeten Verzögern sprechen können. Die Begriffe sind folglich austauschbar, ohne dass damit eine zeitliche Veränderung der Frist einhergeht.[67] Es

---

63 Carlé, KÖSDI 2001, S. 13106, 13108; Eller, Elektronische Rechnungsstellung und digitale Betriebsprüfung, Rn. 122 und Forster/Schorer, StB 2001, S. 402, 404 sehen in der Änderung eine Verschärfung der bisherigen Rechtslage.

64 BT-Drucks. 14/2683, S. 129.

65 RG, Urteil v. 22.2.1929, II 357/28, RGZ 124, 115, 118; Palandt/Heinrichs[66], § 121 BGB Tz. 3; a. A. offenbar BT-Drucks. 14/2683, S. 129.

66 RG, Urteil v. 1.3.1911, III 79/10, RGZ 75, 354, 357.

67 Im Ergebnis ebenso Drüen, in: Tipke/Kruse, § 147 AO Tz. 41 (April 2007); Käbisch, Datenzugriff und digitale Unterlagen, Teil 5/6.6, S. 28 (Dezember 2001); Schmitz, StBp 2002, S. 189, 191.

ist also weiterhin nach Verhältnismäßigkeitsgesichtspunkten zu entscheiden, wann die Frist überschritten ist.[68] Dabei ist insbesondere zu berücksichtigen, ob es sich bereits um archivierte Daten handelt, die erst wieder ins System eingespeist werden müssen oder ob die angeforderten Daten noch im laufenden System vorhanden sind und deswegen tatsächlich eine nahezu sofortige Bereitstellung angemessen ist.[69] Auch die Datenmenge und die Streuung steuerlich relevanter Daten im System ist dabei zu beachten.[70]

II. Ausdruck von Daten

§ 147 Abs. 2 S. 2 AO a. F. hatte bisher geregelt, dass Unterlagen, die auf Datenträgern hergestellt wurden, auch in ausgedruckter Form aufbewahrt werden können. Dieser Satz wurde im Zuge der Einführung der digitalen Außenprüfung gestrichen. Dies war notwendig, um den Datenzugriff zu verwirklichen.[71] Könnten die Daten weiterhin in ausgedruckter Form aufbewahrt werden, würden viele Unternehmen die notwendigen Systemumstellungen für den Datenzugriff nicht vornehmen und weiterhin die steuerlichen Unterlagen in maschinell nicht auswertbarer Papierform anbieten. Die Aufbewahrung ausgedruckter Daten ist zwar weiterhin zulässig, sie reicht aber nun nicht mehr aus, um die Aufbewahrungspflichten der auf Datenträgern geführten maschinell auswertbaren Unterlagen im Sinne des § 147 Abs. 1 AO zu erfüllen.[72] Dies verdeutlicht auch noch einmal die Folgeänderung des § 147 Abs. 5 S. 1 1. Halbs. AO, denn eine echte Alternative zwischen Ausdruck und Datenträgeraufbewahrung besteht nicht mehr, so dass das Wort „nur“ gestrichen werden musste und die Worte „vorlegen kann“ durch das Wort „vorlegt“ ersetzt werden mussten.

III. Die drei Datenzugriffsformen

Das Herzstück der neuen Regelung befindet sich in § 147 Abs. 6 AO. Hier ist das Datenzugriffsrecht der Finanzverwaltung geregelt. Sind danach die Unterlagen nach § 147 Abs. 1 AO mit Hilfe eines Datenverarbeitungssystems erstellt worden, hat die Finanzbehörde im Rahmen einer Außenprüfung das Recht, Einsicht in die gespeicherten Daten zu nehmen und das Datenverarbeitungssystem zur Prüfung dieser Unterlagen zu nutzen. Sie kann im Rahmen einer Außenprüfung auch verlangen, dass die Daten nach ihren Vorgaben maschinell ausgewertet oder ihr die gespeicherten Unterlagen und Aufzeichnungen auf einem ma-

---

68 Drüen, in: Tipke/Kruse, § 147 AO Tz. 41 (April 2007).
69 Käbisch, Datenzugriff und digitale Unterlagen, Teil 5/6.6, S. 28 (Dezember 2001).
70 Käbisch, Datenzugriff und digitale Unterlagen, Teil 5/6.6, S. 28 (Dezember 2001).
71 BT-Drucks. 14/2683, S. 130.
72 Vgl. BT-Drucks. 14/2683, S. 130.

schinell verwertbaren Datenträger zur Verfügung gestellt werden (§ 147 Abs. 6 Satz 1 u. 2 AO). Diese neue Prüfungsmethode tritt neben die Möglichkeit der herkömmlichen Prüfung. Der § 147 Abs. 6 AO eröffnet der Finanzverwaltung somit drei Zugriffsformen, für die sich in der Praxis – nach dem Sprachgebrauch des BMF-Schreibens zu den Grundsätzen zum Datenzugriff und zur Prüfung digitaler Unterlagen (GDPdU)[73] – die Bezeichnungen unmittelbarer Datenzugriff, mittelbarer Datenzugriff und Datenträgerüberlassung durchgesetzt hat.[74]

1. Unmittelbarer Datenzugriff

Nach § 147 Abs. 6 S. 1 AO hat die Finanzverwaltung das Recht, Einsicht in die gespeicherten Daten zu nehmen und das Datenverarbeitungssystem zur Prüfung dieser Unterlagen zu nutzen. Die Nutzung ist damit weiter zu verstehen als die bloße Einsichtnahme der Daten direkt an der Datenverarbeitungsanlage in Form der bloßen Wahrnehmung des Zahlenwerks und Datenmaterials. Durch die Nutzungsbefugnis wird der Außenprüfer vielmehr in die Lage versetzt, die auf der Datenverarbeitungsanlage installierte Software[75] selber einzusetzen, um die vorhandenen prüfungsrelevanten Daten neben dem bloßen Lesen zu filtern, zu sortieren und im Rahmen der im Datenverarbeitungssystem vorhandenen Möglichkeiten in sonstiger Weise für seine Prüfung auszuwerten.[76]

Abzulehnen ist die Auffassung von *Eller* und *Panek*, dass der unmittelbare Datenzugriff nur Einsicht in die Daten und Verifizierung des Aussagegehalts der Unterlagen erlaubt. *Eller* und *Panek* stützen ihre Meinung auf den unterschiedlichen Wortlaut. Da im ersten Satz des § 147 Abs. 6 AO nur von „prüfen" gesprochen wird und erst im zweiten Satz der Begriff „ausgewertet" verwendet wird, folgern sie insoweit unterschiedliche Befugnisse zwischen dem unmittelbaren Datenzugriff einerseits und dem mittelbaren Datenzugriff sowie der Datenträgerüberlassung andererseits. Nur die letzten beiden Zugriffsarten sollen nach dieser Ansicht das Recht gewähren, Daten maschinell auszuwerten, d. h. Daten zu filtern und zu sortieren.[77] Das Wort „prüfen" umfasst dagegen begrifflich auch das Auswerten von Daten. Die unterschiedliche Wortwahl in den beiden Sätzen erklärt sich daher lediglich daraus, dass beim mittelbaren Datenzugriff die Hilfsperson, die der Außenprüfer einschaltet, nicht selbst die Befugnis hat,

---

73 BMF v. 16.7.2001 – IV D 2 – S 0316 – 136/01, BStBl. I 2001, S. 415.

74 Teilweise werden auch abgekürzt die Begriffe „Z1" (=unmittelbarer Datenzugriff), „Z2" (=mittelbarer Datenzugriff) und „Z3" (=Datenträgerüberlassung) benutzt, vgl. bspw. Groß/Kampffmeyer/Matheis, K&R 2004, S. 112.

75 BT-Drucks. 14/2683, S. 130.

76 BMF v. 16.7.2001 – IV D 2 – S 0316 – 136/01, BStBl. I 2001, S. 415; zu den Auswertungsmöglichkeiten vgl. H.

77 Eller, Elektronische Rechnungsstellung und digitale Betriebsprüfung, Rn. 111 f.; Panek, Die steuerliche Außenprüfung, S. 110 ff.

Prüfungen vorzunehmen, sondern nur nach Anweisung Auswertungen vornehmen darf.[78] Der Begriff des „Auswertens" ist daher nicht weiter, sondern vielmehr enger als der Begriff des „Prüfens" zu verstehen; das Auswerten ist nur ein Teilbereich der Prüfung.

Das zum unmittelbaren Datenzugriff im BMF-Schreiben zu den GDPdU verwendete Synonym „Nur-Lesezugriff" ist irreführend, weil die Befugnis viel weiter über die bloße Einsichtnahme hinausreicht.[79] Der unglücklich gewählte Begriff soll dabei wohl nur verdeutlichen, dass der Außenprüfer nicht berechtigt ist, die Daten auf dem Datenverarbeitungssystem zu verändern.[80] Die Einsichtnahme ist notwendige Vorbereitungshandlung[81] zur Feststellung der Prüfungsbedürftigkeit und damit bereits Teil der gegebenenfalls anschließenden Prüfung. Aus diesem Grund reicht die Zugriffsbefugnis hinsichtlich der „Einsicht" nicht weiter als bei der „Prüfung", denn die Dateneinsicht dient nur der späteren Datenprüfung. Sowohl die Befugnis zur Einsichtnahme als auch die Prüfung beziehen sich nur auf die Unterlagen im Sinne des § 147 Abs. 1 AO. Dagegen folgern *Kerssenbrock/Riedel/Strunk*[82] aus der Formulierung in § 147 Abs. 6 S. 1 AO, dass die Finanzbehörde „Einsicht in die gespeicherten Daten" nehmen darf, dass sie grundsätzlich auf alle Daten, die auf dem Datenverarbeitungssystem gespeichert sind - und damit nicht nur auf Unterlagen im Sinne des § 147 Abs. 1 AO - im Wege der Einsichtnahme zugreifen darf. Im Vergleich zu der Formulierung „Prüfung dieser Unterlagen" sehen sie eine Erweiterung des Zugriffsumfangs. Bei einer solchen Sezierung des Gesetzestextes geht jedoch die systematische Einbettung in den Gesamtkontext der Norm verloren, der bei der Auslegung nicht aus dem Blick gelassen werden darf.[83] Bereits aus der Einleitung der Befugnisnorm des § 147 Abs. 6 AO ist ersichtlich, dass die Regelung sich insgesamt nur auf die Unterlagen im Sinne des § 147 Abs. 1 AO, die mit Hilfe eines Datenverarbeitungssystems erstellt worden sind, beschränkt. Der gesamte Kontext zeigt, dass das auch für die Formulierung „gespeicherte Daten" gilt, denn mit diesem Ausdruck wird lediglich der Begriff „Unterlagen im Sinne des § 147 Abs. 1 AO" in eine technische, dem Datenverarbeitungszeitalter angepasste Sprache übersetzt. „Unterlagen im Sinne des § 147 Abs. 1 AO" sind „aufzubewahrende Unterlagen" und die Aufbewahrung geschieht bei Datenverarbeitungssystemen durch „Speicherung" auf Datenträgern. Gespeichert werden dabei im Sprachgebrauch der Informatik Daten, welche nichts anderes darstellen

78 Siehe hierzu D.III.2.

79 Drüen, StuW 2003, S. 205, 207 Fn. 36; Panek, Die steuerliche Außenprüfung, S. 104 f.

80 So Schmitz, StBp 2002, S. 189, 192; vgl. BT-Drucks. 14/2683, S. 130, wo ausdrücklich eine Datenänderung durch den Außenprüfer abgelehnt wird; siehe zum Verbot der Veränderung auch Sauer, in: Beermann/Gosch, § 147 AO Tz. 59 (August 2004).

81 Ähnlich Drüen, StuW 2003, S. 205, 215.

82 Kerssenbrock/Riedel/Strunk, DB Beilage 9/2002, S. 1, 9.

83 Drüen, StuW 2003, S. 205, 215; siehe auch Burchert, INF 2001, S. 230, 234.

als Informationen. Aus diesen Informationen lassen sich bei richtiger Zuordnung die Unterlagen im Sinne des § 147 Abs. 1 AO zusammensetzen.[84] Deswegen bedarf es auch der Dateneinsichtnahme, denn sie gewährleistet die richtige Zusammensetzung der Daten zu Prüfungszwecken. Diese Übersetzung verdeutlicht damit nur, dass die Befugnis zur Einsichtnahme nicht wie bisher den ausgedruckten – also körperlich greifbaren – Unterlagen gilt, sondern sie sich auf die digitalen – nicht physischen - Unterlagen bezieht. Auch die Gesetzesentstehung spricht für eine den Datenzugriffsumfang begrenzende Auslegung des Wortlauts. Denn der Wortlaut der Regelung über den unmittelbaren Datenzugriff wurde von der Fassung, die es durch die Stellungnahme des Bundesrates zum Steuerbereinigungsgesetz erhalten hatte, über die im Bericht des Finanzausschusses enthaltene Version bis hin zum endgültigen Inhalt im Steuersenkungsgesetz zur Klarstellung immer weiter eingeengt.[85] Der in der Gesetzesbegründung manifestierte Wille des Gesetzgebers, durch den Datenzugriff den Umfang einer Außenprüfung nicht zu erweitern[86], zeigt schließlich deutlich, dass die Auffassung, eine Erstreckung des Datenzugriffs auf die Verwendung des Begriffs „gespeicherte Daten“ stützen zu wollen, nicht haltbar ist. Vielmehr ist auch die Einsichtnahme auf die Unterlagen im Sinne des § 147 Abs. 1 AO beschränkt.[87] Dass die Finanzverwaltung die hier vertretene „Begrenzung“ des Datenzugriffsumfangs in den GDPdU vertritt[88], ist damit nur die klarstellende Wiederholung des Gesetzeswortlauts, aber nicht wie *Kerssenbrock/Riedel/Strunk* wohl meinen[89], der Versuch einer verfassungskonformen Rettung des Gesetzes.[90]

Die Wahl des unmittelbaren Datenzugriffs wird dabei zumeist in größeren Unternehmen Anwendung finden, da wohl nur dort leistungsfähige Analysesoftware installiert ist, weil sie für eigene Zwecke, z. B. für die Konzernrevision oder als Reportingsystem, genutzt wird.[91] Eigene Software darf der Prüfer dagegen nicht auf dem Datenverarbeitungssystem des Steuerpflichtigen installieren. Dieses Verbot lässt sich zwar nicht direkt dem Wortlaut entnehmen[92], weil die Nutzung des Datenverarbeitungssystems zur Prüfung die Installation eigener Prüfsoftware nicht unbedingt ausschließt. Deswegen ist die Auffassung von

84 Ausführlicher unter E.III.3.a).

85 Siehe B.III. Abb. 1.

86 BT-Drucks. 14/2683, S. 130.

87 Im Ergebnis so auch Burchert, INF 2001, S. 230, 234; Drüen, StuW 2003, S. 205, 215.

88 BMF v. 16.7.2001 – IV D 2 – S 0316 – 136/01, BStBl. I 2001, S. 415.

89 Kerssenbrock/Riedel/Strunk, DB Beilage 9/2002, S. 1, 12.

90 Zutreffend Drüen, StuW 2003, S. 205, 215, mit dem Hinweis in Fn. 150, dass es deswegen nicht darauf ankommt, ob die Finanzverwaltung im Wege einer einheitlichen Verwaltungsanweisung das Gesetz überhaupt wirksam reduzieren kann.

91 Burchert, INF 2001, S. 230, 231.

92 Burchert, INF 2001, S. 230, 231.

Kerssenbrock/Riedel/Strunk[93] abzulehnen, die annehmen, dass sich das Verbot schon aus der Wortwahl des Gesetzes ergibt, weil es das Wort „nutzen“ statt „benutzen“ verwendet.[94] Jedoch spricht die Gesetzesbegründung für ein Verbot der Softwareinstallation durch den Prüfer, da hier davon ausgegangen wird, dass der Außenprüfer sich bei der Prüfung der „Software des Steuerpflichtigen bedienen“ darf.[95] Zudem ist auch die Systematik der Datenzugriffsregelung als Begründung heranzuziehen, denn für die Verwendung eigener Software ist eigens die dritte Alternative des Datenzugriffs in Form der Datenträgerüberlassung geschaffen worden. Angesichts der ausdrücklich normierten Möglichkeit der Datenträgerüberlassung nach § 147 Abs. 6 S. 2 Fall 2 AO und der damit eröffneten Prüfung durch eigene Analyseprogramme wäre es auch unverhältnismäßig das Datenverarbeitungssystem des Steuerpflichtigen der Gefahr des Systemabsturzes oder des Virenbefalls seines Systems durch die neu installierte Software auszusetzen. Der Wortlaut der Vorschrift ist daher auf die Nutzung der Software des Steuerpflichtigen zu beschränken.[96] Aus den gleichen Gründen scheidet es daher auch aus, dass der Außenprüfer sich mit seinem Notebook an das Datenverarbeitungssystem des Steuerpflichtigen „einklinkt[97] oder er vom Steuerpflichtigen die Schaffung bestimmter bisher nicht vorhandener Auswertungsmöglichkeiten verlangt.[98]

2. Mittelbarer Datenzugriff

Der so genannte mittelbare Datenzugriff ist in § 147 Abs. 6 S. 2 Fall 1 AO geregelt. Die Zugriffsform ist soweit identisch mit dem unmittelbaren Datenzugriff[99], allerdings greift der Prüfer nicht unmittelbar selbst auf die Daten zu, sondern er lässt die Daten auf dem Datenverarbeitungssystem nach seinen Vorgaben vom Steuerpflichtigen, von mit dem Datenverarbeitungssystem vertrautem Personal des Steuerpflichtigen oder einem durch den Steuerpflichtigen beauftragten Dritten maschinell auswerten. Diese Aufforderung zur technischen

---

93 Kerssenbrock/Riedel/Strunk, DB Beilage 9/2002, S. 1, 9.

94 Kritisch auch Drüen, StuW 2003, S. 205, 214 f.

95 BT-Drucks. 14/2683, S. 130.

96 Siehe auch Burchert, INF 2001, S. 230, 231; Carlé, KÖSDI 2001, S. 13106, 13110; Eller, Elektronische Rechnungsstellung und digitale Betriebsprüfung, Rn. 108; Intemann, NWB Fach 17, S. 2007, 2009; Käbisch, Datenzugriff und digitale Unterlagen, Teil 5/6.6, S. 3 (Dezember 2001); Nöcker, CR 2001, S. 864, 866; Ritzrow, in: Pump/Leibner, § 147 AO Tz. 63 (Juni 2002); Schmitz, StBp 2002, S. 189, 198.

97 So aber Sauer, in: Beermann/Gosch, § 147 Tz. 59 (August 2004); wie hier Käbisch, Datenzugriff und digitale Unterlagen, Teil 5/6.6, S. 4 (Dezember 2001).

98 So aber Burchert, INF 2001, S. 230, 232, auch wenn er die Beachtung des Verhältnismäßigkeitsgrundsatzes verlangt; wie hier Höreth/Schiegl, BB 2001, 2509, 2511; Eberlein, DStZ 2002, S. 249, 250; Panek, Die steuerliche Außenprüfung, S. 108.

99 Vgl. Hantzsch, Hefte zur Internationalen Besteuerung (138), S. 15.

Durchführung der Auswertung ist nur dann interessant, wenn der Steuerpflichtige ein besonders leistungsfähiges Analyseprogramm besitzt, dass der Prüfer selbst nicht beherrscht.[100] Denn wie beim unmittelbaren Datenzugriff[101] fehlt hier die Befugnis, eigene Auswertungssysteme zuzuschalten.[102] Lässt man die Frage nach der technischen Möglichkeit und der IT-Sicherheit außen vor, bleibt auch hier festzuhalten, dass für die Benutzung eigener Auswertungsprogramme die dritte Art des Datenzugriffs – die Datenträgerüberlassung – normiert wurde.

Die Sachaufklärungspflicht bleibt auch beim mittelbaren Datenzugriff weiterhin gem. § 88 Abs. 1 AO bei der Finanzverwaltung[103], die deswegen auch dafür zu sorgen hat, dass die Prüfer sich zumindest in den Standardprogrammen (z. B. das Audit Information System in SAP R/3) zurecht finden. Sie darf die Ausbildung und die Fortbildung ihrer Prüfer nicht auf Kosten der Unternehmen vernachlässigen, damit sie dieser Pflicht genügen kann. Auch aus dem Grundsatz, dass der Steuerpflichtige keine Hilfsmittel stellen muss, die der eigentlichen Prüfungstätigkeit dienen, also dem Prüfer einen Teil der von ihm zu leistenden Tätigkeit abnehmen[104], lässt sich die Ausbildungspflicht entnehmen. Zwar hat der Steuerpflichtige wie bisher gem. § 200 Abs. 2 S. 2 AO die erforderlichen Hilfsmittel zur Verfügung zu stellen, wozu auch weiterhin die nötigen Hilfsdienste gehören, insbesondere die erforderliche technische Einführung in die zur Verfügung zu stellenden Hilfsmittel.[105] Nicht dazu zählt jedoch die Zurverfügungstellung von Arbeitskräften des Steuerpflichtigen für die eigentlichen Prüfungshandlungen.[106] Der Datenzugriff ist durch die gesetzliche Normierung allerdings Teil der Prüfungstätigkeit geworden. Er lässt sich auch nicht aufspalten in einen theoretischen Teil, in dem der Prüfer die Kriterien der Datenauswertung festlegt und der der Prüfungstätigkeit unterliegt und einen ausführenden Teil, der nur als Hilfstätigkeit einzuordnen ist. Vielmehr ist der Datenzugriff als Ganzes originäre Prüfungstätigkeit, die grundsätzlich vom Prüfer selbst durchzuführen ist und nur ausnahmsweise aufgrund der ausdrücklichen Normierung des mittelbaren Datenzugriffs vom Steuerpflichtigen zu unterstützen ist (§ 200 Abs. 1 S. 2 AO). Die Frage, wann der mittelbare Datenzugriff verlangt werden kann, ist in einer Art Sphärenbetrachtung zu entscheiden, dabei ist zu berücksichtigen, warum der unmittelbare Datenzugriff nicht durchgeführt werden kann. Die Befugnis des mittelbaren Datenzugriffs ist daher im Rahmen des Auswahlermessens als Aus-

---

100 So auch Käbisch, Datenzugriff und digitale Unterlagen, Teil 5/6.6, S. 5 (Dezember 2001).

101 Vgl. D.III.1.

102 A. A. Sauer, in: Beermann/Gosch, § 147 Abs. 60 (August 2004).

103 Drüen, in: Tipke/Kruse, § 147 AO, Tz. 79 (April 2007).

104 Tipke, Steuerliche Betriebsprüfung im Rechtsstaat, S. 94.

105 Schick, in: Hübschmann/Hepp/Spitaler, § 200 AO Tz. 383 (März 1991).

106 Glade, StbJb. 1978/1979, S. 529, 544; Schick, in: Hübschmann/Hepp/Spitaler, § 200 AO Tz. 383 (März 1991).

nahmevorschrift anzusehen und deswegen – trotz fehlender ausdrücklicher Einschränkung - nur subsidiär[107] in den Fällen anzuwenden, in denen der Steuerpflichtige exotische Analyseprogramme benutzt[108], die im Vergleich zur Datenträgerüberlassung umfangreichere Prüfungsmöglichkeiten eröffnen oder in denen lediglich EDV-spezifische Ergänzungsfragen gestellt werden.[109] Die Kriterien, nach denen Daten verknüpft, sortiert oder gefiltert werden sollen, sind überdies hinaus grundsätzlich immer vom Prüfer festzulegen[110], der Steuerpflichtige kann nicht verpflichtet werden, eigene Auswertungsvorschläge zu entwickeln.[111]

3. Datenträgerüberlassung

Die Befugnis, die so genannte Datenträgerüberlassung zu fordern, ist in § 147 Abs. 6 Satz 2 Fall 2 AO normiert. Die Finanzbehörde kann verlangen, dass „die gespeicherten Unterlagen und Aufzeichnungen auf einem maschinell verwertbaren Datenträger zur Verfügung gestellt werden“. Dass das Gesetz hier von „gespeicherten Unterlagen und Aufzeichnungen“ spricht, darf nicht als Erweiterung des Prüfungsumfangs verstanden werden.[112] Die Erwähnung von „Aufzeichnungen“ neben den „Unterlagen“ ist redundant und damit als gesetzgeberisches Versehen einzuordnen. Nach § 147 Abs. 1 Nr. 1 AO bezieht der Oberbegriff „Unterlagen“ bereits die „Aufzeichnungen“ mit ein, so dass die gesonderte Erwähnung in § 147 Abs. 6 Satz 2 Fall 2 AO keine erweiternde Zugriffsbefugnis im Vergleich zu den übrigen Zugriffsarten eröffnet. Die Einbettung der Regelung zur Datenträgerüberlassung in das Gesamtgefüge der Datenzugriffsbefugnis lässt auch aus systematischen Gesichtspunkten nur den Schluss zu, dass sich auch diese Zugriffsart nur auf die Unterlagen im Sinne des § 147 Abs. 1 AO bezieht.

Auch wenn der Gesetzeswortlaut nur verlangt, dass die Daten „zur Verfügung gestellt werden“, ist darin zumindest nach der Gesetzesbegründung kein Unterschied zur „Überlassung der Daten“ zu sehen.[113] In der Gesetzesbegründung wird zu § 147 Abs. 6 Satz 2 Fall 2 AO ausgeführt:

---

107 Ähnlich Kuhsel/Kaeser, DB 2001, S. 1583, 1584.

108 Kuhsel/Kaeser, DB 2001, S. 1583, 1584; auch Schmitz, StBp 2002, S. 221, 223 sieht hier den vornehmlich zu erwartenden Anwendungsfall des mittelbaren Datenzugriffs; a. A. dagegen Hantzsch, Hefte zur Internationalen Besteuerung (138), S. 20.

109 Burchert, INF 2001, S. 230, 231; Carlé, KöSDI 2001, S. 13111, 13106

110 Bruschke, StB 2002, S. 42, 43; Ritzrow, in: Pump/Leibner, § 147 AO Tz. 64 (Juni 2002).

111 Panek, Die steuerliche Außenprüfung, S. 114; Schmitz, StBp 2002, S. 189, 198.

112 A. A. wohl Kerssenbrock/Riedel/Strunk, DB Beilage 9/2002, S. 1, 22.

113 So aber Drüen, in: Tipke/Kruse, § 147 AO, Tz. 80a (April 2007), der deswegen auch vom „Datenträgerzugriff“ spricht; im folgend Panek, Die steuerliche Außenprüfung, S.

Sie [Die Finanzbehörde] kann [...] verlangen, dass er [der Steuerpflichtige] [...] ihr drittens die gespeicherten Unterlagen auf einem maschinell auswertbaren Datenträger zu ihrer eigenen Auswertung überlässt."[114]

Diese Zugriffsart erfordert daher eine körperliche Übergabe des maschinell auswertbaren Datenträgers, auf dem die Daten zu Prüfungszwecken gespeichert worden sind, durch den Steuerpflichtigen an den Außenprüfer. Damit reicht es nicht aus, dass der Steuerpflichtige anbietet, dass er die Daten online bereitstellt oder überspielt. Nach dem Sinn und Zweck dieser Alternative ist der Außenprüfer jedoch berechtigt, die Daten dieses Datenträgers auf seinen Laptop zu Prüfungszwecken zu übertragen. Allerdings wird man nicht davon ausgehen dürfen, dass hier eine Eigentumsübertragung stattfindet, der Außenprüfer hat während der Außenprüfung[115] lediglich ein Recht zum Besitz i. S. des § 986 BGB. Deswegen kann der Datenträger auch nach Abschluss der Außenprüfung vom Steuerpflichtigen von der Finanzverwaltung gem. § 985 BGB herausverlangt werden.[116] Ein Recht des Steuerpflichtigen die Übergabe des Datenträgers an eine schriftliche Bestätigung des Außenprüfers zu knüpfen, den Datenträger sicher vor unbefugten Zugriff aufzubewahren, ihn nicht zu kopieren und nach Abschluss der Prüfung wieder zurückzugeben, besteht aufgrund der gesetzlichen Anordnung dagegen nicht.[117]

Bei der Datenträgerüberlassung kann der Prüfer die eigene Analysesoftware, die auf seinem Laptop oder Arbeitsplatzrechner installiert ist, einsetzen, um die vom Steuerpflichtigen überlassenen Daten zu überprüfen. Die Finanzverwaltung und auch die Finanzgerichte haben aus diesem Grund bundeseinheitlich Lizenzen der frei auf dem Markt verfügbaren und bei Wirtschaftsprüfern bereits seit langem verbreiteten Prüfsoftware „IDEA" der Firma Audicon erworben.[118] Da die Finanzverwaltung insbesondere im Umgang mit diesem Programm geschult wird und viele Unternehmen gar nicht über eine installierte Prüfsoftware verfügen, dürfte die Datenträgerüberlassung wohl als häufigste Form des Datenzugriffs

78; wie hier im Ergebnis FG Hamburg, Urteil v. 13.11.2006, 2 K 198/05, DStRE 2007, 441, 443.

114 BT-Drucks 14/2683, S. 130.

115 Vgl. zum zeitlichen Umfang E.I.1.b).-

116 So wohl im Ergebnis auch Panek, Die steuerliche Außenprüfung, S. 118.

117 Vgl. FG Thüringen, Beschluss v. 20.4.2005, III 46/05, EFG 2005, 1406; dagegen hatte Hantzsch, Hefte zur Internationalen Besteuerung (138), S. 27 erwartet, dass sich diese Vorgehensweise in der Praxis durchsetzen werde; auch Carlé, KÖSDI 2001, S. 13106, 13114 und Forster/Schorer, StB 2001, S. 402, 403 raten dem Steuerpflichtigen sich die Überlassung des Datenträgers quittieren zu lassen.

118 Die Finanzverwaltung hat 14.000 Lizemzen erworben, vgl. Schmid, Datentugriff der Finanzverwaltung 2005, S. 72.

auftreten.[119] Neben der reinen Überlassung der Daten sind auch die notwendigen Informationen zur Auswertung der Daten offen zu legen, damit die Finanzverwaltung die auf dem Datenträger gespeicherten Unterlagen und Aufzeichnungen mit dem eigenen Analyseprogramm auch auswerten kann.[120] Dieses Erfordernis folgt aus dem Sinn und Zweck der Datenträgerüberlassung, die ein Äquivalent zum unmittelbaren Datenzugriff für Datenverarbeitungssysteme darstellen soll, auf denen keine Analysesoftware installiert ist. Ohne die erforderlichen Kenntnisse über die Dateistruktur, die Datenfelder sowie interne und externe Verknüpfungen wäre eine zweckmäßige Prüfung nicht möglich.[121]

IV. Unterstützungspflichten

§ 200 Abs. 1 Satz 2 AO flankiert die Befugnisse der Finanzverwaltung nach § 147 Abs. 6 AO mit einer Unterstützungspflicht des Steuerpflichtigen. Die Unterstützungspflichten sind Teil seiner Mitwirkungspflichten im Rahmen einer Außenprüfung. Der Steuerpflichtige hat die Pflicht alle notwendigen Vorbereitungen zu treffen, die den Datenzugriff ermöglichen und dem Prüfer während des Datenzugriffs die erforderliche Hilfe zukommen zu lassen. Als notwendige Vorbereitungshandlung ist dabei gegebenenfalls eine Rückführung der archivierten Daten in das laufende System, die Einrichtung eines Computerarbeitsplatzes, der einen Zugriff auf die Daten ermöglicht oder die Herstellung der zu überlassenden Datenträger anzusehen. Die erforderliche Hilfe, die zur Verfügung zu stellen ist, ist insbesondere die Einweisung in das Datenverarbeitungssystem. Aus dem Wortlaut und der systematischen Stellung ergibt sich, dass sich die Unterstützungspflicht des § 200 Abs. 1 S. 2 AO nur auf Mitwirkungshandlungen bezieht, die der Steuerpflichtige während einer Außenprüfung aufgrund der konkreten Wahl der Datenzugriffsart durch die Finanzbehörde zu erfüllen hat. Die vorbereitenden Pflichten im Rahmen der Aufbewahrungspflicht des § 147 Abs. 1 AO mit Hinblick auf den Datenzugriff finden daher ihre Rechtsgrundlage nicht in § 200 Abs. 1 S. 2 AO, sondern allein in §§ 146 Abs. 5, 147 Abs. 2 AO.

Der Steuerpflichtige kann nicht nach § 200 Abs. 1 S. 2 AO dazu angehalten werden, Aufzeichnungen in Papierform nur für die digitale Außenprüfung einzuscannen oder digital zu erfassen[122], denn die Vorschriften der §§ 147 Abs. 2 Nr. 2, Abs. 5 AO setzen digitale Daten voraus. Befinden sich Unterlagen und Aufzeichnungen dagegen nicht bereits auf Datenträgern, läuft das Recht auf Daten-

119 Käbisch, Datenzugriff und digitale Unterlagen, Teil 5/6.6, S. 10 (Dezember 2001); Schmitz, StBp 2002, S. 221, 222.

120 BMF v. 16.7.2001 – IV D 2 – S 0316 – 136/01, BStBl. I 2001, S. 415, 416.

121 Hierzu auch Groß/Kampffmeyer/Matheis, BB 2004, S. 1083, 1084.

122 Siehe hierzu auch E.III.2.b).

zugriff ins Leere.[123] Die Befugnisnorm des § 147 Abs. 6 AO stellt die Voraussetzung auf, dass Unterlagen mit Hilfe des Datenverarbeitungssystems hergestellt wurden und nicht, dass Unterlagen für den Datenzugriff auf einem Datenverarbeitungssystem herzustellen sind.

V. Ermessen

Der Gesetzgeber hat den Datenzugriff als Ermessensvorschrift ausgestaltet. Das verdeutlicht die Wortwahl „hat die Finanzbehörde ... das Recht" (§ 147 Abs. 6 Satz 1) und „sie kann" (§ 147 Abs. 6 Satz 2).[124] Es steht der Finanzbehörde insoweit doppeltes Ermessen zur Verfügung.[125] Sie hat erstens zu prüfen, ob sie überhaupt eine digitale Betriebsprüfung durchführt oder ob sie trotz dieser neuen Befugnis weiterhin eine konventionelle Betriebsprüfung anordnet und zweitens besteht - sollte sie sich für eine digitale Betriebsprüfung entscheiden - ein Auswahlermessen, welche der drei Zugriffsformen sie wählt. Das Ermessen eröffnet ihr im Rahmen der Verhältnismäßigkeit auch eine Kombination der konventionellen Betriebsprüfung und der digitalen Betriebsprüfung mit allen drei Zugriffsformen.[126] Der Frage des pflichtgemäßen Ermessens ist im Rahmen dieser Dissertation ein eigenes Kapitel[127] gewidmet, so dass auf weitere Ausführungen zunächst verzichtet wird.

Abb. 2: Die Ermessensausübung der Betriebsprüfung durch die Neuregelung

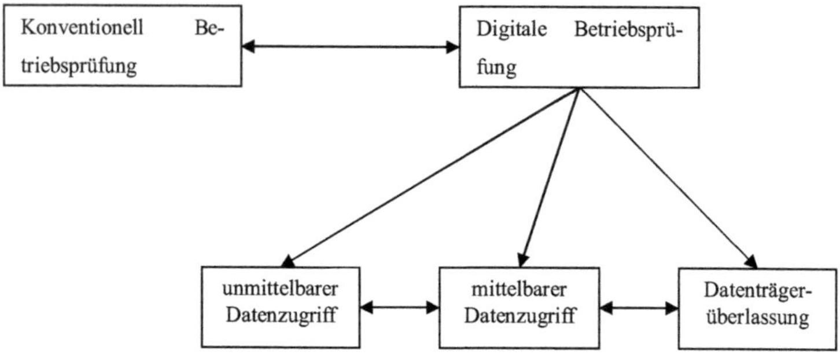

123 Drüen, StuW 2003, S. 365.

124 Vgl. auch Schmitz, StBp 2002, S. 189, 190.

125 Drüen, StuW 2003, S. 205, 218.

126 Apitz, StBp 2002, S. 33, 40; Drüen, StuW 2003, S. 365; Ritzrow, in: Pump/Leibner, § 147 AO Tz. 47, 53 (Juni 2002); ohne nähere Begündung einschränkender Auffassung für den Fall, dass sich der Außenprüfer für die Datenträgerüberlassung entschieden hat, Stahl, KÖSDI 2005, S. 14532, 14535.

127 Siehe J.

VI. Rechtsnatur des Datenzugriffs

Bei der Beurteilung der Rechtsnatur des Datenzugriffs ist zwischen der Anordnung des Datenzugriffs und den einzelnen Prüfungshandlungen im Rahmen des Datenzugriffs zu unterscheiden.

Die Anordnung des Datenzugriffs konkretisiert die Ermessensentscheidung der Finanzverwaltung bezüglich der Frage, ob eine digitale Betriebsprüfung überhaupt durchgeführt werden soll und welche Zugriffsform(en) in Anspruch genommen werden soll(en). Diese Konkretisierung löst die Duldungspflicht hinsichtlich der gewählten Datenzugriffsart und die Unterstützungspflichten nach § 200 Abs. 1 S. 2 AO aus und setzt damit eine Rechtsfolge in einem Einzelfall. Durch die Bekanntgabe an den Steuerpflichtigen, die in der Praxis meist mit der Bekanntgabe der Prüfungsanordnung verbunden wird, entfaltet die Anordnung ihre Außenwirkung. Da diese Maßnahme auf § 147 Abs. 6 AO fußt, liegt eine hoheitliche Maßnahme auf dem Gebiet des öffentlichen Rechts vor, die von der Außenprüfungsstelle als Teil der Finanzbehörde und damit einer Behörde im Sinne des § 6 Abs. 1 i. V. m. Abs. 2 Nr. 5 AO erlassen wird. Die Konkretisierung erfüllt damit alle Voraussetzungen eines Verwaltungsaktes nach § 118 S. 1 AO.[128]

Dagegen fehlt es bei den Prüfungshandlungen an der Setzung einer Rechtsfolge. Die Prüfungshandlungen sollen den späteren Änderungsbescheid nur vorbereiten und stellen einen Realakt dar. Prüfungshandlungen im Rahmen des Datenzugriffs sind dabei die einzelnen Auswertungen des Datenbestandes durch den Außenprüfer.

Während diese rechtliche Einordnung für den unmittelbaren Datenzugriff und die Datenträgerüberlassung keine weiteren Schwierigkeiten bereitet, fragt sich, ob dies auch für den mittelbaren Datenzugriff gilt. Die einzelnen Prüfungsvorgaben durch den Außenprüfer, nach denen die maschinelle Auswertung durch eine vom Steuerpflichtigen berufene Person zu erfolgen hat, könnten als konkrete Mitwirkungsverlangen angesehen werden, die als Verwaltungsakte einzustufen sind. Die rechtliche Qualität eines Mitwirkungsverlangens im Rahmen einer Außenprüfung ist umstritten. Auch die Rechtsprechung wirft kein einheitliches Bild auf. Der BFH hat zunächst die Verwaltungsaktsqualität bejaht[129], ihm folgt ein Teil der Literatur.[130] Mit Urteil vom 10.11.1998 hat der VIII. Senat des BFH

---

128 Ebenso FG Hamburg, Urteil v. 13.11.2006, 2 K 198/05, DStRE 2007, 441, 442; Ditz, DStR 2004, S. 2038, 2039; Kuhfus, in: Kühn/v. Wedelstädt[18], § 147 AO Tz. 32; Schmitz, StBp 2002, S. 253, 256.

129 BFH, Urteil v. 23.2.1984, IV R 154/82, BStBl. II 1984, 512, 513; BFH, Urteil v. 14.8.1985, I R 188/82, BStBl. II 1986, 2, 3.

130 Tipke, in: Tipke/Kruse, § 200 AO Tz. 6 (Okt. 2007); Schick, in: Hübschmann/Hepp/Spitaler, § 200 AO Tz. 54 (März 1991).

dieser Rechtsprechung eine neue Entwicklung gegeben, als er entschieden hat, dass die während einer Außenprüfung vom Prüfer gegenüber dem Steuerpflichtigen erlassene schriftliche Aufforderung, bestimmte Fragen zu beantworten sowie genau bezeichnete Belege, Verträge und Konten vorzulegen, in der Regel kein Verwaltungsakt ist, sondern eine nicht selbständig anfechtbare Vorbereitungshandlung, wenn sie ausschließlich der Ermittlung steuermindernder Umstände dient und deshalb nicht erzwingbar ist.[131] Der VIII. Senat hat dem Umstand besondere Bedeutung zugemessen, ob die Aufforderung nach ihrem objektiven Erklärungsinhalt - beispielsweise mit Rücksicht auf eine erteilte Rechtsbehelfsbelehrung - als Maßnahme zur Einleitung eines Erzwingungsverfahrens zu verstehen ist. Zur Begründung hat der VIII. Senat auf den in § 44a VwGO zum Ausdruck kommenden allgemeinen Rechtsgedanken abgestellt, nach dem Rechtsbehelfe gegen behördliche Verfahrenshandlungen nur gleichzeitig mit den gegen die Sachentscheidung zulässigen Rechtsbehelfen geltend gemacht werden können, soweit sie nicht vollstreckbar sind. Auch *Frotscher* stellt auf den objektiven Erklärungsinhalt ab und differenziert zwischen der Aufforderung zur Mitwirkung, die einen Verwaltungsakt darstellt und der Bitte um Mitwirkung, die nach seiner Ansicht die Kriterien eines Verwaltungsaktes nicht erfüllt.[132] *Seer* sieht in einem Mitwirkungsverlangen ebenfalls erst dann einen Verwaltungsakt, wenn der Steuerpflichtige das Verlangen (etwa durch Wortwahl, Rechtsbehelfsbelehrung, Zwangsmittelhinweis) als eigenständige, auf bestimmte Rechtsfolgen abzielende Regelung auffassen muss.[133]

Der Auffassung, die auf den objektiven Empfängerhorizont abstellt, ist auch für die Prüfungsvorgaben im Rahmen des mittelbaren Datenzugriffs zu folgen. Nur so lassen sich sachgerechte Ergebnisse erzielen. Auf Seiten des Steuerpflichtigen kann so einem Rechtsverlust entgegengewirkt werden, weil dieser bei der Charakterisierung als Verwaltungsakt gezwungen wäre, jedes Mitwirkungsverlangen einzeln anzufechten, um der Bestandskraft zu entgehen. Auch aus Sicht der Finanzverwaltung ist es vorteilhaft, die Prüfungshandlungen im Rahmen des mittelbaren Datenzugriffs nur als Vorbereitungshandlung für den späteren Änderungsbescheid zu sehen, damit der Steuerpflichtige nicht bei der ansonsten notwendigen Rechtsschutzsuche gegen jede einzelne Prüfungshandlung das Datenzugriffsverfahren torpedieren kann. Die verlangte Mitwirkung des Steuerpflichtigen stellt vielmehr nur eine rein technische Mithilfe vor Ort[134] dar. Diese Einordnung stellt keinen Widerspruch zu den Ausführungen zu D.III.2. dar, denn auch wenn das Mitwirkungsverlangen lediglich ein Verlangen zur Mithilfe darstellt, bleibt die Auswertung grundsätzlich originäre Prüfungstätigkeit, die nur

---

131 BFH, Urteil v. 10.11.1998, VIII R 3/98, BStBl. II 1999, 199.

132 Frotscher, in: Schwarz, § 200 AO Tz. 17 (9/2004).

133 Seer, in: Tipke/Lang[19], § 21 Tz. 245.

134 Vgl. BT-Drucks. 14/2683, S. 130.

aufgrund der gesetzlichen Anordnung vom Steuerpflichtigen durchgeführt werden muss. Dem mittelbaren Datenzugriff liegt der Gedanke zugrunde, dass der Prüfer und sein vom Steuerpflichtigen gestellter Gehilfe gemeinsam vor der Datenverarbeitungsanlage sitzen und dass der Außenprüfer den Gehilfen um die verschiedenen Auswertungen bittet, die dann an Ort und Stelle vorgenommen werden. Hierin einen Verwaltungsakt zu sehen, wäre schon hinsichtlich einer notwendigen Bekanntgabe problematisch. Nimmt man die Gesetzesbegründung ernst, wird man nicht annehmen können, dass eine Person, die lediglich zur technischen Hilfe bei der Zusammenstellung der Daten vom Steuerpflichtigen abgestellt wird, gleichzeitig ähnlich einer benannten Auskunftsperson im Sinne des § 200 Abs. 1 S. 3 AO als Bevollmächtigter anzusehen ist.[135] Dann könnte ein an den Steuerpflichtigen gerichteter Verwaltungsakt aber nicht diesem Gehilfen wirksam bekannt gegeben werden, sondern die Bekanntgabe müsste gegenüber dem Steuerpflichtigen selbst, seinem Vertreter oder einem Bevollmächtigten bekannt gegeben werden[136], der dann erst den Gehilfen beauftragen müsste, die technische Durchführung der verlangten Auswertung durchzuführen. Eine solche „Befehlskette" entspricht nicht dem Leitbild des mittelbaren Datenzugriffs und widerspricht dem Ziel einer effizienteren und schnelleren Außenprüfung. Nach dem objektiven Empfängerhorizont stellt sich die einzelne Bitte zur technischen Hilfe bei der Auswertung als Realakt dar, zu dessen Durchführung der Steuerpflichtige bereits durch die Anordnung des mittelbaren Datenzugriffs verpflichtet worden ist. Sollte das Bedürfnis zu einer zwangsweisen Durchsetzung des einzelnen Auswertungsbegehrens bestehen, etwa weil der Gehilfe dem Begehren nicht nachkommen will, kann der Außenprüfer sein Verlangen auch in die Form eines Verwaltungsaktes gießen, was aber mit Blick auf den objektiven Empfängerhorizont nach außen deutlich erkennbar sein muss (etwa durch Wortwahl, Rechtsbehelfsbelehrung, Zwangsmittelhinweis), so dass das Verlangen als eigenständige - auf bestimmte Rechtsfolgen – abzielende Regelung aufgefasst werden muss.[137] Die Bekanntgabe des Verwaltungsaktes hat dann an den Steuerpflichtigen, den Vertreter oder einen Bevollmächtigten zu erfolgen, der dann gegebenenfalls den von ihm Beauftragten zur technischen Hilfe anweisen kann oder um Rechtsschutz[138] ersuchen muss.

135 Zur benannten Auskunftsperson als Bevollmächtigter im Außenverhältnis siehe Tipke, in: Tipke/Kruse, § 200 AO Tz. 17 (Okt. 2007); Schick, in: Hübschmann/Hepp/Spitaler, § 200 AO Tz. 127 ff. (März 1991).

136 Hierzu Schick, in: Hübschmann/Hepp/Spitaler, § 200 AO Tz. 118 ff. (März 1991).

137 Siehe hierzu Seer, in: Tipke/Lang[19], § 21 Tz. 245.

138 Vgl. hierzu J.II.

VII. Kosten des Datenzugriffs

§ 147 Abs. 6 S. 3 AO regelt, dass der Steuerpflichtige die Kosten des Datenzugriffs nach § 147 Abs. 6 AO zu tragen hat. Nach der Gesetzesbegründung soll die Regelung damit dem § 147 Abs. 5 AO entsprechen.[139] Allerdings scheint der Wortlaut zu weit. Denn nach dem Wortlaut des § 147 Abs. 6 S. 3 AO hat der Steuerpflichtige auch die Kosten zu tragen, die dabei entstehen, dass die Finanzbehörde Einsicht in die gespeicherten Daten nimmt und sein Datenverarbeitungssystem zur Prüfung der Unterlagen nach § 147 Abs. 1 AO nutzt. Das würde aber vom Wortlaut her auch die Kosten einschließen, die der Finanzverwaltung beim unmittelbaren Datenzugriff entstehen, also insbesondere die Personalkosten des Außenprüfers.[140] Diese Kosten sollen aber nach dem Telos der Regelung dem Steuerpflichtigen nicht auferlegt werden, so dass die Vorschrift teleologisch zu reduzieren ist. Indem die Gesetzesbegründung den Telos der Kostenregelung des Datenzugriffs an § 147 Abs. 5 AO anknüpft, macht der Gesetzgeber deutlich, dass nur die Kosten von ihm zu tragen sind, die aus seiner Sphäre stammen und damit zusammenhängen, dass er sich die Vorteile eines computergestützten Buchführungssystems zu Nutze macht.[141] Dies folgt auch bereits daraus, dass die Kostenpflicht nur als Teil der Mitwirkungspflicht[142] ihre Rechtfertigung als Inhaltsbestimmung i. S. des Art. 14 Abs. 1 S. 2 GG[143] findet.

Als Kosten kommen daher insbesondere die Personalkosten beim mittelbaren Datenzugriff, die Kosten für den Datenträger und seine Erstellung sowie die Kosten, die aufgrund der Bereitstellung eines Computerarbeitsplatzes im Rahmen des unmittelbaren Datenzugriffs entstehen, in Betracht. Kosten, die im Zusammenhang mit Zwangsmaßnahmen entstehen, weil der Steuerpflichtige seine Mitwirkungspflichten verletzt hat[144], fallen nicht unter § 147 Abs. 6 S. 3 AO, sondern unter §§ 337 ff. AO, die als speziellere Vorschriften vorgehen.

---

139 BT-Drucks. 14/2683, S. 130.

140 Undeutlich Sauer, in: Beermann/Gosch, § 147 Abs. 62 (August 2004).

141 Vgl. FG München, Urteil v. 2.3.1999, 12 K 4514/97, EFG 1999, 640; Drüen, in: Tipke/Kruse, § 147 AO Tz. 68 (April 2007); Trzaskalik, in: Hübschmann/Hepp/Spitaler, § 147 AO Tz. 40 (März 2003); Stahl, KÖSDI 2005, S. 14532, 14533.

142 So Cöster, in: Pahlke/Koenig, § 147 AO Tz. 33; Trzaskalik, in: Hübschmann/Hepp/Spitaler, § 147 AO Tz. 40 (März 2003); Schmitz, StBp 2002, S. 253, 254.

143 Hierzu Trzaskalik, in: Hübschmann/Hepp/Spitaler, § 147 AO Tz. 40 (März 2003).

144 Siehe hierzu G.

Die Kostenregelung ist bei der doppelten Ermessensausübung[145] zu beachten.[146] Nur die Ermessensentscheidung, die die zu erwartenden Kosten des Steuerpflichtigen mit dem Nutzen der Finanzverwaltung korrekt abwägt, kann verhältnismäßig sein.[147]

VIII. Zeitlicher Anwendungsbereich

§ 19b EGAO bestimmt, dass § 146 Abs. 5, § 147 Abs. 2, 5 und 6 sowie § 200 Abs. 1 AO ab dem 1. Januar 2002 anzuwenden sind. Im Regierungsentwurf war der Beginn noch für den 1. Januar 2001 vorgesehen.[148] Aufgrund der Finanzausschussempfehlung[149] wurde der Zeitpunkt der erstmaligen Anwendung um ein Jahr verschoben, um dem Steuerpflichtigen Gelegenheit zu geben, seine Datenverarbeitungssysteme technisch mit einer Software auszustatten, die eine Beschränkung des Zugriffs der Finanzverwaltung auf die steuerlich relevanten Daten ermöglicht.[150] Damit steht der Finanzverwaltung die Befugnis zum Datenzugriff nach § 147 Abs. 6 AO erstmals ab dem 1. Januar 2002 zu und zwar grundsätzlich auch für Außenprüfungen, die bereits vor diesem Zeitpunkt begonnen, aber zu diesem Zeitpunkt noch nicht abgeschlossen sind.[151] Allerdings regelt § 19b EGAO ausdrücklich, dass die Änderungen der §§ 146 Abs. 5, 147 Abs. 2, 5 AO auch erst zum 1. Januar 2002 anzuwenden sind. Folglich ist der Steuerpflichtige noch bis zu diesem Zeitpunkt berechtigt, seiner Aufbewahrungspflicht dadurch nachzukommen, dass er die Unterlagen, obwohl sie auf einem Datenverarbeitungssystem erstellt wurden, in ausgedruckter Form aufbewahrt (§ 147 Abs. 2 S. 2 AO a. F.). Zudem findet das Erfordernis der maschinellen Auswertbarkeit i. S. des geänderten § 147 Abs. 2 S. 1 Nr. 2 AO vor dem 1. Januar 2002 noch keine Anwendung, auch wenn die Aufbewahrung auf Datenträgern erfolgte. Die Verschiebung des zeitlichen Anwendungsbereichs schießt damit über das eigentliche Ziel hinaus, da ausweislich der Gesetzesbegründung lediglich die Vorbereitung auf den eigentlichen Datenzugriff ermöglicht werden sollte. Trotzdem ist der Wortlaut des § 19b EGAO eindeutig, so dass auch die verschärften Aufbewahrungsvorschriften erst ab dem 1. Januar 2002 zu beachten sind. Sofern die Unterlagen im Sinne des § 147 Abs. 1 AO somit trotz Außenprüfung im Jahr 2002 nur in ausgedruckter Form oder in maschinell nicht auswertbarer Form vorlagen, konnte der Datenzugriff nicht durchgeführt werden.

---

145 Vgl. D.V.
146 Ritzrow, in: Pump/Leibner, § 147 AO Tz. 55 (Juni 2002).
147 Vgl. hierzu J.II.2.
148 BT-Drucks. 14/2683, S. 85.
149 BT-Drucks. 14/3366, S. 115.
150 Hierzu bereits B.III.
151 Burchert, INF 2001, S. 263, 268; kritisch Burkhard, DStZ 2003, S. 112, 113.

Die Finanzverwaltung kann nicht verlangen, dass Unterlagen, die rechtmäßigerweise noch nach der alten Gesetzesfassung aufbewahrt wurden, für den Datenzugriff aufbereitet werden.[152] Die Form der Aufbewahrung stellt auf den Beginn der Aufbewahrung ab, so dass auch durch die Gesetzesänderungen keine Pflicht ersichtlich ist, die Aufbewahrungsform während der Dauer der Aufbewahrungsfrist zu ändern.

Sofern der Steuerpflichtige allerdings bereits für vor dem 1. Januar 2002 aufbewahrte Unterlagen die neuen Erfordernisse erfüllt, steht dem Datenzugriff nach § 147 Abs. 6 AO ab dem 1. Januar 2002 kein Hindernis entgegen.[153] In diesem Fall ist dann auch keine Rückwirkungsproblematik zu erblicken[154], da hierbei nicht in die Frage nach der richtigen Aufbewahrung rückwirkend eingegriffen wird, sondern lediglich die Modalitäten der Außenprüfung während der laufenden Prüfung festgelegt werden.[155] Allerdings ist der Grundsatz der Verhältnismäßigkeit insbesondere vor dem Hintergrund zu beachten, dass zu dieser Aufbewahrungsform noch keine gesetzliche Pflicht bestand. Deswegen muss sich die Finanzverwaltung grundsätzlich noch mit dem Papierausdruck begnügen, wenn der Datenzugriff mit unverhältnismäßigem Aufwand für den Steuerpflichtigen verbunden wäre. Auch die Finanzverwaltung verlangt daher grundsätzlich nicht, dass die Daten für Zwecke der maschinellen Auswertung nochmals im Datenverarbeitungssystem reaktiviert werden müssen.[156]

---

152 Carlé, KÖSDI 2001, S. 13106, 13113; Eberlein, DStZ 2002, S. 249, 251; Schmid, Datenzugriff der Finanzverwaltung 2005, S. 99, 106; Schmitz, StBp 2002, S. 253, 255; im Ergebnis auch Heil, StuB 2001, S. 745, 747.

153 So auch Burchert, INF 2001, S. 263, 268; Intemann, NWB Fach 17, S. 2007, 2012.

154 So aber Burkhard, DStZ 2003, S. 112, 113.

155 Ebenso Panek, Die steuerliche Außenprüfung, S. 184.

156 BMF v. 16.7.2001 – IV D 2 – S 0316 – 136/01, BStBl. I 2001, S. 415, 416.

E. Die Datenzugriffsbefugnis nach § 147 Abs. 6 AO

I. Datenzugriffsberechtigung

1. Im Rahmen einer Außenprüfung

Das Datenzugriffsrecht besteht nur im Rahmen einer Außenprüfung (§ 147 Abs. 6 S. 1 AO). Diese Einschränkung ist erst in dem Entwurf zum Steuersenkungsgesetz aufgenommen worden, im Rahmen des Steuerbereinigungsgesetzes und im Änderungsvorschlag von Stephan Schmitz war dieser Zusatz noch nicht Inhalt der Neuregelung.

a) Sachlicher Umfang

Der sachliche Umfang des Datenzugriff bestimmt sich durch den Verweis auf die Außenprüfung nach § 194 AO und wird durch die Prüfungsanordnung konkretisiert (§ 196 AO, § 5 Abs. 2 S. 1 BpO). In der Prüfungsanordnung, die einen von der Anordnung des Datenzugriffs zu unterscheidenden Verwaltungsakt darstellt, werden insbesondere der Prüfungszeitraum und die zu prüfenden Steuerarten determiniert. Diese Festlegung wirkt sich auch auf den Datenzugriff aus, weil der Datenzugriff sonst nicht im Rahmen einer Außenprüfung stattfinden würde. Vielmehr würde der sachliche Rahmen gesprengt, wenn der Datenzugriff sachlich weiter gehen würde als der in der Prüfungsanordnung konkretisierte Umfang der Außenprüfung.[157]

b) Zeitlicher Umfang

Der Datenzugriff muss zeitlich während der Außenprüfung stattfinden. Die Prüfung beginnt, wenn der Prüfer die Prüfungsanordnung dem Steuerpflichtigen übergeben hat und konkrete Handlungen zur Ermittlung des Steuerfalles aufnimmt[158], so dass auch der Datenzugriff selbst den Beginn der Prüfung darstellen kann. Das Ende einer Außenprüfung ist nicht ausdrücklich normiert, sie ist daher abgeschlossen, wenn die prüfende Behörde den Abschluss ausdrücklich oder konkludent erklärt.[159] In der Regel kann die Außenprüfung mit der Zusen-

---

157 Vgl. auch Apitz, StBp 2002, S. 33, 44; Burkhard, PStR 2001, S. 32, 33.

158 Vgl. BFH, Urteil v. 24.4.2003, VII R 3/02, BStBl. II 2003, 739, 741; BFH, Urteil v. 9.5.1985, IV R 111/82, BFH/NV 1985, 10, 11.

159 BFH, Beschluss v. 13.2.2002, XI B 122/01, BFH/NV 2002, 1012.

dung des Prüfungsberichtes (§ 202 Abs. 1 AO) als abgeschlossen angesehen werden.[160] Nur in diesem Zeitfenster ist der Datenzugriff statthaft. Sofern vereinzelt angenommen wird, dass der Datenzugriff bis zur Bestandskraft der aufgrund der Außenprüfung erlassenen Bescheide statthaft ist[161], ist dem nicht zuzustimmen. Das faktische Ende einer Außenprüfung darf nicht davon abhängig sein, ob der Steuerpflichtige sich gegen die Bescheide wehrt, sondern es stützt sich auf einen Willensakt des Außenprüfers, er muss zu erkennen geben, dass er die steuerlichen Verhältnisse ausreichend geprüft hat. Die grundsätzlich obligatorische Schlussbesprechung nach § 201 AO dient der Finanzbehörde dazu, dass sie erkennen kann, ob noch strittige Sachverhalte aufzuklären sind, sollte noch Aufklärungsbedarf bestehen, ist sie angehalten, dies vor Erlass des Prüfungsberichts voranzutreiben. Während des Rechtsbehelfs- oder Klageverfahrens stehen der Finanzverwaltung die Möglichkeiten des Datenzugriffs nicht mehr zur Verfügung, sofern der Außenprüfer nicht ausnahmsweise zu erkennen gegeben hat, dass die Außenprüfung eben noch nicht beendet sein soll.

Die teilweise anzutreffende Praxis, bereits vor dem durch die Prüfungsanordnung konkretisierten Beginn der Außenprüfung einen Datenträger zur effektiven Vorbereitung der Außenprüfung unter Mithilfe eines hinsichtlich des Datenzugriffs besonders geschulten Prüfers anzufordern, ist rechtswidrig, weil der Datenzugriff dann außerhalb des zulässigen Zeitfensters stattfinden soll.[162] Sollte der Datenträger in diesem Fall freiwillig überlassen werden, haben die Prüfungshandlungen aber entgegen einer teilweise vertretenen Meinung[163] wegen der fehlenden Prüfungsanordnung keine Konsequenzen für die Hemmung der Festsetzungsfrist nach § 171 Abs. 4 AO.[164] Problematischer ist die Frage, ob hierdurch eine strafbefreiende Selbstanzeige bereits ausgeschlossen ist.[165] Teilweise wird angenommen, dass die Übersendung von Unterlagen per Post nicht vom Wortlaut des § 371 Abs. 2 Nr. 1a AO erfasst sei.[166] Richtigerweise setzt das Gesetz aber nicht voraus, dass der Prüfer dem Steuerpflichtigen erschienen ist,

---

160 BFH, Urteil v. 17.7.1985, I R 214/82, BStBl. II 1986, S. 21, 22.

161 Vgl. Panek, Die steuerliche Außenprüfung, S. 82.

162 Burkhard, DStZ 2003, S. 113, 116; Drüen, in: Tipke/Kruse, § 147 AO Tz. 83 (April 2007); Harnischfeger, DSWR 2004, S. 258, 259.

163 Bundesteuerberaterkammer, Kammer-Report, DStR Beiheifter 6/2003, S. 1, 6; Harnischfeger, DSWR 2004, S. 258, 259; Intemann, NWB Fach 17, S. 2007, 2012.

164 Vgl. BFH, Urteil v. 25.1.1996, V R 42/95, BStBl. II 1996, 338, 340; BFH, Urteil v. 6.7.1999, VIII R 17/97, BStBl. II 2000, 306, 308 f.; Stahl, KÖSDI 2005, S. 14532, 14537.

165 Bejahend Bundesteuerberaterkammer, Kammer-Report, DStR Beiheifter 6/2003, S. 1, 6; Harnischfeger, DSWR 2004, S. 258, 259; Intemann, NWB Fach 17, S. 2007, 2012; Panek, Die steuerliche Außenprüfung, S. 80.

166 Hoffmann, Die Ausschlußtatbestände der Selbstanzeige bei Steuerhinterziehung : zur Sperrwirkung des § 371 Abs. 2 AO , S. 105.

sondern lediglich, dass er „zur steuerlichen Prüfung“ erschienen ist. Zur Prüfung kann er aber auch dann erscheinen, wenn die Prüfung an Amtsstelle durchgeführt wird.[167] Da allerdings außerhalb des durch die Prüfungsanordnung konkretisierten Beginns noch kein Datenzugriff zulässig ist, kann die rechtswidrige Handlung der Finanzverwaltung keine Sperrwirkung für eine Selbstanzeige begründen.[168]

c) Außenprüfung

aa) Allgemeines

Außenprüfungen sind besonders angeordnete, in der Regel umfassende Ermittlungen der tatsächlichen und rechtlichen Verhältnisse, die für die Besteuerung und für die Bemessung der Steuer maßgebend sind.[169] Sie sind ihrem Wesen nach grundsätzlich auf die Aufklärung aller steuerlichen Verhältnisse eines oder mehrerer bestimmter Zeiträume bzw. einer oder mehrerer bestimmter Steuerarten gerichtet. Die Ermittlungen müssen die Gesamtheit des Steuerfalls betreffen und darauf gerichtet sein, eine abschließende Entscheidung zu ermöglichen.[170] Sie müssen für den Steuerpflichtigen als Außenprüfung erkennbar sein.[171] Trotzdem sind als Außenprüfung nicht nur solche Ermittlungen anzusehen, die auf einer Prüfungsanordnung beruhen, sondern darüber hinaus auch sonstige Maßnahmen der Finanzbehörde, die auf eine umfassende Überprüfung der Besteuerungsgrundlagen gerichtet sind.[172] Damit erweist sich die Außenprüfung als umfassende und besonders intensive finanzbehördliche Sachaufklärungsmaßnahme.[173] Hierdurch lässt sie sich von den Einzelermittlungsmaßnahmen i. S. d. §§ 93 ff. AO abgrenzen, die immer auf die punktuelle und abschließende Aufklärung bestimmter zu Zweifeln Anlass gebender oder unvollständiger Sachverhalte gerichtet sind.

---

167 Vgl. allgemein auch Grötsch, Persönliche Reichweite der Sperrwirkung im Rahmen des § 371 Abs. 2 AO unter besonderer Berücksichtigung von Personen- und Kapitalgesellschaften, S. 55; Joecks, in: Franzen/Gast/Joecks[6], § 371 AO Tz. 145a.

168 Im Ergebnis auch Stahl, KÖSDI 2005, S. 14532, 14537.

169 BFH, Urteil v. 13.5.1993, IV R 1/91, BStBl. II 1993, 828, 829.

170 BFH, Urteil v. 5.4.1984, IV R 244/83, BStBl. II 1984, 790, 791.

171 BFH, Urteil v. 24.4.2003, VII R 3/02, BStBl. II 2003, 739, 741; BFH, Urteil v. 15.12.1989, VI R 151/86, BStBl. 1990, 526, 529; BFH, Beschluss v. 13.8.1981, IV R 72/77, BStBl. II 1981, 787, 790; BFH, Urteil v. 24.4.1979, VIII R 64/77, BStBl. II 1979, 744, 745.

172 BFH Urteil v. 5.4.1984, IV R 244/83, BStBl. II 1984, 790, 791; zu den Auswirkungen auf den Datenzugriff siehe allerdings E.I.1.c)ii).

173 Seer, in: Tipke/Lang[19], § 21 Tz. 225.

Für einzelne gezielte Ermittlungshandlungen gem. §§ 85, 88, 90 ff., wie z. B. die Einsichtnahme in bestimmte Geschäftspapiere oder einzelne Konten, kann sich die Finanzverwaltung daher nicht des Datenzugriffs bedienen.[174]

bb) Einzelfälle

Zunächst ist an die Außen- und Betriebsprüfungen i. S. d. § 193 Abs. 1 und Abs. 2 AO zu denken. Allerdings beschränkt sich der Anwendungsbereich des Datenzugriffs nicht nur auf diese Prüfungen. Vielmehr fallen auch weitere besondere Arten von Außenprüfungen hier hinein. So lässt sich insbesondere die Umsatzsteuersonderprüfung[175] und die Lohnsteueraußenprüfung gem. § 42 f. EStG[176] unter den Begriff Außenprüfung subsumieren, auch wenn es sich um Außenprüfungen handelt, die sich auf eine Steuerart beschränken.[177] Auch im Rahmen einer abgekürzten Außenprüfung i. S. d. § 203 AO, die von einer „normalen" Außenprüfung kaum abgegrenzt werden kann[178], ist ein Datenzugriff möglich. Schließlich ist ein Datenzugriff auch denkbar, wenn in den Einzelsteuergesetzen spezielle Außenprüfungen geregelt sind, da die Vorschriften der AO über die Außenprüfung für die Sonderprüfungen ergänzend zu den Spezialgesetzen heranzuziehen sind.[179] Im Rahmen folgender Prüfungen ist damit unter den weiteren Voraussetzungen die Möglichkeit des Datenzugriffs eröffnet:

- Feuerschutzprüfung gem. § 9 Abs. 2 u. 3 FeuerschutzStG[180]
- Versicherungsteuerprüfung gem. § 10 Abs. 2 u. 3 VersStG[181]
- Rennwett- und Lotteriesteuerprüfung gem. §§ 47 ff RennwettLottAB
- Investitionszulagenprüfung gem. § 7 InvZulG
- Altersvorsorgezulagenprüfung gem. § 96 Abs. 4 S. 2 EStG
- Investmentfondsprüfung gem. § 11 Abs. 3 InvStG

Prüft die Finanzbehörde die Verhältnisse für die Anrechnung oder Erstattung von Körperschaftsteuer oder Kapitalertragssteuer nach § 50b EStG, ist es ebenfalls gerechtfertigt, den Datenzugriff grundsätzlich zuzulassen, da die §§ 193 ff. nach § 50b Satz 2 EStG sinngemäß gelten.

---

174 Siehe auch Apitz, StBp 2002, S. 33, 43.

175 BFH, Urteil v. 30.4.1987, V R 29/79, BStBl. II 1987, 486; BFH, Beschluss v. 29.3.1993, V B 184/92, BFH/NV 1994, 528, 529.

176 Apitz, StBp 2002, S. 33, 43; Carlé, KÖSDI 2001, S. 13106.

177 Vgl. auch § 1 Abs. 2 BpO.

178 Seer, in: Tipke/Lang[19], § 21 Tz. 251.

179 Seer, in: Tipke/Lang[19], § 21 Tz. 252.

180 Vgl. auch FinMin NRW vom 30.1.2004 - S 6570, BStBl 2004 I S. 407.

181 Vgl. auch BMF vom 27.11.2003, IV B 5 –S 6413 – 11/03, BStBl I 2003, 795.

cc) Steuerfahndungsprüfung

In der RAO umfasste der Begriff der Betriebsprüfung auch die Steuerfahndung.[182] In der AO wird aber ausdrücklich zwischen Steuerfahndung und Außenprüfung unterschieden. Daher ergibt sich bereits aus den verschiedenen systematischen Stellungen (Außenprüfung: vierter Abschnitt im vierten Teil, Steuerfahndung: fünfter Abschnitt im vierten Teil), dass die Steuerfahndungsprüfung keine Außenprüfung ist.[183] Diese Unterscheidung trifft das Gesetz auch in § 171 Abs. 4 AO 1977 einerseits und § 171 Abs. 5 AO 1977 andererseits. Dies spricht ebenfalls gegen eine Gleichstellung einer Außenprüfung gemäß §§ 193 ff. AO mit einer Steuerfahndungsprüfung gemäß § 208 Abs. 1 AO. Gegenteilige Auffassungen[184] müssen aufgrund der eindeutigen Gesetzessystematik als überholt angesehen werden.[185] Dieses Ergebnis wird unterstützt vom Inhalt der unterschiedlichen Prüfungen, denn Aufgabe der Steuerfahndungsprüfung ist eine andere als die der Außenprüfung. Dabei ist Aufgabe der Steuerfahndung in erster Linie die Erforschung von Steuerstraftaten und Steuerordnungswidrigkeiten (vgl. § 208 Abs. 1 Nr. 1 AO), während es Aufgabe der Außenprüfung ist, die tatsächlichen und rechtlichen Verhältnisse des Steuerpflichtigen zu prüfen, die für die Steuerpflicht und die Bemessung der Steuer maßgebend sind (vgl. § 199 Abs. 1 AO).[186] Eine Steuerfahndungsprüfung kann deswegen nicht – wenn das Gesetz nur die Außenprüfung erwähnt – die gleichen Wirkungen wie die Außenprüfung entfalten[187], deswegen ist ein Datenzugriff im Rahmen der Steuerfahndung nicht durch die Befugnisnorm des § 147 Abs. 6 AO legitimiert. Dies gilt allerdings nicht, wenn die Steuerfahndung auf Ersuchen der Finanzbehörde eine Außenprüfung nach § 208 Abs. 2 Nr. 1 AO durchführt.[188] Aber auch wenn die Steuerfahndung sich nicht auf § 147 Abs. 6 AO berufen kann, bedeutet das nicht, dass sie auf die Daten im Sinne des § 147 Abs. 1 AO nicht zugreifen dürfte, denn über die §§ 94 ff. StPO können die Wirkungen des Datenzugriffs auch im Rahmen der Steuerfahndung nutzbar gemacht werden.[189]

---

182 Vgl. BFH, Urteil v. 16.1.1979, VIII R 149/77, BStBl. II 1979, 453, 454; BFH, Urteil, v. 13.3.1991, X R 33/89, BFH/NV 1991, 643, 644.

183 Vgl. BFH, Beschluss v. 4.9.2000, I B 17/00, BStBl. II 2000, 648, 651; BFH, Urteil v. 11.12.1997, V R 56/94, BStBl. II 1998, 367.

184 Vgl. die Nachweise bei BFH, Urteil v. 11.12.1997, V R 56/94, BStBl. II 1998, 367, 369.

185 Eckhoff, in: Hübschmann/Hepp/Spitaler, Vor §§ 193-203 AO Tz. 472.

186 Vgl. ausführlich BFH, Urteil v. 11.12.1997, V R 56/94, BStBl. II 1998, 367, 369 f. m. w. N.

187 Tipke, in: Tipke/Kruse, Vor § 193 AO Tz. 15 (Okt. 2007).

188 Zum gleichen Ergebnis gelangt auch Panek, Die steuerliche Außenprüfung, S. 67 ff..

189 Stahl, KÖSDI 2005, S. 14532, 14533; vgl. zur auch Beschlagnahme von Datenträgern BVerfG, Beschluss v. 12.4.2005, 2 BvR 1027/02, NJW 2005, 1917.

dd) Betriebsnahe Veranlagung

Während die Voraussetzungen und das Verfahren der Außenprüfung in §§ 193 ff. AO eingehend geregelt sind, fehlen in der AO entsprechende Vorschriften über die betriebsnahe Veranlagung. Erst im Rahmen der Neustrukturierung des Besteuerungsverfahrens hat die Finanzverwaltung diese Form der Sachverhaltsermittlung aufgrund der gleichlautenden Erlasse der obersten Finanzbehörden der Länder vom 16. Februar 1976[190] eingeführt. In Tz. 1.2.5 dieses Erlasses wurde die betriebsnahe Veranlagung wie folgt umschrieben:

„Bei der Ermittlung des steuerlich erheblichen Sachverhalts auftretende Unklarheiten sollen in geeigneten Fällen an Ort und Stelle geklärt werden ('betriebsnahe Veranlagung'), soweit nicht die Durchführung einer Betriebsprüfung erforderlich ist."

Im Anwendungserlass zur Abgabenordnung i. d. F. vom 15. Juli 1998 (AEAO)[191] wird die betriebsnahe Veranlagung dem Steuerfestsetzungsverfahren zugeordnet, wenn sie ohne Prüfungsanordnung mit Einverständnis des Steuerpflichtigen an Ort und Stelle durchgeführt wird.[192] Die betriebsnahe Veranlagung dient damit der punktuellen Sachverhaltsaufklärung, wobei Unklarheiten, die bei der Ermittlung der Besteuerungsgrundlagen auftreten, nicht vom „grünen Tisch" aus, sondern beim Steuerpflichtigen selbst untersucht werden.[193] Für das Verfahren gelten in diesem Fall nicht die §§ 193 ff. AO, sondern die allgemeinen Verfahrensvorschriften über Besteuerungsgrundsätze und Beweismittel (§§ 85, 88, 90 ff. AO). Für Einzelermittlungen im Rahmen einer betriebsnahen Veranlagung ist weder ein Prüfungsauftrag noch eine Prüfungsanordnung erforderlich. Die betriebsnahe Veranlagung ist daher keine Außenprüfung.[194] Wird eine betriebsnahe Veranlagung ausnahmsweise aufgrund einer Prüfungsanordnung durchgeführt, soll es sich dabei nach Auffassung der Finanzverwaltung um eine abgekürzte Außenprüfung i. S. von § 203 AO 1977 handeln.[195] Folglich ist bei einer betriebsnahen Veranlagung ein Datenzugriff nicht möglich.[196]

---

190 FinVerw, BStBl. I 1976, S. 88.

191 BMF BStBl. I 1998, S. 630.

192 Tz. 2 und 3 AEAO zu § 85 AO, BStBl. I 1998, S. 630, 689.

193 BFH, Urteil v. 6.7.1999, VIII R 17/97, BStBl. II 2000, 306, 308; Klos, StBp 1992, S. 193, 194; Assmann, StBp 1998, S. 309, 311; Mösbauer, in: Koch/Scholtz[5], Vor § 193 AO Tz. 9.

194 BFH, Urteil v. 6.7.1999, VIII R 17/97, BStBl. II 2000, 306, 308.

195 Nr. 2 und 3 AEAO zu § 85 AO, BStBl. I 1998, S. 630, 689.

196 Ebenso Harnischfeger, DSWR 2004, S. 258; Panek, Die steuerliche Außenprüfung, S. 54 f.; Stahl, KÖSDI 2005, S. 14532.

ee) Umsatzsteuer-Nachschau

Die Umsatzsteuer-Nachschau gem. § 27b UStG dient nicht in erster Linie der Ermittlung von Besteuerungsgrundlagen im einzelnen Steuerfall oder der Nachprüfung in der Vergangenheit liegender Sachverhalte, sondern der laufenden Kontrolle der in Betracht kommenden Betriebe und Unternehmen. Die Umsatzsteuer-Nachschau soll präventiv wirken, wie dies bei den Regelungen über die Steueraufsicht (§§ 209 ff. AO) der Fall ist. Entsprechend ihrer Zielrichtung ist die Umsatzsteuer-Nachschau, vereinfacht skizziert, mehr auf die Feststellung von Tatsachen als auf die rechtliche Subsumtion ausgerichtet. Dieser Befund wird durch die Gesetzesbegründung bestätigt, wonach es sich bei der Umsatzsteuer-Nachschau um keine Prüfung im Sinne der § 193 ff. AO handelt.[197] Die Umsatzsteuer-Nachschau soll vielmehr einer zeitnahen oberflächlichen Kontrolle dienen und lässt sich daher nicht als Außenprüfung, die die Aufklärung aller steuerlichen Verhältnisse zum Ziel hat, einordnen. Im Gesetzgebungsverfahren zur Umsatzsteuer-Nachschau hatte der Bundesrat zwar in seiner Stellungnahme gefordert, dass zur effizienten und effektiven Betrugsbekämpfung sichergestellt werden müsse, dass die Regelungen über den Datenzugriff anwendbar seien.[198] Diese Anregung, einen Verweis auf die §§ 147 Abs. 5 und 6 AO einzufügen, wurde aber nicht umgesetzt. Ein Datenzugriff im Rahmen einer Umsatzsteuer-Nachschau scheidet damit im Ergebnis aus.[199]

ff) Liquiditätsprüfung

In der AO findet sich keine ausdrückliche gesetzliche Grundlage für eine Liquiditätsprüfung, sondern sie wird lediglich in § 2 Abs. 2 BpO erwähnt. Dort ist die Rede davon, dass den Betriebsprüfungsstellen auch andere Tätigkeiten mit Prüfungscharakter, z.B. Liquiditätsprüfungen, übertragen werden können. Die Liquiditätsprüfungen haben zum Ziel, die derzeitigen und künftigen Vermögensverhältnisse des Steuerpflichtigen zu ermitteln, um zu klären, ob die Voraussetzungen für eine Stundung, einen Vollstreckungsaufschub, einen Erlass oder eine Niederschlagung erfüllt sind. Für die Liquiditätsprüfung mangelt es an einer gesetzlichen Grundlage für eine den Steuerpflichtigen belastende Maßnahme.[200] Die Vorschrift des § 2 Abs. 2 BpO ist keine Ermächtigungsgrundlage für einen belastenden Eingriff, da ihr nur der Rechtscharakter einer Verwaltungsvorschrift zukommt. Ohne Zustimmung des Steuerpflichtigen ist eine Liquiditätsprüfung daher nicht möglich.[201] Bei einer Außenprüfung bietet auch § 194 Abs. 1 AO keine Rechtsgrundlage, neben den steuerlichen Verhältnissen des Steuerpflichti-

---

197 BT-Drucks. 14/6883, S. 9.
198 BT-Drucks. 14/7085, S. 3
199 Ebenso Panek, Die steuerliche Außenprüfung, S. 75; Schmitz, StBp 2002, S. 221, 222.
200 Carlé, AO-StB 2003, S. 137, 138.
201 Zum Meinungsstand in dieser umstrittenen Frage s. Carlé, AO-StB 2003, S. 137.

gen auch die Vermögensverhältnisse des Steuerpflichtigen im Hinblick auf seine Liquidität zu prüfen. Denn unter "steuerlichen Verhältnissen" i. S. d. § 194 Abs. 1 Satz 1 AO sind mit Blick auf § 199 AO nur die tatsächlichen und rechtlichen Verhältnisse, die für die Steuerpflicht und die Bemessung der Steuer maßgeblich sind, zu verstehen[202], so dass die Frage der Vollstreckbarkeit der im Ergebnis der Außenprüfung zu erwartenden Nachforderungen nicht berührt wird.[203] Der Steueranspruch, der sich aus einer Außenprüfung ergeben kann, ist erst durch die Auswertung des Betriebsprüfungsberichts in Bescheidform festgesetzt. Die Liquiditätsprüfung ist daher weder selbst eine Außenprüfung noch Teil einer Außenprüfung, so dass eine Pflicht des Steuerpflichtigen, den Datenzugriff zuzulassen, nicht besteht.[204]

gg) Bestandsaufnahme

Die Bestandsaufnahme ist die in den Einzelsteuergesetzen (z. B. § 11 Abs. 1 BierStV, § 17 Abs. 1 BranntweinStV, § 4 Abs. 4 KaffeeStV, § 7 Abs. 4 MinöStDV, § 16 Abs. 1 SchaumwZwStV und aus § 32 Abs. 1 TabStV) vorgesehene Feststellung des Ist- oder – wenn die Aufnahme ausdrücklich normiert ist – Soll-Bestandes an verbrauchsteuerpflichtigen Waren durch körperliche Aufnahmen der tatsächlichen Bestände.[205] Eine Bestandsaufnahme ist selbst keine Außenprüfung.[206] Sie kann aber im Rahmen einer Außenprüfung durchgeführt werden, erst dann kann unterstützend ein Datenzugriff durchgeführt werden.

hh) Außenprüfung im materiellen Sinn

Umstritten ist, ob es eine Außenprüfung lediglich im materiellen Sinne gibt. Sie soll vorliegen, wenn Ermittlungstätigkeiten, die nicht auf einer Prüfungsanordnung beruhen, ihrem Gewicht und ihrer Intensität nach einer Außenprüfung gleichkommen.[207] Die Abgrenzung ist zwar hinsichtlich der Folgen (Aufhebung des Vorbehalts der Nachprüfung nach § 164 Abs. 3 S. 3 AO, Ablaufhemmung gem. 171 Abs. 4 AO, Änderungssperre nach § 173 Abs. 2 AO), die eine Außenprüfung auslöst, interessant, sie spielt aber für die Frage, ob ein Datenzugriff

---

202 Vgl. Tipke, in: Tipke/Kruse, § 194 AO Tz. 1 (Okt. 2007).

203 So im Ergebnis auch Klein/Rüsken[9], § 193 AO Tz. 48; a. A. Mösbauer, in: Koch/Scholtz[5], Vor § 193 AO Tz. 11, der zum Steueranspruch auch die Verfolgung desselben rechnet.

204 So im Ergebnis auch Apitz, StBp 2002, S. 33, 43; Bruschke, StB 2002, S. 42; Hantzsch, Hefte zur Internationalen Besteuerung (138), S. 5.

205 BFH, Beschluss v. 26.9.1989, VII R 57/86, BB 1989, 2471; Trzakalik, in: Hübschmann/Hepp/Spitaler, § 161 AO Tz. 6 (November 1997).

206 FG Baden-Württemberg, Urteil v. 6.6.1989, XI K 91/85 Z, EFG 1989, 553; a. A. FG Münster, Urteil v. 13.9.1979, IV 232/78 Z, EFG 1980, 147.

207 Vgl. BFH, Urteil v. 6.7.1999, VIII R 17/97, BStBl. II 2000, 306, 308; Notthoff, DB 1985, 1497.

zulässig ist, keine Rolle. Ein Datenzugriff setzt immer eine Außenprüfung im rechtlichen und nicht bloß im funktionalen Sinne voraus. Damit verlangt der Datenzugriff auch eine formell ordnungsgemäße Außenprüfung, da sich die Finanzverwaltung bewusst sein muss, dass sie eine Außenprüfung durchführen will und daher zumindest die Absicht haben muss eine ordnungsmäßige Prüfungsanordnung zu erlassen, um den Datenzugriff nutzen zu können. Gerade der Schutz des Steuerpflichtigen verlangt, dass er erkennen kann, dass ihm gegenüber eine Außenprüfung durchgeführt wird.[208]

Eine andere Frage ist, welche Folgen eine als rechtswidrig aufgehobene, eine unwirksame (nichtige) oder eine fehlende Prüfungsanordnung im Hinblick auf einen durchgeführten Datenzugriff nach sich zieht. Nach einer im Schrifttum vertretenen Ansicht[209] führt die Aufhebung der Prüfungsanordnung durch das Gericht oder die Behörde selbst, die Nichtigkeit der Prüfungsanordnung oder der Fall, dass ohne vorherige Prüfungsanordnung geprüft worden ist, nicht in jedem Fall zu einem Verbot von Prüfungsmaßnahmen. Denn die Prüfungsanordnung stelle nur fest, dass der Steuerpflichtige Prüfungsmaßnahmen zu dulden habe, treffe aber nicht selbst solche Maßnahmen. Deswegen seien ohne Prüfungsanordnung getroffene Feststellungen nicht gesetzwidrig, sofern eine hypothetische Prüfung ergebe, dass die fehlende Prüfungsanordnung hätte erlassen werden dürfen.

Aber auch hier muss die Schutzwirkung der Prüfungsanordnung für den Steuerpflichtigen Berücksichtigung finden, auch wenn es sich bei der Prüfungsanordnung letztlich nur um eine formale Voraussetzung handelt, führt sie doch gleichzeitig dem Steuerpflichtigen vor Augen, dass er sich in einem besonderen Verfahren der Sachaufklärung befindet, dass ihm gegenüber besondere Wirkungen (keine Vorbehaltsfestsetzung mehr möglich, bestehender Vorbehalt ist nach § 164 Abs. 3 S. 3 AO aufzuheben, Ablaufhemmung der Verjährungsfrist gem. § 171 Abs. 4 AO, Änderungssperre nach § 173 Abs. 2 AO, Ausschluss der strafbefreienden Selbstanzeige gem. § 371 Abs. 2 Nr. 1 AO) entfaltet und von ihm besondere Mitwirkungspflichten (vgl. § 200 AO) verlangt. Deswegen ist die Prüfungsanordnung als Grundlage der Außenprüfung als solche zu sehen, so dass ihr Fehlen (oder ihre Unwirksamkeit) ein Verwertungsverbot auslöst.[210]

---

208 Ebenso Panek, Die steuerliche Außenprüfung, S. 50 f.

209 So Tipke, in: Tipke/Kruse, § 196 AO Tz. 35 ff. (Okt. 2007); Wolff-Diepenbrock, StuW 1998, S. 267, 274.

210 Ständige Rechtsprechung, soweit keine erstmalige Veranlagung oder Veranlagung unter Vorbehalt der Nachprüfung, vgl. Urteil v. 20.2.1990, IX R 83/88, BStBl. II 1990, 789; BFH, Urteil v. 10.4.1987, III R 202/83, BStBl. II 1988, 165; BFH, Urteil v. 27.7.1983, I R 210/79, BStBl. II 1984, 285; BFH, Urteil v. 27.1.1994, IV R 93/91, BFH/NV 1995, 177, 178; BFH, Urteil v. 1.12.1992, VII R 53/92, BFH/NV 1993, 515, 517; siehe auch Panek, Die steuerliche Außenprüfung, S. 54 f.; siehe zum Verwertungsverbot auch K.

2. Finanzbehörde

Gem. § 147 Abs. 6 AO hat die Finanzbehörde das Recht zum Datenzugriff. Der Begriff Finanzbehörde ist in § 6 Abs. 2 AO durch abschließende Aufzählung definiert. Da das Recht zum Datenzugriff nur im Rahmen einer Außenprüfung zusteht, ist die sachliche (§ 16 AO i. V. mit dem FVG) und die örtliche Zuständigkeit (§ 17 ff. AO) zu beachten, zudem ist nur der mit der Prüfung beauftragte Amtsträger (§ 7 AO) zum Datenzugriff berechtigt.

3. Ort des Datenzugriffs

Der Ort, an dem der Datenzugriff durchgeführt werden darf, ist weder in § 147 Abs. 6 AO noch in § 200 Abs. 1 S. 2 AO normiert. Da der Datenzugriff nur im Rahmen einer Außenprüfung erfolgen kann[211], wäre es denkbar, auf § 200 Abs. 2 AO zurückzugreifen.[212] Dann wäre der Datenzugriff in der Regel in den Geschäftsräumen des Steuerpflichtigen durchzuführen. § 200 Abs. 2 AO regelt allerdings nur, an welchem Ort der Steuerpflichtige verpflichtet ist, die Prüfungsunterlagen vorzulegen, d. h. an welchem Ort das Finanzamt gegebenenfalls die Verwirklichung der Vorlage zwangsweise durchsetzen kann.[213] Für eine entsprechende Anwendung des § 200 Abs. 2 AO spricht, dass auch der Datenzugriff eine Form der Unterlagenvorlage enthält, allerdings umfasst der Datenzugriff nicht nur die Vorlage der Daten, sondern bezieht auch die Prüfungshandlung mit ein. Deswegen müssen die allgemeinen Grundsätze zur Frage des Prüfungsortes herangezogen werden. Da keine zwingende gesetzliche Regelung existiert, muss der Datenzugriffsort durch die Finanzbehörde als Ermessensentscheidung festgelegt werden.[214] Überwiegend wird der Finanzverwaltung zwar mit Blick auf § 200 Abs. 2 AO kein Auswahlermessen hinsichtlich des Ortes der Außenprüfung eingeräumt, wenn ein zur Durchführung geeigneter Geschäftsraum vorhanden ist.[215] Ein so verstandener Prüfungsort kann sich jedoch nur als Ort verstehen, an dem die Vorlage der Unterlagen zu erfolgen hat und an dem der Prüfer seinen konkreten Arbeitsplatz für die konkrete Prüfung hat.[216] Daraus lässt sich aber nicht ableiten, dass jede einzelne Prüfungshandlung des Außen-

---

211 Vgl. E.I.1.

212 So Kuhfus, in: Kühn/v. Wedelstädt[18], § 147 AO Tz. 31.

213 BFH, Beschluss v. 30.11.1988, I B 73/88, BStBl. II 1989, 265, 266; BFH, Urteil v. 11.3.1992, X R 116/90, BFH/NV 1992, 757, 758.

214 Vgl. FG Hamburg, Urteil v. 13.11.2006, 2 K 198/05, DStRE 2007, 441, 443.

215 Frotscher, in: Schwarz, § 200 AO Tz. 20 (9/2004); Intemann, in: Pahlke/Koenig, § 200 AO Tz. 45; Klein/Rüsken[9], § 200 AO Tz. 16; Tipke, in: Tipke/Kruse, § 200 AO Tz. 34 (Okt. 2007); Schmitz, StBp 2002, S. 221, 224.

216 Vgl. Schick, in: Hübschmann/Hepp/Spitaler, § 200 AO Tz. 426 (März 1991).

prüfers nur an diesem Ort erfolgen darf.[217] Das von dieser Auffassung als Begründung zitierte BFH-Urteil vom 11. März 1992 vermag diese Auslegung auch nicht zu unterstützen, denn in diesem Urteil räumt der BFH der Finanzverwaltung gerade ein Ermessen ein, über den Prüfungsort zu entscheiden. Etwas anderes ergibt sich auch nicht aus der Gesetzesbegründung, denn in der Gesetzesbegründung wird davon ausgegangen, dass sich über den Ort der Außenprüfung Einvernehmen erzielen lässt und falls dieses Einvernehmen nicht erzielt werden kann, die Finanzbehörde nach pflichtgemäßen Ermessen entscheidet, wo die Außenprüfung stattfinden soll.[218] Gesteht man der Finanzverwaltung somit richtigerweise ein Auswahlermessen zumindest hinsichtlich des Ortes einzelner Prüfungshandlungen zu, müssen die denkbaren Orte erwogen und die Entscheidung nach sachgerechten Gründen getroffen werden.[219] Dabei wird für den unmittelbaren und mittelbaren Datenzugriff in der Regel eine Ermessensreduzierung auf Null vorliegen, da hier nur am Ort des Datenverarbeitungssystems der Zugriff erfolgen kann. Der Datenzugriffsort kann daher auch bei einem Dritten liegen, wenn der Steuerpflichtige ihn mit der Buchführung oder Aufzeichnung beauftragt hat und der Dritte als Besitzer des Datenverarbeitungssystems zustimmt, wobei der Steuerpflichtige die Zustimmung vertraglich[220] sicherstellen muss[221], da er sich nicht unter Hinweis auf die fehlende Verfügungsbefugnis exkulpieren kann.[222]

Bei der Datenträgerüberlassung erscheint die Ortsbestimmung problematischer. Insbesondere stellt sich die Frage, ob der Steuerpflichtige dulden muss, dass der Außenprüfer den Datenträger oder die auf den Prüfer-Laptop überspielten Daten außerhalb der Betriebsräume – und damit an Amtsstelle - mittels Datenzugriff prüft.[223] Legt man § 6 der Betriebsprüfungsordnung vom 15.3.2000 (BpO)[224] zugrunde ist die Außenprüfung grundsätzlich in den Geschäftsräumen der Steuerpflichtigen durchzuführen, nur wenn kein geeigneter Raum zur Verfügung

217 So auch FG Hamburg, Urteil v. 13.11.2006, 2 K 198/05, DStRE 2007, 441, 443; Schick, in: Hübschmann/Hepp/Spitaler, § 200 AO Tz. 427 (März 1991).

218 BT-Drucks. 6/1982, S. 163.

219 BFH, Beschluss v. 10.2.1987, IV B 1/87, BStBl. II 1987, 360; BFH, Beschluss v. 30.11.1988, I B 73/88, BStBl. II 1989, 265, 266; Schick, in: Hübschmann/Hepp/Spitaler, § 200 AO Tz. 439 (März 1991).

220 Siehe hierzu auch Schroer, INF 2002, S. 54 ff.

221 Vgl. Burchert, INF 2001, S. 263, 267; Panek, Die steuerliche Außenprüfung, S. 151.

222 Höreth/Schiegl, BB 2001, S. 2509, 2511; Intemann, NWB Fach 17, S. 2007, 2009; Kuhfus, in: Kühn/v. Wedelstädt[18], § 147 AO Tz. 31; vgl. zu den Folgen fehlender Zugriffsmöglichkeiten unter G.

223 Dagegen Stahl, KÖSDI 2005, S. 14532, 14536; siehe auch Portner, in: Festschrift Müller, S. 321, 328.

224 BMF BStBl. I 2000, 368.

steht, besteht die Möglichkeit an Amtsstelle zu prüfen.[225] Hierbei handelt es sich um eine ermessenslenkende Verwaltungsvorschrift, die die Regelung des § 200 Abs. 2 AO für die Bestimmung des Außenprüfungsortes übernimmt. An diese generelle Ermessensausübung ist die Finanzverwaltung grundsätzlich über Art. 3 GG gebunden, so dass eine Abweichung nur in atypischen Fällen möglich ist. Bei der Datenträgerüberlassung handelt es sich aber um einen vom Gesetz bestimmten atypischen Fall. Die unmittelbaren und mittelbaren Datenzugriffe sind nach der Gesetzesbegründung auf die Nutzung der Datenverarbeitung „vor Ort" ausgerichtet, wohingegen sich die dritte Zugriffsart eben durch das Überlassen des Datenträgers kennzeichnet.[226] Während die grundsätzliche Anordnung, die Außenprüfung in den Geschäftsräumen des Steuerpflichtigen stattfinden zu lassen, darauf abzielt, die Prüfung effizienter zu gestalten, um Prüfungsunterlagen nicht an Amtsstelle zu lagern und möglichst eine direkte Kommunikation zwischen Außenprüfer und geprüften Steuerpflichtigen zu ermöglichen, so dass die Außenprüfung nicht künstlich in die Länge gezogen wird und der Außenprüfer direkten Zugriff auf die benötigten Unterlagen hat, spielen diese Erwägungen hinsichtlich der Prüfungshandlungen im Rahmen der Datenträgerüberlassung keine Rolle. Die Daten befinden sich vollständig auf dem Laptop des Außenprüfers, so dass die eigentliche Auswertung ohne Hilfe des Steuerpflichtigen stattfinden kann. Zudem ist zu bedenken, dass § 6 BpO nicht verbietet einzelne Handlungen, die im Rahmen einer Außenprüfung erfolgen, außerhalb der Geschäftsräume der Steuerpflichtigen vorzunehmen. So werden etwa die Betriebsprüfungsberichte in der Praxis regelmäßig nicht in den Geschäftsräumen geschrieben. Dies dient der Entlastung des Steuerpflichtigen und ist daher ermessensgerecht. Zwar hat der Außenprüfer seinen konkreten Arbeitsplatz für die konkrete Prüfung weiterhin regelmäßig in den Geschäftsräumen des Steuerpflichtigen, so dass die einzelnen Prüfungshandlungen im Rahmen der Datenträgerüberlassung dort regelmäßig stattfinden können, insbesondere hat der Steuerpflichtige seinen Datenträger auch nur dort vorzulegen. Allerdings kann der Steuerpflichtige nicht verlangen, dass der Außenprüfer die in seinen Geschäftsräumen überlassenen Daten auch in den Geschäftsräumen belässt.[227] Hat der Außenprüfer die Daten auf seinen Laptop übertragen, kann er die Daten, die auf seinem Laptop gespeichert sind, auch aus dem Geschäftsraum des Steuerpflich-

---

225 Vgl. auch Heil, StuB 2001, S. 745, 748.

226 BT-Drucks. 14/2683, S. 130; deswegen ist der vom Gesetz benutzte Begriff des „Zur-Verfügung-Stellens" auch nicht enger als das „Überlassen" (so aber Drüen, in: Tipke/Kruse, § 147 AO, Tz. 80a [April 2007]), vgl. bereits D.III.3.

227 So aber Panek, Die steuerliche Außenprüfung, S. 118, 152.

tigen entfernen und einzelne Prüfungshandlungen auch an einem anderen Ort vornehmen.[228]

II. Datenzugriffsverpflichtung

1. Außenprüfungsverpflichtung

Da der Datenzugriff nur im Rahmen einer Außenprüfung erfolgen kann, können nur diejenigen verpflichtet sein, den Datenzugriff zu dulden, die auch einer Außenprüfung unterliegen. Die Außenprüfung ist gem. § 193 Abs. 1 AO bei den Steuerpflichtigen zulässig, die einen gewerblichen oder land- und forstwirtschaftlichen Betrieb unterhalten oder die freiberuflich tätig sind. § 193 Abs. 2 Nr. 1 AO erweitert den Kreis noch um die Steuerpflichtigen, die für Rechnung eines anderen Steuern zu entrichten oder Steuern einzubehalten und abzuführen haben und § 193 Abs. 2 Nr. 2 AO erlaubt auch die Außenprüfung bei Steuerpflichtigen mit Überschusseinkünften und bei Selbständigen i. S. d. § 18 Abs. 1 Nr. 2 und 3 EStG, wenn die für die Besteuerung erheblichen Verhältnisse der Aufklärung bedürfen und eine Prüfung an Amtsstelle nach Art und Umfang des zu prüfenden Sachverhalts nicht zweckmäßig ist.

2. Buchführungs- und Aufzeichnungsverpflichtung

Für die Frage, wer das Datenzugriffsrecht der Finanzbehörde dulden muss, ist allerdings entscheidend auch auf die systematische Stellung des Datenzugriffs abzustellen. Der Datenzugriff ist im Abs. 6 des § 147 AO geregelt, der als Ordnungsvorschrift die für den Beweiszweck der Buchführung unerlässliche Aufbewahrung von Buchführungsunterlagen regelt.[229] Außerdem verweist § 147 Abs. 6 Satz 1 AO auf die Unterlagen im Sinne des § 147 Abs. 1 AO, also auf die aufzubewahrenden Unterlagen.[230] Es ist somit zu Fragen, wer aufbewahrungspflichtig ist. Die Aufbewahrungspflicht ist akzessorisch zur Buchführungs- und Aufzeichnungspflicht[231], so dass sich die Frage verlagert und auf die Buchführungs- und Aufzeichnungspflicht abgestellt werden kann.

---

228 So im Ergebnis auch FG Hamburg, Urteil v. 13.11.2006, 2 K 198/05, DStRE 2007, 441, 443; Carlé, KÖSDI 2001, S. 13106, 13112; Sauer, in: Beermann/Gosch, § 147 Abs. 61 (August 2004); wohl auch Zezschwitz, RDV 2002, S. 117.

229 Drüen, in: Tipke/Kruse, Vor § 140 AO Tz. 6 (April 2007).

230 Vgl. auch Schmitz, StBp 2002, S. 189, 190.

231 FG Hamburg, Urteil v. 13.11.2006, 2 K 198/05, DStRE 2007, 441; Kruse, Lehrbuch des Steuerrechts, S. 312; Kuhfus, in: Kühn/v. Wedelstädt[18], § 147 AO Tz. 1.

a) Derivative Aufzeichnungs- und Buchführungspflicht

Die steuerliche Pflicht, Bücher und Aufzeichnungen zu führen, ist in den §§ 140, 141 AO geregelt. Die Vorschrift des § 140 AO bestimmt, dass derjenige, der nach anderen als Steuergesetzen verpflichtet ist, Bücher und Aufzeichnungen zu führen, die für die Besteuerung von Bedeutung sind, diese Pflichten auch für steuerliche Zwecke zu erfüllen hat (abgeleitete oder derivative Buchführungspflicht). Die in anderen Gesetzen als Steuergesetzen begründeten Buchführungs- und Aufzeichnungspflichten werden dadurch zu einer steuerlichen Pflicht, soweit diese für die Besteuerung von Bedeutung sind.

aa) Bücher und Aufzeichnungen

Die Begriffe „Bücher“ und „Aufzeichnungen“ sind in der AO nicht definiert. Beide Begriffe knüpfen an den Sprachgebrauch des Handelsrechts an.[232] Der Begriff der Bücher umfasst somit die Handelsbücher i. S. d. §§ 238 ff. HGB und die den Handelsbüchern entsprechenden Aufzeichnungen von Nichtkaufleuten.[233] Die wichtigste Buchführungspflicht nichtsteuerlicher Art findet sich daher in den §§ 238 ff. HGB, danach ist jeder Kaufmann verpflichtet Bücher zu führen.[234] Aufzeichnungen sind alle übrigen Erfassungen, soweit sie nicht unter die Bücher fallen[235], so dass der Begriff „Aufzeichnungen“ als Oberbegriff fungiert.[236] Für bestimmte Gewerbezweige bestehen besondere Aufzeichnungspflichten, die zwar nicht darauf angelegt sind, steuerlich relevante Sachverhalte auszuweisen, denen aber als Nebenwirkung solche Sachverhalte zu entnehmen sind.[237] Ausgehend von der beispielhaften Aufzählung im Einführungserlass[238] bestehen für folgende Unternehmer und Unternehmen besondere Buchführungs- und Aufzeichnungspflichten:[239]

---

232 BT-Drucks. 6/1982, S. 124.

233 Drüen, in: Tipke/Kruse, Vor § 140 AO Tz. 13 (April 2007).

234 Nach dem Entwurf eines Gesetzes zur Modernisierung des Bilanzrechts (Bilanzrechtsmodernisierungsgesetz – BilMoG) ist geplant im HGB einen neuen § 241a zu verankern, der Einzelkaufleute von der Pflicht zur Buchführung befreit, wenn sie an den Abschlussstichtagen von zwei aufeinander folgenden Geschäftsjahren nicht mehr als 500.000 Euro Umsatzerlöse und 50.000 Euro Jahresüberschuss aufweisen (vgl. BT-Drucks. 16/10067, S. 5).

235 Drüen, in: Tipke/Kruse, Vor § 140 AO Tz. 14 (April 2007).

236 Vgl. auch den Wortlaut des § 146 Abs. 2 AO: „Bücher und sie *sonst* erforderlichen Aufzeichnungen“ (Hervorhebung durch den Verfasser).

237 So zu Waffen- und Munitionshandbüchern Niedersächsisches FG, Urteil v. 14.7.1997, IX 998/89, EFG 1997, 1484.

238 BStBl. I 1976, 576, 600.

239 Drüen, in: Tipke/Kruse, § 140 AO Tz. 14 (April 2007).

Einsammler und Beförderer von Abfällen und **Abfallbeseitiger** (Nachweisbücher, §§ 42-48 KrW/AbfG BGBl. I 1994, 2705 i. V. m. §§ 27, 28 NachwVO BGBl. I 1996, 1382), **Altenheime, Altenwohnheime und Pflegeheime** (§ 13 HeimG BGBl. I 2001, 2970 i.d.F. BGBl. I 2006, 2407; RheinlPfalz § 10 HeimVO GVBl. 1969, 150), **Anlagevermittler** (Aufzeichnungen, § 10 MaBV BGBl. I 1990, 2479 i.d.F. BGBl. I 2005, 1666), **Apotheken** (Aufzeichnungen, § 22 ApothekenbetriebsO BGBl. I 1995, 1195 i.d.F. BGBl. I 2006, 2217; §§ 13-15 Betäubungsmittel-VerschreibungsVO BGBl. I 1998, 74 i.d.F. BGBl. I 2005, 757 i. V. m. § 13 Abs. 3 BetäubungsmittelG BGBl. I 1994, 358, diese auch in ärztlichen Hausapotheken, Praxen und Kliniken), **Auskunfteien und Detekteien** (Auftragsbücher: § 38 Abs. 3 GewO BGBl. I 1999, 202; Hess. §§ 1-7 GVBl. 1965, 25), **Baugewerbetreibende und Baugeldempfänger** (Baubücher, § 2 Gesetz zur Sicherung von Bauforderungen RGBl. 1909, 449), **Bauträger und Baubetreuer** (Aufzeichnungen, § 10 MaBV BGBl. I 1990, 2479 i.d.F. BGBl. I 2005, 1666 i. V. m. § 34 c Abs. 3 GewO BGBl. I 1999, 202), **Besamungsstationen** (Aufzeichnungen über Gewinnung, Verwendung und Abgabe des Samens, § 18 Abs. 1 Nr. 4 TierzG BGBl. I 2006, 3294), Unternehmen, die **Betäubungsmittel** einführen, ausführen, anbauen usw. (Aufzeichnungen über Zugang und Abgang der Betäubungsmittel, § 17 BetäubungsMG 1994, 358), **Bewachungsgewerbe** (Auftragsbücher, § 14 BewachVO BGBl. I 2003, 1378 i. V. m. § 34 a Abs. 2 Nr. 2 c) GewO BGBl. I 1999, 202), **Bezirksschornsteinfegermeister** (Kehrbücher, § 14 Abs. 1 SchornsteinfegerVO BGBl. I 1969, 2363 i. V. m. § 19 SchfG BGBl. I 1998, 2071), **Blindenwerkstätten** (Aufzeichnungen über die verkauften Blinden- und Zusatzwaren, § 3, DV BlindenwarenvertrG BGBl. I 1965, 807 i.d.F. BGBl. I 1991, 1491, i. V. m. § 9 Nr. 4 BlindenwarenvertriebsG BGBl. I 1965, 311), **Buchmacher** (Durchschriften der Wettscheine, § 4 Abs. 1 RennwLottG RGBl. 1922, 393 i.d.F. BGBl. I 2006, 2407; §§ 10-13 RennwLottAB Zentralblatt für das Deutsche Reich 1922, 351 i.d.F. BGBl. I 2002, 3922), Betriebe, die **Butter** verarbeiten (Aufzeichnungen, § 7 Abs. 1 Milchfett-Verarbeitungs- und AusfuhrverbilligungsVO BGBl. I 1988, 1023 i. V. m. § 6 Abs. 1 Nr. 12, 16, § 7 Abs. 3, §§ 9, 11 MOG BGBl. I 1995, 1146 vgl. auch § 4 Milchfett-Verbrauchs-VerbilligungsVO BGBl. I 1984, 99 i. V. m. § 6 Abs. 1 Nr. 12, 16, § 7 Abs. 3, § 9 MOG BGBl. I 1995, 1146, **Effektenverwahrer** (Verwahrungsbücher, § 14 Abs. 1 DepotG BGBl. I 1995, 34), **Eigenbetriebe** (Berlin § 16 BetriebeG GVBl. 1993, 319; Hessen § 20 EigenbetriebsG GVBl. 1989, 154; NRW §§ 19 ff. EigenbetriebsVO GVBl. 2004, 644), Betriebe, die **Eiprodukte** vorbehandeln (Aufzeichnungen über die ein- und ausgehenden Produkte usw. § 16 Abs. 1 Nr. 2 EiprodukteVO BGBl. I 1993, 2288 i.d.F. BGBl. I 2004, 2791 i. V. m. § 36 Abs. 2 Nr. 6 LFGB BGBl. I 2006, 945) **Fahrschulen** (Aufzeichnungen über die Ausbildung usw., § 18 Abs. 1 und 2 FahrlG BGBl. I 1969, 1336 i.d.F. 1998, 747), **Fahrlehrerausbildungsstätten** (Aufzeichnungen über die Ausbildung, § 28 Abs. 1 FahrlG BGBl. I 1969, 1336 i.d.F. BGBl. I 1986,

700), Halter von Kraftfahrzeugen, die mit **Fahrtschreibern** oder Kontrollgeräten ausgerüstet sind (Fahrtschreiber und Kontrollgeräte, § 57a StVZO BGBl. I 1988, 1793 i. V. m. § 6 StVG BGBl. I 2003, 919), **Finanzdienstleistungsinstitute** (besondere Rechnungslegung, VO über die Rechnungslegung der Kreditinstitute und Finanzdienstleistungsinstitute BGBl. I 1998, 3658), **Forstsamen- und Forstpflanzenbetriebe** (Kontrollbücher, § 17 FoVG BGBl. I 2002, 1658), Landwirte, die mit frischem **Geflügelfleisch** handeln (Aufzeichnungen über Abgabe oder Lieferung, §§ 2, 14 Abs. 2 GFlHygieneVO BGBl. I 1997, 2786 i.d.F. BGBl. I 2003, 456), **Getreide und Futtermittel** verarbeitende Betriebe (Geschäftsbücher, § 15 Getreide-Ausfuhr- und Verarbeitungs-ÜberwachungsVO BGBl. I 1995, 593 i. V. m. § 15 MOG BGBl. I 2005, 1847), **Gebrauchtwaren- und Edelmetallhändler** (Gebrauchtwarenbücher, Berlin §§ 1, 2 GVBl. 1998, 264; Hamburg §§ 1-3 GVBl. 85, 51; Hessen § 1-3 GVBl. 1986, 32; Niedersachen §§ 1, 2 GVBl. 1998, 632; Handel mit **gefährlichen Stoffen** (Abgabebuch § 3 Abs. 3 und 4 Chemie-VerbotsVO BGBl. I 2003, 867 i.V.m. § 17 ChemG BGBl. I 2002, 2407), **Güterfernverkehr** (Fahrtenbücher usw., § 7 GüKG BGBl. I 1998, 1485 i. V. m. §§ 2-4 FahrtenbuchVO-GÜKG BGBl. I 1994, 388), **Handelsmakler** (Tagebücher, § 100 HGB), Unternehmer, die **Heimarbeit** ausgeben usw. (Beschäftigungslisten, Entgeltverzeichnisse, Entgeltbücher, §§ 6 Satz 1, 8 Abs. 1, 9 HeimarbeitG BGBl. I 1951, 19 i.d.F. BGBl. I 2006, 2407 i. V. m. §§ 9 ff. 1. DVO BGBl. I 76, 221), Hersteller usw. von **leichtem Heizöl oder Dieselkraftstoff** (Tankbelegbücher, § 5Abs. 1 3. BImSchVO BGBl. I 1975, 264 i. V. m. § 34 Abs. 1 und 2 BImSchG BGBl. I 1990, 880), **Hopfenerzeuger** (bei EG-Beihilfe: vereinfachte Buchführung nach Art. 2 Abs. 2 VO ABl. EG 87 L 284/19 i. V. m. Art. 2 Abs. 1 d VO ABl. EG 85, L 93/4), **Immobilienmakler** (Bücher, SchlHolst. VO GVBl. 1962, 369), **Kassenärzte** (Aufzeichnungen insb. Abrechnungsunterlagen nach §§ 294, 295, SGB V, einschl. der Praxisgebühr [BMF BStBl. I 2004, 526]), **Krankenhäuser** (Bücher, § 3 KrankenhausbuchführungsVO BGBl. I 1987, 1045 i. V. m. § 16 Nr. 7 KHG BGBl. I 1991, 886), **Kreditinstitute** (besondere Rechnungslegung, VO über die Rechnungslegung der Kreditinstitute und Finanzdienstleistungsinstitute BGBl. I 1998, 3658 sowie Identifizierungs- und Aufzeichnungspflichten, §§ 2, 9 GeldwäscheG BGBl. I 1993, 1770; dazu LG Koblenz NJW 1997, 2613), Unternehmer, die **Kriegswaffen** herstellen (Kriegswaffenbücher, § 12 Abs. 2 KriegswaffenkontrollG BGBl. I 1990, 2506), **Landwirte** (bei EG-Beihilfe: vereinfachte Buchführung nach Art. 2 Id VO ABl. EG 85 L 93/4), **Lohnsteuerhilfevereine** (Aufzeichnung über Einnahmen, Ausgaben usw., § 21 StBG BGBl. I 1975, 2735), Hersteller von **Luftfahrtgeräten** (Aufzeichnungen über die Ordnungsmäßigkeit der Stückprüfung, § 3 Luft-GerPVO BGBl. I 1998, 2010 i. V. m. § 32 LuftVerkG BGBl. I 1981, 61), **Makler** (Aufzeichnungen, § 10 MaBV BGBl. I 1990, 2479 i.d.F. BGBl. I 2005, 1666 i. V. m. § 34 c Abs. 3 Nr. 6 GewO BGBl. I 1999, 202); **Mietwagenunternehmer** (Aufzeichnungen, § 49 Abs. 4 PBefG i.d.F. BGBl. I 1990, 1690, Betriebe der **Milch- und Fettwirtschaft** (Geschäftsbücher, § 25 MilchFettG BGBl. I 52, 811), Betriebe, die **Mischfuttermittel** herstellen, usw. (Herstellungsbücher § 34 FuttermittelVO BGBl. I 2005, 522), Züchter und Händler von **Papageien und Sittichen** (Bücher nach § 4 PsittakoseVO BGBl. I 2005, 3531), **Pfandleiher**, § 3 Abs. 1 PfandlVO BGBl. I 76, 1334 i.d.F BGBl. I 1990, 2476), **Pflegeeinrichtungen** (besondere Rechnungslegung, Anlagen- und Fördernachweis, Kosten- und Leistungsrechnung gem. BuchführungsVO BGBl. I 1995, 1528 i. V. m. § 83 Abs. 1 Nr. 3 SGB XI BGBl. I 1994, 1014), **Prüfstellen** über die Beglaubigung von Meßgeräten (Prüfungsunterlagen, § 61 EichO BGBl. I 1988, 1657 i. V. m. § 22 EichG BGBl. I 1992, 711), **Reisebüros und Unterkunftsvermittler** (Aufzeichnungen gem. § 38 Abs. 3 GewO BGBl. I 1999, 202), Betriebe, die **Saatgut** erzeugen, vertreiben usw. (besondere Aufzeichnungen gem. §§ 13 Abs. 3, 19 Abs. 2 SaatgutverkehrsG BGBl. I 2004, 2407), Erzeuger von **Schlachtrindern, Schlachtbetriebe** (Schlachtbezeichnungen gem. VO über die Prämie für männliche Rinder, Mutterkühe und Mutterschafe BGBl. I 1999, 730), Verkäufer von **Schlachtvieh** (Marktschlußscheine, § 10 Abs. 1 Vieh- und FleischG BGBl. I 77, 477), Händler oder Hersteller von **Schußwaffen** (Waffenherstellungsbücher, Waffenhandelsbücher, § 23 WaffG BGBl. I 2002, 3970 i. V. m. §§ 14-18 der 1. VO zum WaffG BGBl. I 1987, 777 i.d.F. BGBl. I 1994, 3082, Hersteller von **Sera oder Impfstoffen** (§ 17d TierSG BGBl. I 1995, 2038; Aufzeichnungen, § 8 Abs. 3 Tierimpfstoff-VO BGBl. I 2006, 2355), **Sozialversicherungen** (§§ 9-14 Sozialversicherungs-RechnungsVO BGBl. I 1981, 809 i. V. m. § 78 SGB IV BGBl. I 1976, 3845, **Spielbanken** (Identizierungs- und Aufzeichnungspflichten, §§ 2, 9 GeldwäscheG BGBl. I, 1993, 1170), Unternehmen, die Umgang mit **Sprengstoffen** haben (Verzeichnisse über die Herstellung usw. § 16 Abs. 1 SprengG BGBl. I 1986, 577 i.d.F. BGBl. I 2002, 3518 i. V. m. §§ 41-44 erste VO zum SprengG BGBl. I 1991, 169), Kapitäne von **Tankschiffen und anderen Seeschiffen** (Ölkontroll- und Öltagebücher, § 28.05 BinSchStrO 1998, juris), **Tierärzte**, die eine Hausapotheke betreiben (Aufzeichnungen über den Erwerb usw. von Arzneimitteln, § 13 VO über tierärztliche Hausapotheken BGBl. I 2006, 3450 i. V. m. §§ 35, 39 AMG BGBl. I 1994, 3018 i.d.F. BGBl. I 2005, 3394), **Versicherungsunternehmen** (besondere Rechnungslegung, RechnungslegungsVO BGBl. I 1994, 3378; BerVersVO BGBl. I 1995, 858 i.d.F. BGBl. I 1998, 1889 i. V. m. § 55 a VAG BGBl. I 1992, 2 und § 330 HGB), **Versicherungsvereine auf Gegenseitigkeit** (§ 16 VersicherungsaufsichtsG BGBl. I 1993, 2), **kleinere Versicherungsvereine auf Gegenseitigkeit** (besondere Rechnungslegung, RechnungslegungsVO BGBl. I 1994, 3378), **Versteigerer** (Aufzeichnungen über die Versteigerungsaufträge, § 8 VerstVO BGBl. I 2003, 547 i. V. m. § 34b Abs. 8 Nr. 1c GewO BGBl. I 1999, 202), **Verwalter des gemeinschaftlichen Eigentums der Wohnungseigentümer** (Wirtschaftspläne, Abrechnungen, Rechnungslegungen, § 28 Abs. 1, Abs. 3, Abs.4 WEG BGBl. I 1951, 175), **Vieh-**

händler (Kontrollbücher, §§ 21, 24 ViehverkehrsVO BGBl. I 2003, 381 i. V. m. § 17 Abs. 1 Nr. 4, § 79 TierSG BGBl. I 2004, 1260; 3588), Inhaber öffentlicher **Waagen** (Beurkundungen von Wägungen, § 70 EichO BGBl. I 1988, 1657 i. V. m. § 22 EichG BGBl. I 1992, 711), **Wechselstuben** (Identifikations- und Aufzeichnungspflichten, §§ 2, 9 GeldwäscheG BGBl. I 1993, 1770; BayObLG NJW 1997, 2612), Unternehmen, die Erzeugnisse i.S. des **Weingesetzes** herstellen (Wein- und Analysenbücher, § 29 Abs. 1 WeinG BGBl. I 1994, 1467 i.d.F. BGBl. I 2001, 985 i. V. m. §§ 5 ff. WeinüberwachungsVO BGBl. I 2002, 1624), Unternehmer, die mit **Wildbret** handeln (Wildhandelsbücher, § 36 Abs. 1 Nr. 4 BJagdG BGBl. I 76, 2849), **Wildhändler** (Aufnahme- und Auslieferungsbücher, § 4 BundeswildschutzVO BGBl. I 1985, 2040), Händler besonders geschützter Arten **wildlebender Tiere und wildwachsender Pflanzen** (Aufnahme- und Auslieferungsbücher, § 6 Bundesartenschutz-VO BGBl. I 2005, 258 i. V. m. § 52 Abs. 7 BNatSchG BGBl. I 2002, 1193).

bb) Steuerliche Bedeutung

§ 140 AO wandelt die Buchführungs- und Aufzeichnungspflichten, die einer Person nach anderen Gesetzen als den Steuergesetzen auferlegt sind, aber nur dann in eine steuerliche Pflicht, wenn diese Bücher und Aufzeichnungen für die Besteuerung von Bedeutung sind. Hierbei handelt es sich um einen unbestimmten Rechtsbegriff, der sich abstrakt dahingehend auslegen lässt, dass die Buchführungs- und Aufzeichnungspflichten dann für die Besteuerung von Bedeutung sind, wenn die Bücher und Aufzeichnungen Sachverhalte festhalten, die geeignet sind, den Tatbestand eines Steuergesetzes zu erfüllen oder aus denen möglicherweise Folgerungen für die Besteuerung gezogen werden können.[240] Dabei ist eine objektive Betrachtungsweise vorzunehmen, da die Buchführungs- und Aufzeichnungspflichten primär aus nichtsteuerlichen Gründen zu führen sind. Da die §§ 140 ff AO eine Konkretisierung der allgemeinen Mitwirkungspflicht des Steuerpflichtigen nach § 90 AO sind[241], müssen allerdings die Bücher und Aufzeichnungen für die Besteuerung des Buchführungs- und Aufzeichnungspflichtigen, nicht für die Besteuerung Dritter (etwa zur Erstellung von Kontrollmitteilungen) von Bedeutung sein.[242]

240 Drüen, in: Tipke/Kruse, § 140 Tz. 15 (April 2007); Dumke, in: Schwarz § 140 AO Tz. 4 (11/2006).

241 BFH, Urteil v. 23.12.1980, VII R 91/79, BStBl. II 1981, 392, 394.

242 Drüen, in: Tipke/Kruse, § 140 Tz. 16 (April 2007); a. A. Dumke, in: Schwarz § 140 AO Tz. 4 (11/2006).

b) Originäre Buchführungspflicht

Liegt eine derivative Buchführungspflicht nicht vor, kann sich eine originäre steuerliche Buchführungspflicht für Gewerbetreibende und Land- und Forstwirte aus § 141 AO ergeben, der die Pflicht von Grenzen hinsichtlich des Gesamtumsatzes und des Gewinns sowie bei Landwirten des Wirtschaftswertes der selbstbewirtschafteten Fläche abhängig macht. Allerdings muss die Finanzbehörde die originäre Buchführungspflicht erst gem. § 141 Abs. 2 AO feststellen. § 141 AO ist insoweit gegenüber § 140 AO subsidiär.[243] Die Subsidiarität des § 141 AO bezieht sich allerdings nur auf die Buchführungspflicht und auf die Pflicht, Abschlüsse zu machen. Bestehen dagegen nach § 140 AO nur sonstige Aufzeichnungspflichten, so ist § 141 AO neben § 140 AO hinsichtlich der Buchführungspflicht anwendbar.[244]

c) Freiwillig geführte Bücher und Aufzeichnungen

Die Aufbewahrungspflicht folgt zwar der Buchführungs- und Aufzeichnungspflicht, fraglich ist jedoch, ob die Pflicht zur Aufbewahrung ausschließlich diejenigen trifft, die gesetzlich zur Führung von Büchern oder Aufzeichnungen verpflichtet sind. Anders formuliert stellt sich die Frage, ob auch diejenigen, die freiwillig Bücher und Aufzeichnungen führen, dem Aufbewahrungsgebot des § 147 Abs. 1 AO und damit dem Datenzugriff unterliegen.

aa) Datenzugriffsverpflichtung folgt aus § 146 Abs. 6 AO

Nach einer weiten Auffassung lässt sich aus § 146 Abs. 6 AO und dem Verweis des § 147 Abs. 6 AO auf die Unterlagen des Abs. 1 entnehmen, dass auch freiwillig geführte Bücher und Aufzeichnungen dem Datenzugriff unterliegen. Die Vorschrift des § 146 Abs. 6 AO bestimmt, dass die Ordnungsvorschriften auch dann gelten, wenn der Unternehmer Bücher und Aufzeichnungen, die für die Besteuerung von Bedeutung sind, führt, ohne hierzu verpflichtet zu sein. Die Regelung des § 146 Abs. 6 AO gelte trotz der systematischen Stellung vor § 147 AO nicht nur für die Ordnungsvorschriften des § 146 AO, sondern aufgrund der Akzessorität der Aufbewahrungspflicht auch für die des § 147 AO.[245]

243 BT-Drucks. 6/1982 S. 124.

244 Dumke, Schwarz § 141 AO Tz. 1b (11/2006).

245 FG Hamburg, Urteil v. 22.3.1991, VII 164/90, EFG 1991, 636, 637; Burchert, INF 2002, S. 677, 680; Klein/Brockmeyer[9], § 147 AO Tz. 1; Schmitz, StBp 2002, S. 189, 195.

bb) Kein Datenzugriff auf freiwillig geführte Bücher und Aufzeichnungen

Nach der engeren Gegenauffassung ist eine Aufbewahrungspflicht nicht vom Zweck des § 146 Abs. 6 AO gedeckt. Telos der Vorschrift soll die Verhinderung einer Täuschung der Finanzbehörde durch nicht ordnungsgemäß erstellte Aufzeichnungen sein. Mit der Begründung, dass nicht aufbewahrte, freiwillige Aufzeichnungen die Finanzbehörde nicht täuschen können, lehnt diese Auffassung die Anwendung des § 146 Abs. 6 AO auf die Ordnungsvorschrift des § 147 AO ab und verneint damit die Datenzugriffverpflichtung hinsichtlich freiwillig geführter Bücher und Aufzeichnungen. Die Erstreckung der Ordnungsvorschriften auf freiwillige Aufzeichnungen in § 146 Abs. 6 AO bezögen sich nach der Systematik des Gesetzes auf die in den voranstehenden Absätzen geregelten Ordnungsvorschriften für die Aufzeichnungen; demgegenüber enthalte § 147 AO eigenständige Ordnungsvorschriften für die Aufbewahrung, ohne diese entsprechend § 146 Abs. 6 AO für freiwillige Aufzeichnungen für anwendbar zu erklären.[246] Zudem wirft diese Meinung der weiteren Auffassung vor, dass sie zu einer uferlosen und unverhältnismäßigen Aufbewahrungspflicht führe[247] und diejenigen Steuerpflichtigen bestrafe, die über die gesetzlichen Pflichten hinaus Unterlagen vorhalten.[248]

cc) Stellungnahme

Der Wortlaut des § 146 Abs. 6 AO ist offen, er spricht lediglich von „Ordnungsvorschriften“, die auch für freiwillig geführte Bücher und Aufzeichnungen gelten, eine ausdrückliche Eingrenzung nur auf die Ordnungsvorschriften des § 146 AO findet nicht statt, aber auch eine ausdrückliche Einbeziehung der Ordnungsvorschriften des § 147 AO lässt sich nicht eindeutig am Wortlaut festmachen. Das ist auch nicht notwendig, denn freiwillig geführte Bücher und Aufzeichnungen lassen sich unter § 147 Abs. 1 AO subsumieren. Selbst wenn man sie nicht bereits unter § 147 Abs. 1 Nr. 1 AO fassen will, weil hier die Begriffe Bücher und Aufzeichnungen mit denen in § 140 AO identisch sind[249] und daher nur Bücher und Aufzeichnungen gemeint sein können, für deren Führung eine Verpflichtung besteht, sind sie doch zumindest den sonstigen steuerrelevanten Unterlagen i. S. des § 147 Abs. 1 Nr. 5 AO zuzuordnen. Denn das Bücher und Aufzeichnungen Unterlagen im Sinne des § 147 Abs. 1 AO sind, ergibt sich bereits aus dem Wortlaut der Vorschrift und dass auch freiwillig geführte Bücher und Aufzeichnungen für die Besteuerung von Bedeutung sein können, zeigt der Ge-

---

246 FG Hamburg, Urteil v. 13.11.2006, 2 K 198/05, DStRE 2007, 441, 444.

247 Drüen, in: Tipke/Kruse, § 147 Tz. 4 (April 2007).

248 Ditz, DStR 2004, S. 2038, 2040; Panek, Die steuerliche Außenprüfung, S. 223.

249 So Drüen, in: Tipke/Kruse, § 147 Tz. 4 (April 2007); Trzaskalik, in: Hübschmann/Hepp/Spitaler, § 147 AO Tz. 15 (März 2003); a. A. Lammerding, DB 1979, S. 2452, 2454.

setzgeber in § 146 Abs. 6 AO. Die Gefahr einer uferlosen und unverhältnismäßigen Aufbewahrungspflicht wird dadurch verhindert, dass bei freiwilliger Führung eine subjektive Komponente für die Bestimmung der steuerlichen Bedeutung berücksichtigt werden muss. Es ist also danach zu fragen, warum der Steuerpflichtige diese Bücher und Aufzeichnungen freiwillig führt. Nur wenn diese freiwillig erstellten Bücher und Aufzeichnungen aus Sicht des Steuerpflichtigen auch steuerlichen Zwecken dienen sollen - etwa um die eigentlich nur erforderliche Einnahmeüberschussrechnung zu ersetzen (vgl. Wahlrecht des § 4 Abs. 3 EStG) oder um die Beweiskraft (§ 158 AO) zu erhöhen – greift die Aufbewahrungspflicht und damit auch die Datenzugriffsverpflichtung hinsichtlich dieser freiwilligen Unterlagen. Die freiwillig geführten Bücher und Aufzeichnungen müssen daher vom Steuerpflichtigen der Besteuerung zugrunde gelegt werden.[250] Die Berücksichtigung einer subjektiven Komponente bei freiwillig geführten Büchern und Aufzeichnungen ist der Tatsache geschuldet, dass der Gesetzgeber grundsätzlich selbst festgelegt hat, wann Bücher und Aufzeichnungen (auch) steuerlich zu führen sind und wann ihnen damit steuerliche Bedeutung zukommt. Daraus folgt, dass in den Fällen, in denen für den Steuerpflichtigen keine Buchführungs- und Aufzeichnungspflichten normiert sind, den freiwillig geführten Büchern und Aufzeichnungen vom Gesetz grundsätzlich auch keine steuerliche Bedeutung zukommt, sondern der erforderliche Nachweis anders geführt werden darf. Nur wenn der Steuerpflichtige diese gesetzliche Erleichterung nicht annimmt und aus eigenem Entschluss mehr tut, um etwa in den Genuss des § 158 AO zu gelangen, muss von ihm auch verlangt werden, dass er die Ordnungsvorschriften für diese Bücher und Aufzeichnungen befolgt. Dann ist der Verweis des § 146 Abs. 6 AO auch auf die Ordnungsvorschrift des § 147 Abs. 1 AO ebenso vom Telos dieser Vorschrift gedeckt. Denn wenn die freiwillig geführten Bücher und Aufzeichnungen steuerlichen Zwecken dienen sollen, dann können sie natürlich auch die Finanzbehörde täuschen und gerade deswegen müssen sie zur Überprüfung seitens der Finanzbehörde vom Steuerpflichtigen auch aufbewahrt und für den Datenzugriff zur Verfügung gestellt werden. Dagegen kann derjenige keine Täuschung der Finanzbehörde versuchen, der die freiwillig geführten Bücher und Aufzeichnungen nicht aus steuerlichen Gründen führt. Freiwillig geführte Bücher und Aufzeichnungen müssen damit zusammenfassend folgende Voraussetzungen erfüllen, damit sie aufbewahrungspflichtig sind und somit auch dem Datenzugriff unterliegen:

- Die freiwillig geführten Bücher und Aufzeichnungen müssen überhaupt gesetzlich gefordert sein, auch wenn diese gesetzliche Pflicht gerade nicht den Steuerpflichtigen persönlich trifft.
- Sie müssen objektiv von steuerlicher Bedeutung sein, d. h. sie müssen Sachverhalte festhalten, die geeignet sind, den Tatbestand eines Steuerge-

250 Wolf, Abgabenordnung, S. 252.

setzes zu erfüllen oder aus denen möglicherweise Folgerungen für die Besteuerung gezogen werden können.[251]

- Sie müssen aus subjektiver Sicht des Steuerpflichtigen von steuerlicher Bedeutung sein, d. h. er will mit seinen Aufzeichnungen steuerlichen Nachweispflichten nachkommen, selbst wenn dies nur sekundär beabsichtigt ist.

Da hiernach § 146 Abs. 6 AO auch auf § 147 Abs. 1 AO verweist, unterliegen somit auch diejenigen, die freiwillig gesetzlich vorgeschriebene Bücher und Aufzeichnungen führen, dem Datenzugriff, sofern diese Unterlagen objektiv und aus subjektiver Sicht des Steuerpflichtigen von steuerlicher Bedeutung sind. Der Verweis schränkt aber zugleich ein, deswegen können freiwillige Unterlagen, die nicht unter § 146 Abs. 6 AO fallen, auch nicht unter § 147 Abs. 1 Nr. 5 subsumiert werden, weil diesen Unterlagen dann keine steuerliche Bedeutung zukommt.

d) Methode der Einkünfteermittlung und Einkunftsart

Für die Verpflichtung, den Datenzugriff zu dulden, ist die Aufbewahrungspflicht als Annex der Buchführungs- und Aufzeichnungspflicht entscheidend. Dagegen kommt es nicht darauf an, welche Methode der steuerlichen Einkünfteermittlung angewandt wird oder unter welcher Einkunftsart die Tätigkeit einzuordnen ist.[252] So kann eine Vermögensverwaltungsgesellschaft, die Einkünfte aus Vermietung und Verpachtung (§ 21 EStG) oder aus Kapitalvermögen (§ 20 EStG) erzielt und deswegen nach § 2 Abs. 2 Nr. 2 EStG steuerlich lediglich eine Einnahmeüberschussrechnung aufstellen müsste, trotzdem durch die Handelsregistereintragung den Status einer Personenhandelsgesellschaft (OHG, KG) erwerben und damit nach handelsrechtlichen Vorschriften buchführungspflichtig sein.[253] Die handelsrechtliche Buchführungspflicht löst aber die Pflichten der §§ 140 ff. AO aus[254] und damit ist auch der Datenzugriff zu dulden, wenn die übrigen Voraussetzungen vorliegen.[255] Auch Steuerpflichtige mit Einkünften aus selbständiger Arbeit i. S. des § 18 EStG können nicht pauschal vom Datenzugriff ausgenommen werden[256], weil sie zwar nicht buchführungspflichtig sind, aber aufzeich-

---

251 Drüen, in: Tipke/Kruse, § 140 AO Tz. 15 (April 2007); Dumke, in: Schwarz § 140 AO Tz. 4 (11/2006).

252 Ungenau daher Apitz, StBp 2002, S. 33, 40; Bruschke, StB 2002, S. 42.

253 Vgl. Brune, StBp 1998, S. 242, 244.

254 Vgl. Drüen, in: Tipke/Kruse, § 140 AO Tz. 8 (April 2007).

255 Die Vermögensverwaltungsgesellschaft kann unter den Voraussetzungen des § 193 Abs. 2 Nr. 2 AO einer Außenprüfung unterliegen.

256 Stahl, KÖSDI 2005, S. 14532, 14533; so nun auch Drüen, in: Tipke/Kruse, § 147 AO Tz. 74 (April 2007) - anders noch Kruse/Drüen, in: Tipke/Kruse, § 147 AO Tz. 74 (Februar 2002).

nungspflichtig sein können (z. B. Aufzeichnungspflicht nach § 22 UStG)[257] oder weil sie freiwillig Bücher führen. Deswegen können auch diejenigen Steuerpflichtigen, die nicht nach § 140 AO buchführungspflichtig sind, sondern die Gewinnermittlung zulässigerweise gem. § 4 Abs. 3 EStG vornehmen, dem Datenzugriff nach § 147 Abs. 6 AO unterliegen, soweit sie zur Führung von Aufzeichnungen verpflichtet sind.[258] Der Datenzugriff kann bei diesen Steuerpflichtigen daher insbesondere bei der Umsatzsteuersonderprüfung praxisrelevant werden.

3. Erstellung der Unterlagen auf Datenverarbeitungssystemen

Es kommt aber nicht alleine darauf an, dass die Steuerpflichtigen der Außenprüfung unterliegen und sie Bücher und Aufzeichnungen zu führen haben oder freiwillig führen, sondern nach dem Wortlaut des § 147 Abs. 6 S.1 AO unterliegen dem Datenzugriff nur Steuerpflichtige, die ihre Unterlagen i. S. des § 147 Abs. 1 AO auch mit Hilfe eines Datenverarbeitungssystems erstellt haben. Unter einem Datenverarbeitungssystem versteht man einen Computer für die numerische und alphanumerische Datenverarbeitung. Es handelt sich um eine Hardware-Einrichtung, die über ablaufende Programme, die Software, Operationen durchführt und damit der Erfassung und Bearbeitung von Daten dient. Die Abkürzung EDV (Elektronische Datenverarbeitung) wird synonym verwendet. Die Normierung des Datenzugriffs hindert den Steuerpflichtigen nicht, weiterhin seine Unterlagen ganz oder teilweise auf konventionelle Art, d. h. ohne Computer zu erstellen. Das Gesetz knüpft nur an eine bestimmte Art der Buchführung an, schreibt aber nicht die Führung von Büchern auf Datenträgern vor. Nur soweit der Steuerpflichtige die moderne Technik nutzt, muss die Waffengleichheit über den Datenzugriff hergestellt werden. Keinesfalls kann der Steuerpflichtige verpflichtet werden alle steuerrelevanten Unterlagen mit einem Datenverarbeitungssystem zu erstellen, wenn er nur teilweise seine steuerrelevanten Unterlagen auf elektronischem Wege erzeugt.

---

257 Vgl. BFH, Urteil v. 26.2.2004, XI R 25/02, BStBl. II 2004, 599.

258 FG Hamburg, Urteil v. 13.11.2006, 2 K 198/05, DStRE 2007, 441, 442; Apitz, StBp 2002, S. 33, 40; Bruschke, StB 2002, S. 42; Panek, Die steuerliche Außenprüfung, S. 180 f.; Ritzrow, in: Pump/Leibner, § 147 AO Tz. 72 (Juni 2002).

III. Umfang des Datenzugriffs

Die Frage, auf welche Daten der Außenprüfer im Rahmen einer digitalen Betriebsprüfung zugreifen darf, hat während der Einführung des Datenzugriffs die größten Wellen geschlagen. Das Bild des „gläsernen Steuerpflichtigen"[259] wurde gezeichnet und die Eröffnung der Möglichkeit zur Rasterfahndung wurde prophezeit.[260] Dabei determinierte bereits die Einzelbegründung des Regierungsentwurfs den Umfang des Datenzugriffs auf den sachlichen und zeitlichen Umfang einer konventionellen Außenprüfung[261] und auch in ihrer Antwort auf die Kleine Anfrage der F.D.P.-Fraktion vom 14.3.2001[262] machte die Bundesregierung noch einmal deutlich, dass eine Erweiterung oder Verschärfung des Prüfungsumfangs durch die Einführung des Datenzugriffs nicht beabsichtigt ist.[263] Für Verwirrung sorgte da bereits der Entwurf eines BMF-Schreibens vom 6.10.2000 bezüglich der Grundsätze zum Datenzugriff und zur Prüfbarkeit digitaler Unterlagen[264], der damals im Internet veröffentlicht wurde. Nach dem Entwurf wollte die Finanzverwaltung „auf die elektronisch gespeicherten steuerlich relevanten Daten, insbesondere in folgenden Bereichen zugreifen:

- Finanzbuchhaltung
- Kosten-Leistungsrechnung
- Warenwirtschaftssystem/Materialwirtschaftssystem
- Anlagenbuchhaltung
- Dokumenten-Managementsysteme oder andere Archivierungssysteme
- Lohnbuchhaltung".

Die nur beispielhafte Aufzählung wurde beanstandet, weil sie einen weiten Spielraum für die Finanzverwaltung hinsichtlich der Daten, auf die zugegriffen werden darf, zu lassen schien. Hauptkritikpunkt war die fehlende Festlegung auf konkrete Einsatzgebiete, so dass die Gefahr gesehen wurde, dass sich der Betriebsprüfer grenzenlos an den Daten des Steuerpflichtigen zur Prüfung der steuerlichen Verhältnisse bedienen werde.[265] In einer unveröffentlichten überarbeiteten Version des BMF-Entwurfsschreibens vom 4.5.2001[266] erfolgte dann zwar eine Eingrenzung der beispielhaft genannten Software-Systeme[267], aber wie

---

259 Schmittmann, WPg. 2001, S. 1050.

260 Kromer, DStR 2001, S. 1017; Schmittmann, WPg. 2001, S. 1050, 1055; Strunk/Zöllkau, BB 2001, S. 703.

261 BT-Drucks. 14/3074, S. 130.

262 BT-Drucks. 14/5598.

263 BT-Drucks. 14/5727, S. 2.

264 BMF Referat IV D 2, nur im Internet veröffentlicht.

265 Z. B. Kromer, DB 2001, S. 1017, 1019; diese Befürchtung tritt auch deutlich in der Kleinen Anfrage der F.D.P.-Fraktion vom 14.3.2001 (BT-Drucks. 14/5598) zu Tage.

266 BMF Referat IV D 2 – S 0318 – 00/01.

267 Hierzu Kromer, DStR 2001, S. 1017, 1019 (dort Fn. 25).

auch im endgültigen BMF-Schreiben vom 16.7.2001[268], in dem nur noch die Daten der Finanzbuchhaltung, der Anlagenbuchhaltung und der Lohnbuchhaltung erwähnt werden, ist die Formulierung offen und eine gewünschte Eingrenzung auf konkrete Daten fand nicht statt. Auch die Formulierung im BMF-Schreiben vom 16.7.2001, „das Recht auf Datenzugriff beschränkt sich ausschließlich auf Daten, die für die Besteuerung von Bedeutung sind (steuerlich relevante Daten)“[269], bringt ebenso wenig Licht[270] in die Frage nach dem Umfang des Datenzugriffs, wie die hilflose Definition der steuerlich relevanten Daten im Fragen- und Antwortkatalog, die die vorstehende Formulierung des BMF-Schreibens paradoxer Weise einfach umdreht: „Steuerlich relevant sind Daten immer dann, wenn sie für die Besteuerung des Steuerpflichtigen von Bedeutung sind.“[271] Eine Lösung dieser Frage wird sich zunächst mit dem Gesetzestext auseinandersetzen müssen. Dem Wortlaut des § 147 Abs. 6 AO lässt sich entnehmen, dass das Datenverarbeitungssystem zur Prüfung von Unterlagen im Sinne des § 147 Abs. 1 AO genutzt werden darf. Damit gibt § 147 Abs. 1 AO den Umfang des Datenzugriffs wieder. Es darf somit nur auf die Daten zugegriffen werden, die auf dem Datenverarbeitungssystem Unterlagen im Sinne des § 147 Abs. 1 AO repräsentieren.

1. Unterlagen im Sinne des § 147 Abs. 1 AO

Nach § 147 Abs. 6 AO unterliegen durch die Verweisung auf § 147 Abs. 1 AO alle aufbewahrungspflichtigen Unterlagen dem Datenzugriff. § 147 Abs. 1 AO regelt die Aufbewahrungspflicht abschließend in seinen Nummern 1-5 und ist dem § 257 Abs.1 HGB nachgebildet, jedoch ist der Umfang der steuerlich aufzubewahrenden Unterlagen wegen der Aufnahme des § 147 Abs. 1 Nr. 5 AO größer. Folgende Unterlagen sind nach dem Gesetzestext aufbewahrungspflichtig und werden daher im Grundsatz vom Datenzugriff erfasst:

Nr. 1: Bücher und Aufzeichnungen, Inventare, Jahresabschlüsse, Lageberichte, die Eröffnungsbilanz sowie die zu ihrem Verständnis erforderlichen Arbeitsanweisungen und sonstigen Organisationsunterlagen,

Nr. 2: die empfangenen Handels- oder Geschäftsbriefe,

Nr. 3: Wiedergaben der abgesandten Handels- oder Geschäftsbriefe,

Nr. 4: Buchungsbelege,

268 BMF v. 16.7.2001 – IV D 2 – S 0316 – 136/01, BStBl. I 2001, S. 415.

269 BMF v. 16.7.2001 – IV D 2 – S 0316 – 136/01, BStBl. I 2001, S. 415.

270 So auch Carlé, KÖSDI 2001, S. 13106, 13107.

271 BMF Referat IV D 2 Fragen und Antworten zum Datenzugriffsrecht der Finanzverwaltung (Stand: 23. Januar 2008), abrufbar unter: http://www.bundesfinanzministerium.de, Suchwort: „GDPdU“.

Nr. 4a: Unterlagen, die einer mit Mitteln der Datenverarbeitung abgegebenen Zollanmeldung nach Artikel 77 Abs. 1 in Verbindung mit Artikel 62 Abs. 2 Zollkodex beizufügen sind, sofern die Zollbehörden nach Artikel 77 Abs. 2 Satz 1 Zollkodex auf ihre Vorlage verzichten oder sie nach erfolgter Vorlage zurückgegeben haben,

Nr. 5: sonstige Unterlagen, soweit sie für die Besteuerung von Bedeutung sind.

a) Unterlagen im Sinne des § 147 Abs. 1 Nr. 1-4a AO

Anders als für die Aufbewahrungspflicht ist für den Datenzugriff nicht zwischen den Unterlagen der einzelnen Nummern zu unterscheiden, da sich die Unterscheidung aufgrund der verschiedenen Aufbewahrungsfristen lediglich indirekt auf den Datenzugriff auswirkt. Deswegen bereitet die Zuordnung der Unterlagen zu den Nummern 1-4a des § 147 Abs. 1 AO im Rahmen des Datenzugriffs keine wesentlichen Probleme. Durch die Eindeutigkeit der gewählten Formulierung und des Gleichlaufs mit der handelsrechtlichen Aufbewahrungsvorschrift (§ 257 HGB) ist in der Literatur und der (steuerrechtlichen und zivilrechtlichen) Rechtsprechung ein klares Bild von den hierunter zufassenden Unterlagen entstanden.[272] Neben den nach § 147 Abs. 1 Nr. 1 AO aufzubewahrenden Büchern und Aufzeichnungen[273] sind die Inventare nach § 240 HGB, d. h. die Aufzeichnungen über die körperliche Bestandsaufnahme, aufzubewahren. Zu den aufzubewahrenden Jahresabschlüssen gehören nach § 242 Abs. 3 HGB die Bilanz und die Gewinn- und Verlustrechnung, bei Kapitalgesellschaften gem. § 264 Abs. 1 auch der Anhang i. S. der §§ 284 ff. HGB. Nicht dazu gehört der Lagebericht gem. § 289 HGB, der deswegen ausdrücklich in § 147 Abs. 1 Nr.1 AO Erwähnung findet. Für den Fall, dass das Handelsgewerbe neu eröffnet wird, ist die gem. § 242 Abs. 1 S. 1 HGB zu Beginn des Handelsgewerbes aufzustellende Bilanz – die so genannte Eröffnungsbilanz, aufzubewahren. Allerdings verbietet § 147 Abs. 2 S. 1 AO für Jahresabschlüsse und Eröffnungsbilanzen die Aufbewahrung auf Datenträgern, so dass für diese Unterlagen damit auch der Datenzugriff entfällt. Schließlich fallen unter § 147 Abs. 1 Nr. 1 AO auch Arbeitsanweisungen und Organisationsunterlagen. Dabei handelt es sich um die Unterlagen, die für das Verständnis der übrigen Unterlagen im Sinne des § 147 Abs. 1 Nr. 1 AO erforderlich sind, damit ein sachverständiger Dritter die Buchführung überprüfen kann (vgl. § 145 AO). Hierunter sind insbesondere die Kontenpläne und Abkürzungsverzeichnisse sowie die Programm- und Systemdokumentatio-

272 Ebenso Eller, Elektronische Rechnungsstellung und digitale Betriebsprüfung, Rn. 103.

273 Vgl. hierzu E.II.2.a)aa).

nen, Ablauf- und Blockdiagramme der zur Buchführung verwandten Datenverarbeitungssysteme zu subsumieren.[274]

Die nach § 147 Abs. 1 Nr. 2 und 3 AO aufzubewahrenden empfangenen bzw. abgesandten Handelsbriefe sind identisch mit den nach § 257 Abs. 1 Nr. 2 und 3 HGB aufzubewahrenden Handelsbriefen. Nach der Legaldefinition des § 257 Abs. 2 HGB sind dies nur die Schriftstücke, die ein Handelsgeschäft betreffen, deswegen mussten in der steuerrechtlichen Aufbewahrungsvorschrift auch die Geschäftsbriefe aufgenommen werden, die die geschäftliche Korrespondenz der übrigen Buchführungs- und Aufzeichnungspflichtigen, die keine Kaufleute i. S. des § 1 ff. HGB sind, umfassen. „Briefe" im Sinne der Vorschrift sind nicht nur Briefe im herkömmlichen Sinne, sondern insbesondere im Hinblick auf den Datenzugriff auch E-Mails[275] und Nachrichten im EDI-Verfahren.

Bei den nach § 147 Abs. 1 Nr. 4 AO aufzubewahrenden Buchungsbelegen handelt es sich um alle Unterlagen über die einzelnen Geschäftsvorfälle, die als Grundlage der einzelnen Eintragungen in die Bücher und Aufzeichnungen gedient haben. Der Begriff ist funktional zu verstehen[276] und umfasst je nach Geschäftsvorfall beispielsweise Rechnungen, Lieferscheine, Quittungen, Auftragszettel und Eigenbelege[277].

Die durch das Steueränderungsgesetz 2003 eingefügte Aufbewahrungspflicht von Unterlagen, die einer Zollanmeldung mittels Datenverarbeitung nach Art. 77 Abs. 1 ZK gem. Art. 62 Abs. 2 ZK beizufügen sind, spielt für den Datenzugriff keine Rolle, da auch diese Unterlagen gem. § 147 Abs. 2 AO nicht auf Datenträgern aufbewahrt werden dürfen.

b) Sonstige Unterlagen, soweit sie für die Besteuerung von Bedeutung sind (§ 147 Abs. 1 Nr. 5 AO)

Problematischer ist die Frage, für welche Unterlagen § 147 Abs. 1 Nr. 5 AO die Aufbewahrung anordnet. Nach § 147 Abs. 1 Nr. 5 AO sind sonstige Unterlagen, also Unterlagen die nicht unter die Nummern 1-4a fallen, dann aufzubewahren, wenn sie für die Besteuerung von Bedeutung sind. Hier offenbart sich auch die Herkunft der Formulierung im BMF-Schreiben vom 16.7.2001[278] zur Darstellung des Umfangs des Datenzugriffs. Ein Pendant für diese Vorschrift findet

---

274 Klein/Brockmeyer[9], § 147 AO Tz. 2; Cöster, in Pahlke/Koenig, § 147 AO Tz. 10; Trzaskalik, in: Hübschmann/Hepp/Spitaler, § 147 AO Tz. 19 (Juni 1999).

275 Drüen, in: Tipke/Kruse, § 147 AO Tz. 17b (April 2007); vgl. zu E-Mails aber E.III.5.d).

276 Drüen, in: Tipke/Kruse, § 147 AO Tz. 18 (April 2007).

277 Weitere Beispiele bei Klein/Brockmeyer[9], § 147 AO Tz. 4; Cöster, in Pahlke/Koenig, § 147 AO Tz. 12; Drüen, in: Tipke/Kruse, § 147 AO Tz. 18 (April 2007).

278 BMF v. 16.7.2001 – IV D 2 – S 0316 – 136/01, BStBl. I 2001, S. 415.

sich im Handelsrecht nicht[279], daraus folgt, dass diese Nummer gerade wegen der Besonderheiten im Steuerrecht aufgenommen wurde. Ob § 147 Abs. 1 Nr. 5 AO nur eine Ergänzungsfunktion hat oder ob die Vorschrift alle steuerlich bedeutsamen Unterlagen erfasst, sofern sie nur tatsächlich geführt werden, auch wenn dies weder durch Gesetz noch durch die Grundsätze ordnungsmäßiger Buchführung (GoB) gefordert wird oder ob stets eine Aufzeichnungspflicht normiert sein muss, bedarf einer näheren Betrachtung.

aa) Ergänzungsfunktion des § 147 Abs. 1 Nr. 5 AO

Trzaskalik sieht in § 147 Abs. 1 Nr. 5 AO lediglich eine ergänzende Funktion, so dass nur die Unterlagen erfasst werden, die zur steuerlichen Kontrolle der vollständigen und richtigen Erfüllung der Dokumentationspflicht erforderlich sind.[280] Für diese Auffassung streitet die systematische Stellung im ersten Unterabschnitt des zweiten Abschnitts des zweiten Teils der Abgabenordnung, wo die Führung von Büchern und Aufzeichnungen geregelt ist. Auch die Nummern 1-4a des § 147 Abs. 1 AO beziehen sich lediglich auf Unterlagen, die zur Erfüllung der Dokumentationspflicht notwendig sind.

bb) Weite Auslegung des § 147 Abs. 1 Nr. 5 AO

Teilweise wird vertreten, dass alle Unterlagen, die steuerlich relevant sind, auch aufbewahrungspflichtig sind.[281] Damit ist einziges Einordnungskriterium die Steuerrelevanz. Für diese weite Auslegung des § 147 Abs. 1 Nr. 5 AO lässt sich der Wortlaut ins Feld führen, der keine weiteren Einschränkungen enthält. *Burchert* verweist zudem auf § 146 Abs. 6 AO, aus dem sich ergeben soll, dass Unterlagen, soweit sie steuerlich relevant sind und tatsächlich geführt werden, aufbewahrt werden müssen.

cc) Akzessorität der Aufbewahrungspflicht zur Aufzeichnungspflicht

Nach einer anderen Ansicht begründet die Steuerrelevanz allein keine Aufbewahrungspflicht nach § 147 Abs. 1 Nr. 5 AO. Die Aufbewahrungspflicht setzt vielmehr eine Aufzeichnungspflicht voraus. Fehlt diese, besteht selbst dann kei-

---

279 Vgl. Hüffer, in: Canaris/Schilling/Ulmer[4], § 257 HGB Tz. 24.

280 Trzaskalik, in: Hübschmann/Hepp/Spitaler, § 147 AO Tz. 25 (Juni 1999).

281 Klein/Brockmeyer[9], § 147 AO Tz. 5; Burchert, INF 2002, S. 677, 680 mit problematischen Hinweis auf BFH, Beschluss v. 13.2.1968, GrS 5/67, BStBl. II 1968, 365, 367, da sich dieses Urteil auf § 195 S. 2 RAO bezieht, ebenso zweifelhaft sind die Zitierungen BFH, Urteil v. 17.10.2001, I R 103/00, BFH/NV 2002, 134 und FG Münster, Urteil v. 22.8.2000, 6 K 2712/00, EFG 2001, 4, da hier die Mitwirkungspflichten des § 200 AO angesprochen werden und nicht die Aufbewahrungspflichten des § 147 Abs. 1 AO. In diesem Sinne aber wohl auch FG Baden-Württemberg, Beschluss v. 18.2.1997, 6 V 49/96, EFG 1997, 928, 929.

ne Aufbewahrungspflicht, wenn die Unterlagen Aussagen über Vorgänge enthalten, die für den Gewinn, dessen Ermittlung die Buchführungsdokumentation dient, relevant sind.[282] Die Aufbewahrungspflicht von Unterlagen ist also rein akzessorisch zur Aufzeichnungspflicht.[283]

dd) Stellungnahme

§ 147 Abs. 1 AO spricht von „Unterlagen", die aufbewahrt werden müssen. Dabei handelt es sich um einen Oberbegriff, der insbesondere Bücher und Aufzeichnungen (§ 147 Abs. 1 Nr. 1 AO), aber auch Geschäftsbriefe (§ 147 Abs. 1 Nr. 2 u. 3 AO) umfasst. Da für Geschäftsbriefe keine Aufzeichnungspflichten bestehen, sie aber dennoch unter den Oberbegriff „Unterlagen" fallen, zeigt das Gesetz selbst, dass aufbewahrungspflichtige Unterlagen nicht nur aufzeichnungspflichtige Unterlagen sind. Zudem besteht - wie bereits gezeigt[284] – auch eine Aufbewahrungspflicht für freiwillig geführte Bücher und Aufzeichnungen, so dass eine Akzessorität der Aufbewahrungspflicht zur Aufzeichnungspflicht ausscheidet. Aber auch die weite Auslegung kann nicht überzeugen, da sie die systematische Stellung des § 147 Abs. 1 Nr. 5 AO im ersten Unterabschnitt des zweiten Abschnitts des zweiten Teils der Abgabenordnung unberücksichtigt lässt. Nach der amtlichen Überschrift wird hier die Führung von Büchern und Aufzeichnungen geregelt. Damit müssen auch die Unterlagen des § 147 Abs.1 AO im Zusammenhang mit der Führung von Büchern und Aufzeichnungen im Sinne der §§ 140-148 AO stehen.[285] Dies ergibt sich aus der Begründung des Regierungsentwurfs zur Abgabenordnung. Danach ist die Aufbewahrungspflicht Bestandteil der Buchführungspflicht, weil erst anhand der aufzubewahrenden Unterlagen die Buchführung auf Richtigkeit und Vollständigkeit überprüft werden kann.[286] Wenn aber Ziel der Aufbewahrung die Überprüfung der Buchführung ist, muss es genügen, wenn die aufzubewahrenden Unterlagen sich hierauf beziehen. Folglich scheidet die Steuerrelevanz als alleiniges Einordnungskriterium für sonstige Unterlagen ebenso aus[287]. Es reicht nicht aus, dass die Unterlagen irgendeine steuerlich verwertbare Aussage treffen. Vielmehr ist die Einord-

---

282 Drüen, in: Tipke/Kruse, § 147 AO Tz. 23 (April 2007).

283 FG Hamburg, Urteil v. 13.11.2006, 2 K 198/05, DStRE 2007, 441, 442; Ernst/Schmittmann, RDV 2006, S. 189, 190; Panek, Die steuerliche Außenprüfung, S. 223 ff.; wohl auch Käbisch, Datenzugriff und digitale Unterlagen, Teil 5/6.6, S. 14 (Dezember 2001).

284 Vgl. E.II.2.c)cc).

285 So auch Käbisch, Datenzugriff und digitale Unterlagen, Teil 5/6.6, S. 14 (Dezember 2001).

286 Vgl. Begründung zu § 92 des Regierungsentwurfs zur Abgabenordnung 1977 (jetzt § 147 AO) in: BT-Drucks. 6/1982, S. 124.

287 Im Ergebnis auch Drüen, in: Tipke/Kruse, § 147 AO Tz. 23 (April 2007); Schaumburg, DStR 2002, 829, 832 f.

nung nach dem Sinn und Zweck der Aufbewahrungspflicht vorzunehmen. Die Aufbewahrung von Unterlagen dient der Kontrolle der in den nach den §§ 140 ff. AO zu führenden Büchern und Aufzeichnungen niedergelegten Angaben.[288] Deswegen müssen diese Unterlagen einen spezifischen Bezug zu den dort gemachten Angaben besitzen, sie müssen diese Angaben erläutern, belegen oder Grundlage (z.B. Uraufzeichnungen[289]) für diese Angaben sein, also zu ihrem Verständnis erforderlich sein.[290] Deswegen sind für die Privatsphäre angefertigte Unterlagen wie Nachweise über Werbungskosten und Auszüge rein privater Bankkonten keine sonstigen Unterlagen i. S. von § 147 Abs. 1 Nr. 5 AO.[291] Zu eng wäre es hingegen, wenn man den Bezug zu einem konkreten Geschäftsvorfall verlangt, vielmehr muss es genügen, wenn die Unterlagen Aussagen über Vorgänge enthalten, die den Gewinn als Ganzes betreffen.[292] Denn die Führung von Büchern und Aufzeichnungen als steuerliche Pflicht ist nicht Selbstzweck, sondern dient dem Ziel der richtigen Gewinnermittlung. Diesem übergeordneten Interesse muss auch die Aufbewahrungspflicht dienen. Bei § 147 Abs. 1 Nr. 5 AO handelt es sich nicht lediglich um einen Auffangtatbestand, der die Abgrenzung zwischen den Nrn. 1-4a erleichtern will[293], dagegen sprechen bereits die unterschiedlichen Aufbewahrungsfristen gem. § 147 Abs. 3 S. 1 AO[294] und die Tatsache, dass sich ein Pendant für diese Vorschrift nicht im Handelsrecht findet[295], so dass diese Nummer also gerade wegen der Besonderheiten im Steuerrecht aufgenommen wurde.

---

288 So auch Trzaskalik, in: Hübschmann/Hepp/Spitaler, § 147 AO Tz. 25 (Juni 1999); Kromer, DStR 2001, 1017, 1018; Panek, Die steuerliche Außenprüfung, S. 227.

289 Vgl. zum Begriff Drüen, in: Tipke/Kruse, § 147 AO Tz. 7 (April 2007).

290 Vgl. FG Düsseldorf, Beschluss vom 5.2.2007, 16 V 3457/06, EFG 2007, 890, 891; Hantzsch, Hefte zur Internationalen Besteuerung (138), S. 8.; ähnlich auch Panek, Die steuerliche Außenprüfung, S. 223 ff., der die Steuerrelevanz an das Kontrollbedürfnis knüpft.

291 Drüen, in: Tipke/Kruse, § 147 AO Tz. 23 (April 2007); Seer, FR 2002, 380, 382; Tipke, in: Tipke/Kruse, § 200 AO Tz. 10 (Okt. 2007); Trzaskalik, in: Hübschmann/Hepp/Spitaler, § 147 AO Tz. 25 (Juni 1999); zu weit daher Zwank, INF 1078, S. 49, 50 der auch Unterlagen aus dem Privatbereich, die als Nachweis für Sonderausgaben oder außergewöhnliche Belastungen dienen, für aufbewahrungspflichtig hält.

292 Vgl. BFH, Beschluss v. 26.9.2007, I B 53, 54/07, DStR 2007, 2156, 2158; Seer, FR 2002, S. 380, 382 in Abgrenzung zu Trzaskalik, in: Hübschmann/Hepp/Spitaler, § 147 AO Tz. 25 (Juni 1999).

293 Seer, FR 2002, S. 382; a. A. Lammerding, DB 1979, S. 2452, 2454; Schoor, StBp 1983, S. 89, 90; Trappmann DB 1989, S. 1482, 1484; Groß/Matheis/Lindgens, DStR 2003, S. 921, 922.

294 Drüen, in: Tipke/Kruse, § 147 AO Tz. 74 (April 2007).

295 Vgl. Hüffer, in: Canaris/Schilling/Ulmer[4], § 257 HGB Tz. 24.

c) Trennung zwischen sachverhaltserfassenden und –würdigenden Unterlagen

Ein weiteres Charakteristikum der Unterlagen i. S. des § 147 Abs. 1 AO ergibt sich nicht direkt aus der die Mitwirkungspflichten konkretisierenden Vorschrift selbst, sondern aus § 90 AO, der die allgemeinen Grundsätze der Mitwirkungspflichten normiert.[296] Aus § 90 AO ergibt sich, dass die Mitwirkungspflichten auf die Ermittlung des Sachverhalts gerichtet sind. Da der Sachverhalt sich in der Sphäre des Steuerpflichtigen ereignet hat, weist § 90 AO ihm eine sphärenorientierte Mitverantwortung zu. Trotz des Untersuchungsgrundsatzes gem. § 88 AO, nach dem die Finanzbehörde den Sachverhalt von Amts wegen zu ermitteln hat, ist die Sachaufklärung damit im steuerlichen Ermittlungsverfahren auf eine kooperative Arbeitsteilung zwischen der Behörde und dem Bürger angelegt.[297] Insbesondere umfasst diese Mitwirkungspflicht die Offenlegung von Tatsachen und die Angabe von Beweismitteln. Unter Beweismitteln sind Erkenntnismittel zu verstehen, die der Aufklärung des steuerrechtlich erheblichen Sachverhalts dienen, d. h. die geeignet sind, das Vorliegen oder Nichtvorliegen von Tatsachen zu Beweisen.[298] Tatsache ist, was Merkmal oder Teilstück eines gesetzlichen Steuertatbestandes sein kann, also Zustände, Vorgänge, Beziehungen und Eigenschaften materieller oder immaterieller Art.[299] Keine Tatsachen sind Schlussfolgerungen aller Art, insbesondere Schätzungen, Urteile der Logik und juristische Subsumtionen, die die steuerrechtliche Würdigung des Sachverhalts betreffen.[300] Diesem allgemeinen Grundsatz dient auch die als konkretisierend statuierte spezielle Mitwirkungspflicht des § 147 AO. Auch die Unterlagen i. S. des § 147 Abs. 1 AO dienen damit nur dem Zweck der Sachverhaltsaufklärung bzw. der Beweissicherung, so dass die Unterlagen Aussagen über Tatsachen treffen müssen.[301] Allerdings ist eine trennscharfe Abgrenzung zwischen sachverhaltserfassenden und sachverhaltswürdigenden Unterlagen de facto nicht regelmäßig möglich. Die Unterlagen werden nicht selten ein Konglomerat von Tatsachen-

---

296 Seer, in: Tipke/Kruse, § 90 AO Tz. 3 (April 2008).

297 Vgl. hierzu grundlegend Seer, Verständigungen in Steuerverfahren, S. 175 ff.

298 BFH, Urteil v. 20,12,1988, VIII R 121/83, BStBl. II 1989, 585, 587.

299 BFH, Urteil v. 20,12,1988, VIII R 121/83, BStBl. II 1989, 585, 587.

300 BFH, Urteil v. 13.10.1983, I R 11/79, BStBl. II 1984, 181 f.; BFH, Urteil v. 28.3.1985, IV R 159/82, BStBl. II 1986, 120; BFH, Urteil v. 20,12,1988, VIII R 121/83, BStBl. II 1989, 585, 587; BFH, Urteil v. 2.8.1994, VIII R 65/93, BStBl. II 1995, 264, 265; BFH, Urteil v. 14.1.1998, II R 9/97, BStBl. II 1998, 371,372.

301 Bauer/Taetzner, StBp 2005, S. 39, 41; dies., BB 2004, S. 2267, 2271; Ditz, DStR 2004, S. 2038, 2040; Drüen, in: Tipke/Kruse, § 147 AO Tz. 23 (April 2007), ders., StuW 2003, S. 365; 372; Ebenso Eller, Elektronische Rechnungsstellung und digitale Betriebsprüfung, Rn. 105; Kromer, DStR 2001, S. 1017, 1018.

feststellung und Rechtsanwendung beinhalten.[302] Schon die Buchführungsunterlagen enthalten die Darlegung der Geschäftsvorfälle (Sachverhalt), aber auch die Ermittlung des steuerlichen Gewinns (Würdigung). Als weiteres Beispiel soll die Bewertung von Wirtschaftsgütern zur Seite stehen, auch hier gehen Tatsachenfeststellung und Rechtsanwendung nahtlos ineinander über. So verläuft die Suche nach dem Teilwert sowohl im Gewande einer Rechtsfrage als auch einer Tatfrage.[303] Ebenso hat bereits der BFH festgestellt, dass der Wert eines Gegenstandes keine Tatsache, sondern nur das Ergebnis von Schlussfolgerungen aus den wertbegründenden Eigenschaften ist.[304] Daher lassen sich die Unterlagen nicht immer lupenrein danach trennen, ob sie Tatsachen oder Würdigungen enthalten. Allerdings lässt sich diese Unterscheidung nur bezüglich des Inhalts dieser Unterlagen nicht treffen, eine Differenzierung nach dem Sinn und Zweck lässt sich dagegen vornehmen. Da der Zweck der Unterlagen i. S. des § 147 Abs. 1 AO in der gesetzlich geforderten Sachverhaltsaufklärung bzw. der Beweissicherung liegt, ist die Einteilung danach vorzunehmen, ob die Unterlagen diesem Zweck dienen. Entscheidend ist, dass der Steuerpflichtige den Grundsätzen der Wahrheits-, Vollständigkeits- und Beweisangebotspflicht nachkommt, die Ausfluss des § 90 Abs. 1 S. 2 AO sind. Kommt er dem nach, kann von ihm nicht verlangt werden, dass er Unterlagen aufbewahrt, die darüber hinaus keine weiteren Sachverhaltsangaben enthalten, sondern lediglich eigene rechtliche Würdigungen bezüglich dieses Sachverhalts. Im Rahmen des Kooperationsverhältnisses zur Sachverhaltsermittlung ist der Steuerpflichtige durch die gesetzlich auferlegte Aufbewahrungspflicht vorleistungspflichtig. Er genießt aber gleichzeitig den aus § 158 AO fließenden Vertrauensvorschuss, der eine Rechtsvermutung zugunsten der sachlichen Richtigkeit der Buchführung als Gesamtwerk begründet, wenn sie formell ordnungsgemäß ist.[305] Diese Rechtsvermutung erstreckt sich damit auf das Gesamtbild der Buchführung als ausreichende Grundlage für die Sachverhaltsfeststellung.[306] Wird diese Grundlage nicht durch eine ordnungswidrige Buchführung erschüttert oder die Rechtsvermutung etwa aufgrund von Nachkalkulationen (beispielsweise durch den inneren Betriebsvergleich, Vermögenszuwachs- und Geldverkehrsrechnungen) widerlegt, hat der Steuer-

302 So der BFH, Beschluss v. 13.2.1968, GrS 5/67, BStBl. II 1968, 365 zu Aufsichtsrats- und Vorstandsprotokollen. Das verkennen hingegen Bauer/Taetzner, StBp 2005, S. 39, 41; dies., BB 2004, S. 2267, 2271; Ditz, DStR 2004, S. 2038, 2040; Drüen, in: Tipke/Kruse, § 147 AO Tz. 23 (April 2007); ders., StuW 2003, S. 365; 372; Kromer, DStR 2001, S. 1017, 1018.

303 Vgl. Schick, Vergleiche und sonstige Vereinbarungen zwischen Staat und Bürger, S. 33; Seer, Verständigungen in Steuerverfahren, S. 11 f.

304 BFH, Urteil v. 24.8.1962, III 289/60, BStBl. III 1962, 460; BFH, Urteil v. 17.1.1964, III 416/60, BStBl. III 1964, 145, 146.

305 Osterloh, Gesetzesbindung und Typisierungsspielräume, S. 295

306 Seer, Verständigungen in Steuerverfahren, S. 203, dort Fn. 402.

pflichtige seine Mitwirkungspflicht erfüllt, wenn die in der Buchführung enthaltenen Sachverhalte mit den aufbewahrten Unterlagen hinreichend dargelegt werden können. Weitere Sachverhaltserforschungen ins Blaue hinein sind dem Außenprüfer verboten. Besteht die begründete Möglichkeit, dass die Unterlagen nicht den Grundsätzen der Wahrheits-, Vollständigkeits- und Beweisangebotspflicht genügen, tritt der Untersuchungsgrundsatz wieder verstärkt hervor, da der Steuerpflichtige das Kooperationsverhältnis gestört hat. Während der Steuerpflichtige im Rahmen der Erstqualifikation unter Berücksichtigung der Geeignetheit noch in sehr engen Grenzen die Wahl hat, mit welchen Unterlagen er seiner Wahrheits-, Vollständigkeits- und Beweisangebotspflicht nachkommen will, kehrt sich dieses Verhältnis um und die Finanzbehörde bestimmt, welche Unterlagen sie gem. § 200 AO zur Sachverhaltsermittlung vorgelegt haben will und dem Steuerpflichtigen bleibt nur glaubhaft zu machen, dass die verlangten Unterlagen keine Beziehung zu steuerrechtlich bedeutsamen Tatbeständen haben, wenn er dem Vorlageverlangen nicht nachkommen will.[307] Hierbei handelt es sich allerdings um eine Frage der Vorlagepflicht und nicht mehr um eine Frage der Aufbewahrungspflicht. Inwieweit diese Pflichten lediglich die selben Unterlagen erfassen oder ob über die aufzubewahrenden Unterlagen hinaus auch weitere Unterlagen verlangt werden können, soll dabei erst in einem späteren Kapitel im Zusammenhang mit den Konsequenzen nicht ausreichender Archivierung besprochen werden.[308]

Für den hier besprochenen Themenkomplex bleibt letztlich noch offen, welche Eigenschaften die Unterlagen besitzen müssen, damit sie hinreichend geeignet sind, die Wahrheits-, Vollständigkeits- und Beweisangebotspflicht zu erfüllen. Die Wahrheitspflicht ist dabei erfüllt, wenn die Unterlagen richtig sind, d. h. die Sachverhalte nicht verfälscht wiedergeben. Für das Vollständigkeitsgebot ist auf die bereits gemachten Ausführungen zurückzugreifen. Da die Unterlagen i. S. des § 147 Abs. 1 AO einen spezifischen Bezug zur vom Steuerpflichtigen geführten Dokumentation besitzen müssen, sind die Unterlagen vollständig, wenn die Sachverhalte, die in dieser Dokumentation nach den Grundsätzen ordnungsgemäßer Buchführung aufgezeichnet werden müssten, lückenlos erfasst sind. Soweit angenommen wird, dass die Beweisangebotspflicht nur mit den Originalunterlagen erfüllt werden kann, weil nur sie vollen Beweiswert haben[309], kann dies bei der Frage, welche Daten dem Datenzugriff unterliegen, keine Rolle spielen, denn § 147 Abs. 2 S. 1 AO erlaubt ausdrücklich die Aufbewahrung von Unterlagen auch nur als Wiedergabe auf einem Datenträger und gestattet damit gerade die digitale Kopie.[310] Deswegen wird man vom Steuerpflichtigen

307 Vgl. BFH, Beschluss v. 13.2.1968, GrS 5/67, BStBl. II 1968, 365, 367.
308 Siehe G. I. 3.
309 Vgl. Hessisches FG, Beschluss v. 16.9.1982, X 74/82, EFG 1983, 217 zu Urkunden.
310 Vgl. auch BFH, Beschluss v. 26.9.2007, I B 53, 54/07, DStR 2007, 2156, 2157.

lediglich verlangen können, dass er die sachnähsten Beweise für einen bestimmten Sachverhalt anbietet, da ihnen gegenüber sachfernen Unterlagen, der höhere Beweiswert zukommt.

d) Qualifikation

Der Gesetzgeber hat sich für eine generalklauselartige Fassung[311] entschieden, um die Aufbewahrungspflicht zu normieren. Dabei bleibt zwangsläufig die Konkretisierung auf der Strecke, so dass sich der Kreis der aufzubewahrenden Unterlagen nicht abschließend und abstrakt begrenzen lässt. Auch die aufgezeigte Eingrenzung der Unterlagen im Sinne des § 147 Abs. 1 AO auf Unterlagen, die einen spezifischen Bezug zu den in nach den §§ 140 ff. AO zu führenden Büchern und Aufzeichnungen gemachten Angaben haben und der gesetzlich geforderten Sachverhaltsaufklärung bzw. der Beweissicherung dienen, weist in Grenzfällen Unschärfen auf.[312] Die Qualifikation der aufzubewahrenden Unterlagen bleibt immer eine Frage des Einzelfalls.[313] Die Auslegung hat dabei die Besonderheiten bei dem einzelnen Steuerpflichtigen zu beachten. Hier liegt gerade die Krux für den Steuerpflichtigen, da er vorab verpflichtet ist, die Einordnung vorzunehmen[314] und auch die Folgen einer nicht ordnungsgemäßen Aufbewahrung aufgrund der falschen Zuordnung tragen muss.[315] Trotzdem ist darin keine Beurteilungsermächtigung zu sehen, die ihm bei der Auslegung einen Spielraum eigenverantwortlicher Entscheidung überlässt[316], noch steht es im Ermessen des Steuerpflichtigen, welche Unterlagen er aufbewahrt.[317] Allerdings kann die Finanzverwaltung unter Verhältnismäßigkeitsgesichtspunkten keine rechtlichen Konsequenzen daraus ziehen, wenn der Steuerpflichtige im Rahmen seiner Beweisangebotspflicht nicht das sachnähste Beweismittel aufbewahrt hat, sofern es geeignet ist, den Sachverhalt aufzuklären und der Finanzbehörde die Sachverhaltsaufklärung mit diesem Beweismittel auch zumutbar ist. Die Frage, ob Unterlagen dagegen steuerlich relevant sind, kann im konkreten Einzelfall nur im Sinne von „Ja“ oder „Nein“ beantwortet werden. Ebenso verhält es sich, wenn es darum geht, ob die Unterlagen vollständig und richtig sind. Eine Bandbreite von Entscheidungsmöglichkeiten, die das Recht in gleicher Weise als vertretbar ansieht, ist nicht gegeben. Der Steuerpflichtige hat daher alle ihm zumutbaren Erkenntnismöglichkeiten auszunutzen, um die richtige Einordnung vorzu-

---

311 Trzaskalik, in: Hübschmann/Hepp/Spitaler, § 147 AO Tz. 25 (Juni 1999).

312 So auch Drüen, StuW 2003, S. 365, 372.

313 Ebenso Ditz, DStR 2004, S. 2038.

314 Vgl. Sauer, in: Beermann/Gosch, § 147 AO Tz. 56 (August 2004).

315 Hierzu G.I.3.

316 Vgl. auch BFH, Beschluss v. 13.2.1968, GrS 5/67, BStBl. II 1968, 365.

317 So ausdrücklich FG Rheinland-Pfalz, Urteil v. 13.6.2006, 1 K 1743/05, EFG 2006, 1634, 1635.

nehmen, gegebenenfalls hat er eine Auskunft bei der Finanzbehörde einzuholen. Dem Steuerpflichtigen obliegt zwar die Erstqualifikation der Unterlagen, der Verwaltung bleibt es aber ungenommen, diese Einordnung zu widerlegen[318] und damit die Ordnungsmäßigkeit in Frage zu stellen. Die Letztentscheidungskompetenz liegt allerdings bei der Judikative.

2. Mit Hilfe eines Datenverarbeitungssystems erstellte Unterlagen

a) Datenverarbeitungssystem

Als Datenverarbeitungssystem wird die Kombination der notwendigen Hardware und Software für die elektronische Datenverarbeitung bezeichnet.[319] Hardware ist dabei als Oberbegriff für die maschinentechnische Ausrüstung eines Computersystems zu verstehen (physische Funktionsbestandteile). Software bezeichnet alle nichtphysischen Funktionsbestandteile eines Computers. Dies umfasst vor allem Computerprogramme sowie die zur Verwendung mit Computerprogrammen bestimmten Daten.

b) Zeitpunkt der Erstellung

Die Unterlagen müssen im Zeitpunkt der Außenprüfung bereits in digitaler Form vorliegen. Die Finanzverwaltung kann selbst dann, wenn sie im Rahmen ihres pflichtgemäßen Ermessens den Datenzugriff wählt, nicht verlangen, dass der Steuerpflichtige zuvor alle steuerrelevanten Unterlagen digitalisiert.[320] Eine solche Pflicht ist nicht normiert und kann auch nicht dem Wortlaut des § 147 Abs. 6 S. 1 AO entnommen werden, da dieser verlangt, dass die Unterlagen bereits mit Hilfe eines Datenverarbeitungssystems erstellt worden sind. Zudem entspräche ein solches Verlangen auch nicht dem Zweck des Datenzugriffs, Waffengleichheit zwischen Steuerpflichtigem und Finanzbehörde herzustellen.

c) Art der Erstellung

Ob die Erstellung in einem Datenverarbeitungssystem allein die erstmalige Entstehung dieser Unterlagen meint oder auch die Überführung von Unterlagen in Papierform in ein Datenverarbeitungssystem etwa mittels einer digitalen Kopie,

---

318 Carlé, KÖSDI 2001, S. 13106, 131; Ditz, DStR 2004, S. 2038, 2040; Stahl, KÖSDI 2005, S. 14532, 14535; vgl. auch Seer, in: Tipke/Kruse, § 90 AO Tz. 7 (April 2008); ähnlich Höreth/Schiegl, BB 2001, S. 2509, 2510.

319 Vgl. E.II.3.

320 Siehe bereits E.II.3.

lässt sich aus dem Wortlaut nicht klar erschließen. Da die digitale Außenprüfung als Reaktion auf die Einführung der elektronischen Abrechnung normiert wurde, sind die originär digital erstellten Unterlagen sicherlich ein Hauptaugenmerk der neuen Regelung. Allerdings schließt das nicht bereits aus, dass auch digitale Kopien dieser Unterlagen mit Hilfe eines Datenverarbeitungssystems erstellt worden sind. Und so könnte man ein weiteres Motiv des Gesetzgebers – nämlich die verkürzte Prüfungsdauer - als Argument für eine Einbeziehung auch digitaler Kopien heranziehen. Entscheidend ist allerdings, welche Rolle der Steuerpflichtige den digitalisierten Unterlagen beimisst. Will der Steuerpflichtige durch die Digitalisierung seiner Unterlagen in Papierform seinen Aufbewahrungspflichten in der Form des § 147 Abs. 2 AO nachkommen, indem er die in § 147 Abs. 1 AO aufgeführten Unterlagen auf einem Datenträger aufbewahrt, dann unterliegt er auch insoweit dem Datenzugriff.[321] Digitalisiert er hingegen seine Unterlagen zu anderen Zwecken und kommt gleichzeitig seinen Aufbewahrungspflichten auf herkömmlicher Weise nach, dann ist es der Finanzverwaltung auch nicht möglich auf diese digitalisierten Unterlagen im Wege des Datenzugriffs zuzugreifen. Schon der Wortlaut des § 147 Abs. 2 AO gewährt dem Steuerpflichtigen - wie auch bereits vor der Einführung des Datenzugriffs – weiterhin ein Wahlrecht, ob er Unterlagen, die nicht gem. § 146 Abs. 5 AO unmittelbar auf einem Datenträger hergestellt worden sind, zur Aufbewahrung auf Datenträger speichert oder nicht. Dieses Wahlrecht kann nicht dadurch umgangen werden, dass der Datenzugriff auf digitalisierte Unterlagen grundsätzlich eröffnet ist. Diese aus der Stellung des Datenzugriffs im Gesamtgefüge der Aufbewahrungsvorschrift des § 147 AO folgende Auslegung konveniert auch mit dem Telos der Vorschrift, den Forderungen der Wirtschaft Rechnung zu tragen, die in vielen Bereichen bereits auf die papierlose Abwicklung ihrer Buchführung übergegangen ist. Die Steuerpflichtigen müssen damit zur Herstellung der Waffengleichheit auch nur dann den Datenzugriff zulassen, wenn sie sich selbst der modernen Datenverarbeitungsmöglichkeiten aus steuerlichen Zwecken bedienen. Daher ist der im Fragen- und Antwortenkatalog[322] ohne nähere Begründung geäußerten weiten Auslegung der Finanzverwaltung, wonach auch Unterlagen, die nur aus betrieblichen Erfordernissen digitalisiert wurden, dem Datenzugriff unterliegen, nicht zuzustimmen. Aus systematischen Gründen und nach dem Sinn und Zweck dieser Vorschrift sind Unterlagen nach § 147 Abs. 1 AO nur dann mit Hilfe eines Datenverarbeitungssystems erstellt worden, wenn es sich um originär digitale Unterlagen handelt oder wenn die Unterlagen in Papierform digitalisiert wurden, um die Aufbewahrungspflicht zu erfüllen. So kann der Steuerpflichtige ein

---

321 Vgl. auch FG Düsseldorf, Beschluss v. 5.2.2007, 16 V 3454/06, EFG 2007, 892, 893.

322 Die aktuelle Version vom 23. Januar 2008 der vom BMF im Internet veröffentlichten Fragen und Antworten zum Datenzugriffsrecht der Finanzverwaltung lässt sich unter http://www.bundesfinanzministerium.de herunterladen, Suchwort: „GDPdU“.

berechtigtes Interesse daran haben, die nicht zur steuerlichen Aufbewahrung eingescannten Unterlagen vor dem Datenzugriff der Finanzverwaltung fernzuhalten, wenn sie durch den Scannvorgang untrennbar mit steuerlich irrelevanten Unterlagen verbunden sind, so wie es ausweislich des Tatbestands in einem Fall geschehen ist, den das FG Düsseldorf zu entscheiden hatte.[323] Deswegen wäre es zu weit, mit dem FG Hamburg anzunehmen, dass das Zugriffsrecht nach § 147 Abs. 6 AO immer schon dann begründet wird, wenn Unterlagen auf Datenträgern vorhanden sind, gleichgültig, ob die erfassten Daten zusätzlich noch in anderer Form aufbewahrt werden.[324] Soweit das Finanzgericht Hamburg es für möglich hält, dass der Steuerpflichtige trotzdem berechtigt ist, die parallel geführte digitale Aufzeichnung vor Beginn einer Außenprüfung zu vernichten[325], zeigt sich die widersprüchliche Argumentation, denn Unterlagen, die dem Datenzugriff unterliegen, sind aufbewahrungspflichtig, wenn diese Unterlagen aber aufbewahrungspflichtig sind, dürfen sie auch nicht vernichtet werden. Dürfen sie vernichtet werden, fallen sie auch nicht unter die Aufbewahrungspflicht des § 147 Abs. 1 AO und damit auch nicht unter das Zugriffsrecht des § 147 Abs. 6 AO.

Das subjektive Element des Aufbewahrungswillens in digitaler Form kommt dabei insbesondere zum Ausdruck, indem der Steuerpflichtige die Ausgangsunterlagen nach der Digitalisierung vernichtet oder er die digitalisierten Unterlagen mit seinem Buchführungssystem verlinkt, um selbst die Vorzüge der direkten Verknüpfung und damit das schnellere Auffinden von zusammenhängenden Buchungsunterlagen zu nutzen.[326] Hat der Steuerpflichtige seinen Aufbewahrungswillen in digitaler Form so zum Ausdruck gebracht, ist es ihm nicht mehr gestattet, die digitalisierten Unterlagen nur in ausgedruckter Form vorzulegen.[327]

Zu eng ist aus diesem Grund auf der anderen Seite die Auffassung, die ausschließlich jene Unterlagen erfassen will, die aus Buchführungssystemen stammen, bei denen die Belege maschinell (digital) in den Datenverarbeitungsanlagen selbst hergestellt werden, weil nur diese Unterlagen bei ihrer Entstehung außerhalb der Datenverarbeitungsanlage im Original nicht vorhanden sind.[328] Denn es kommt nicht auf die Art des Buchführungssystems an, sondern es ist darauf abzustellen, ob die Unterlage steuerlichen Zwecken dienen soll. Deswegen sind Buchführungssysteme, bei denen die Buchführung lediglich EDV-gestützt erstellt wird, nicht generell vom Datenzugriff ausgenommen.

---

323 FG Düsseldorf, Beschluss v. 5.2.2007, 16 V 3454/06, EFG 2007, 892.

324 FG Hamburg, Urteil v. 13.11.2006, 2 K 198/05, DStRE 2007, 441, 442.

325 FG Hamburg, Urteil v. 13.11.2006, 2 K 198/05, DStRE 2007, 441, 442.

326 Siehe FG Düsseldorf, Beschluss v. 5.2.2007, 16 V 3454/06, EFG 2007, 892.

327 So im Ergebnis auch FG Düsseldorf EFG 2007, 892.

328 So aber Sauer, in Beermann/Gosch, § 147 AO Tz. 53 (August/2004); wie hier FG Düsseldorf, Beschluss v. 5.2.2007, 16 V 3454/06, EFG 2007, 892, 893.

3. Maschinell auswertbare Daten

a) Verhältnis von Unterlagen und Daten

In § 147 Abs. 6 AO werden die Begriffe „Unterlagen“ und „Daten“ abwechselnd, aber nicht synonym[329] benutzt. Daten sind vielmehr die Bausteine aus denen sich die Unterlagen zusammensetzen. Das Bundesverfassungsgericht versteht im Einklang mit § 3 Abs. 1 BDSG unter Daten Einzelangaben.[330] Die Informatik definiert Daten als maschinenlesbare und bearbeitbare Repräsentation von Information. Die Information wird dazu in Zeichen (bzw. Zeichenketten) kodiert, deren Aufbau strengen Regeln folgt, der so genannten Syntax. Daten werden zu Informationen, wenn sie in einem Bedeutungskontext stehen. Daten erschaffen damit als Einzelangaben - was zwanglos mit der Repräsentation von Informationen i. S. der Informatik gleichgesetzt werden kann – die Unterlage, wenn sie in den richtigen Kontext gesetzt werden. Deswegen sind auch alle Daten der Unterlage i. S. des § 147 Abs. 1 AO vom Datenzugriff erfasst, nicht nur die Daten der steuerrelevanten Unterlage, die selbst steuerrelevant sind. Eine Spaltung der Daten kommt nicht in Betracht, da dann der Kontext verloren geht.[331] Zudem spricht auch der Wortlaut des § 147 Abs. 6 S. 1 AO gegen eine solche Differenzierung, denn Gegenstand der Prüfung bleiben weiterhin die Unterlagen gem. § 147 Abs. 1 AO.

b) Maschinelle Auswertbarkeit

In dem BMF-Schreiben zu den Grundsätzen zum Datenzugriff und zur Prüfung digitaler Unterlagen (GDPdU) hat die Finanzverwaltung Unterlagen im Sinne von § 147 Abs. 1 AO, die zwar mit Hilfe eines Datenverarbeitungssystems erstellt wurden, aber nicht zur Weiterverarbeitung in einem DV-gestützten Buchführungssystem geeignet sind, vom Datenzugriff ausgenommen.[332] Was zunächst als großzügige Geste der Finanzverwaltung zur Vereinfachung der Archivierung anmutet, die nur über die Grundsätze der Verwaltungsbindung[333] Außenwirkung entfaltet, entpuppt sich bei näherer Betrachtung als gesetzlich geforderte Einschränkung. Denn Voraussetzung für einen Datenzugriff ist die maschinelle Auswertbarkeit der Daten.[334] Dass der Gesetzgeber die maschinelle Auswertbarkeit als Bedingung für den Datenzugriff ansieht, folgt zwar nicht di-

---

329 So auch FG Düsseldorf, Beschluss v. 5.2.2007, 16 V 3454/06, EFG 2007, 892, 894.

330 BVerfG, Urteil v. 15.12.1983, 1 BvR 209, 269, 362, 420, 440, 484/83, BVerfGE 65, 1, 42.

331 Im Ergebnis so auch Schmitz, StBp 2002, S. 189, 196.

332 BMF v. 16.7.2001 – IV D 2 – S 0316 – 136/01, BStBl. I 2001, S. 415, 417.

333 Allgemein zur Selbstbindung der Verwaltung Kopp/Ramsauer[10], § 40 VwVfG Tz. 25 ff.

334 Ebenso Groß/Kampffmeyer/Eller, DStR 2005, S. 1214, 1215.

rekt aus § 147 Abs. 6 AO, jedoch wurde § 147 Abs. 2 Nr. 2 AO im Rahmen der Gesetzesänderung, durch den der Datenzugriff normiert wurde, dahingehend erweitert, dass die in digitalisierter Form aufbewahrten Daten jederzeit maschinell ausgewertet werden können. Zudem hat der Gesetzgeber die erstmalige Anwendung der Datenzugriffsgrundsätze gerade im Hinblick auf die erforderliche Herstellung der maschinellen Auswertbarkeit durch den Steuerpflichtigen gem. § 19b EGAO auf den 1. Januar 2002 hinausgeschoben.[335] Daher bedarf es keiner verfassungskonformen einschränkenden Auslegung wie sie *Groß/Kampffmeyer/Eller* fordern[336], denn die Beschränkung des Datenzugriffsumfangs auf maschinell auswertbare Daten folgt aus der systematischen Stellung und dem Telos des § 147 Abs. 6 AO. Fehlt die maschinelle Auswertbarkeit der Unterlagen, könnte der Datenzugriff nicht seine gewünschten Wirkungen entfalten, er ist vielmehr abhängig von maschinell auswertbaren Daten.[337]

Die Finanzverwaltung versteht unter maschineller Auswertung „den wahlfreien Zugriff auf alle gespeicherten Daten einschließlich der Stammdaten und Verknüpfung mit Sortier- und Filterfunktionen unter Berücksichtigung des Grundsatzes der Verhältnismäßigkeit".[338] Eine Volltextsuche reicht demnach nicht als maschinelle Auswertungsmöglichkeit, denn sie erleichtert nur das Auffinden von Daten.

Ich möchte die maschinell auswertbaren Daten hingegen anders definieren, denn der wahlfreie Zugriff ist mehr Folge als Ursache der maschinellen Auswertbarkeit. Dabei ist zunächst einmal vom Ergebnis einer maschinellen Auswertung ihm Rahmen des Datenzugriffs auszugehen. Als Ergebnis soll die automatisierte Informationsgewinnung aus den Daten im Hinblick auf den Gegenstand der Außenprüfung stehen. Die Daten sind dabei Träger von Informationen der jeweiligen Unterlage i. S. des § 147 Abs. 1 AO und werden zu Informationen, wenn sie in einem Bedeutungskontext gebracht werden, der es ermöglicht die Daten zu interpretieren. Um eine Menge an Daten in einen Bedeutungskontext zu bringen, müssen sie maschinell in klare Beziehungen gebracht werden, dies kann nur auf Basis einer Ordnung geschehen. Die Ordnungskriterien schaffen dabei eine Struktur, d. h. es entstehen so genannte strukturierte Daten, die nach einer eindeutigen und erkennbaren Struktur aufgebaut sind.[339] Sind Daten dagegen nach

---

335 Vgl. BT-Drucks. 14/3366, S. 8.

336 Groß/Kampffmeyer/Eller, DStR 2005, S. 1214, 1216.

337 So auch Käbisch, Datenzugriff und digitale Unterlagen, Teil 5/6.6, S. 21 (Dezember 2001).

338 BMF Referat IV D 2 Fragen und Antworten zum Datenzugriffsrecht der Finanzverwaltung (Stand: 23. Januar 2008), abrufbar unter: http://www.bundesfinanzministerium.de, Suchwort: „GDPdU".

339 Eine Eingrenzung auf strukturierte Daten nehmen auch vor: Groß/Kampffmeyer/Eller, DStR 2005, S. 1214, 1215 f.; Henn, BKK Fach 27, S. 2275, 2280; Hentschel, Digitale

keiner beschreibbaren Struktur aufgebaut, spricht man von unstrukturierten Daten, diese Daten sind zumindest im Hinblick auf die Ziele einer Außenprüfung nicht maschinell auswertbar. Denn das Ziel der Informationsgewinnung für die Außenprüfung darf bei der Auslegung des Begriffs nicht aus den Augen verloren werden. So lassen sich zwar z. B. mit einem Textverarbeitungsprogramm erstellte reine Fließtexte etwa dahingehend maschinell auswerten, wie oft ein bestimmter Buchstabe in dem Dokument vorkommt, aber die Informationen, die diesem Text steuerlich zukommen, lassen sich nur dadurch ermitteln, dass ein Mensch sie liest. Anders ist dies aber schon wieder dann, wenn mit Microsoft Word ein Formular, z. B. ein elektronisches Bestellformular, erstellt wird, in dem in vorher definierten Feldern bestimmte Einträge, z. B. das zu bestellende Produkt oder die Bestellmenge, zu tätigen sind. Durch die zuvor definierten Ordnungskriterien lassen sich die strukturierten Daten maschinell auswerten. Diese Beispiele zeigen gleichzeitig auf, dass maschinell auswertbare Daten nicht durch das Programm gekennzeichnet sein müssen, das diese Daten erzeugt. So kann z. B. auch mit Microsoft Excel, das als Tabellenkalkulation prädestiniert ist, strukturierte Daten zu erzeugen, auch nur ein Fließtext geschrieben werden, der maschinell nicht auswertbar ist, da die erzeugten Daten unstrukturiert sind.

Das Erfordernis der maschinellen Auswertbarkeit ist aber nicht nur dann gegeben, wenn die Unterlage aus strukturierten Daten zusammengesetzt ist, sondern auch, wenn die Unterlage selbst in strukturierter Art und Weise im Datenverarbeitungssystem des Steuerpflichtigen hinterlegt ist, selbst wenn die Unterlage keine strukturierten Daten enthält. Verlinkt der Steuerpflichtige z. B. ein Textdokument als Buchungsbeleg mit einem bestimmten Buchungssatz, dann ist diese Unterlage in seinem Datenverarbeitungssystem durch diese Verknüpfung nach einem bestimmten Ordnungskriterium hinterlegt und aufgrund dieser Zuordnung entsteht eine Struktur zwischen den verknüpften Informationen, die das Auswerten in der Hinsicht ermöglicht, dass durch die Nachverfolgung der Verknüpfung die Information in ihrem Bedeutungskontext betrachtet werden kann und daher für die Außenprüfung hierdurch ein Informationsgewinn eintritt. Hiergegen ließe sich möglicherweise vorbringen, dass es sich bei der Nachverfolgung einer Verknüpfung nicht um eine *maschinelle* Auswertung handelt. Nämlich dann, wenn man unter maschineller Auswertbarkeit versteht, dass die Daten aufgrund mathematischer Algorithmen sortier- und filterbar sein müssen. Nach der hier vertretenen Auffassung kommt es aber nicht darauf an, ob die Informationsgewinnung auf mathematischen Operationen beruht, sondern nur darauf, dass eine automatisierte Informationsgewinnung für eine Außenprüfung überhaupt durch den Einsatz einer „Maschine" gefördert wird. Daher hebt sich die Verfolgung einer Verlinkung auch von einer bloßen Volltextsuche ab, die

---

Betriebsprüfung, S. 50; Panek, Die steuerliche Außenprüfung, S. 105; wohl auch Stahl, KÖSDI 2005, S. 14532, 14534.

lediglich das Auffinden erleichtert, denn hier hat der Steuerpflichtige selbst entschieden, dass die Informationen zusammengehören und so die notwendige Verknüpfung zwischen zwei Informationen geschaffen, die im Zusammenhang einen größeren Informationsgewinn eröffnen. Aus diesem Grund sind unter maschinell auswertbaren Unterlagen - gegebenenfalls im Rahmen einer erweiterten Auslegung - auch Unterlagen zu verstehen, die zwar selbst unstrukturierte Daten enthalten, aber so in Beziehung zu einer aus strukturierten Daten bestehenden Unterlage gesetzt sind, dass sie ohne Informationsverlust nicht von dieser getrennt werden können. Deswegen ist dem FG Düsseldorf im Ergebnis zuzustimmen, wenn es unter maschinell auswertbaren Daten nicht nur unter Einsatz mathematischer Algorithmen sortier- und filterbare Daten versteht.[340] Allerdings schießt das Gericht über das Ziel hinaus und gibt den maschinell auswertbaren Daten eine ausufernde und unklare Dimension, wenn es auch alle nichtmathematischen Operationen erfasst, die eine Prüfung von Unterlagen im weitesten Sinne ermöglichen und über die bloße – ebenfalls im § 147 Abs. 2 Nr. 2 genannte – Lesbarmachung durch den Steuerpflichtigen hinausgehen.[341] Dies gilt insbesondere unter dem Gesichtspunkt, dass letztlich alle Operationen, die ein Computer vornimmt, auf mathematische Operationen zurückzuführen sind.

4. Daten aus datenverarbeitungsgestützten Buchführungssystemen

Die gesetzliche Überschrift des § 19b EGAO, der den Zeitpunkt der erstmaligen Anwendung der Neuregelungen in § 146 Abs. 5, § 147 Abs. 2, 5 und 6 sowie § 200 Abs. 1 AO auf den 1. Januar 2002 legt, lautet „Zugriff auf datenverarbeitungsgestützte Buchführungssysteme“. Auch die Einzelbegründung der Beschlussempfehlung des Finanzausschusses spricht davon, dass die Neuregelung des Datenzugriffs die „Herausgabe bestimmter gespeicherter Daten des Buchführungswerkes“ einräumt.[342] Das wirft die Frage auf, ob dadurch der Umfang des Datenzugriffs weiter eingeschränkt wird. Legt man den Wortlaut streng aus, ist ein Buchführungssystem lediglich ein Teil eines Datenverarbeitungssystems. Dass die Formulierung in der gesetzlichen Überschrift des § 19b EGAO den Umfang des Datenzugriffs nicht weiter einengt, zeigt jedoch ein Blick in die Grundsätze ordnungsmäßiger DV-gestützter Buchführungssysteme (GoBS)[343], die bei der Auslegung herangezogen werden können, auch wenn es sich hierbei lediglich um eine Verwaltungsvorschrift[344] handelt. Denn die GoBS konkretisie-

340 FG Düsseldorf, Beschluss vom 05.02.2007, 16 V 3454/06, EFG 2007, 892, 894.
341 Kritisch auch Groß/Kampffmeyer/Lamm, BBK Fach 17, S. 3367 f.
342 BT-Drucks. 14/3366, S. 125 f.
343 BMF-Schreiben vom 7. Nov. 1995 – IV A 8 – S 0316 – 52/95, BStBl. I 1995, S. 738.
344 Mösbauer, in: Koch/Scholtz[5], § 146 AO Tz. 28.

ren im Bereich der EDV-Buchführung die Grundsätze ordnungsmäßiger Buchführung (GoB)[345] und dienen somit als notwendige Vorstufe für den Datenzugriff. Zudem stammte der Anstoß für eine gesetzliche Regelung des Datenzugriffs aus der Finanzverwaltung selbst und dem Gesetzgeber waren im Zeitpunkt des Gesetzgebungsverfahrens die GoBS aus dem Jahr 1995 bekannt, so dass davon ausgegangen werden kann, dass eine einheitliche Begriffsbestimmung beabsichtigt war. Als datenverarbeitungsgestütztes Buchführungssystem wird in den GoBS eine Buchführung bezeichnet, die insgesamt oder in Teilbereichen kurzfristig oder auf Dauer unter Nutzung von Hardware und Software auf DV-Datenträgern geführt wird. Entscheidend ist aber für den hier eröffneten Problemkreis, dass die GoBS weiter ausführen, dass dabei auch solche Prozesse zu berücksichtigen sind, in denen außerhalb des eigentlichen Buchhaltungsbereiches buchführungsrelevante Daten erfasst, erzeugt, verarbeitet und/oder übermittelt werden.[346] Das heißt, es werden auch Daten erfasst, die ihren Ursprung in den dem Buchführungssystem vorgeschalteten Systemen oder parallel laufenden Systemen haben, soweit sie buchführungsrelevant sind und eben nicht nur Daten des Buchführungssystems. Werden Daten eines datenverarbeitungsgestützten Buchführungssystems aber so weit verstanden, ergibt sich kein qualitativer Unterschied zum bisherigen Ergebnis im Hinblick auf den Umfang des Datenzugriffs. Denn wie bereits gezeigt, verlangt § 147 Abs. 6 AO selbst, dass die Daten, die mit Hilfe eines Datenverarbeitungssystems erstellt wurden, einen spezifischen Bezug zu den Buch- und Aufzeichnungspflichten haben.[347] Da davon auszugehen ist, dass der Gesetzgeber die Finanzverwaltungsauffassung kannte, folgt aus der Formulierung des § 19b EGAO keine weitere Einschränkung hinsichtlich des Umfangs des Datenzugriffs. Auch der Sinn und Zweck der Einführung des Datenzugriffs stützt dieses Ergebnis, denn die gesetzliche Neuregelung sollte die konventionelle Außenprüfung modernisieren und Waffengleichheit herstellen. Da aber bereits die konventionelle Außenprüfung auch Unterlagen außerhalb der eigentlichen Buchführung überprüft hat[348], wäre eine dahingehende Einschränkung kein Fortschritt.[349]

345 Drüen, in: Tipke/Kruse, § 145 AO Tz. 32 (April 2007).

346 Vgl. BMF-Schreiben vom 7. Nov. 1995 – IV A 8 – S 0316 – 52/95, BStBl. I 1995, S. 738 unter VIII 1.1.

347 Vgl. E.III.1.b)dd).

348 So hat die Rechtsprechung auch die Prüfung von sog. Statistikstreifen eines Geldspielautomaten abgesegnet, vgl. Niedersächsisches FG, Urteil v. 25.3.2003, 6 K 961/99 EFG 2003, 1215.

349 Daher zu eng Kaminski/Kerssenbrock/Strunk, K&R 2002, S. 225, 228, da sie auf eine tatsächliche Einbindung in das DV-gestützte Buchführungssystem abstellen wollen.

Abb. 3: Datenzugriffsumfang

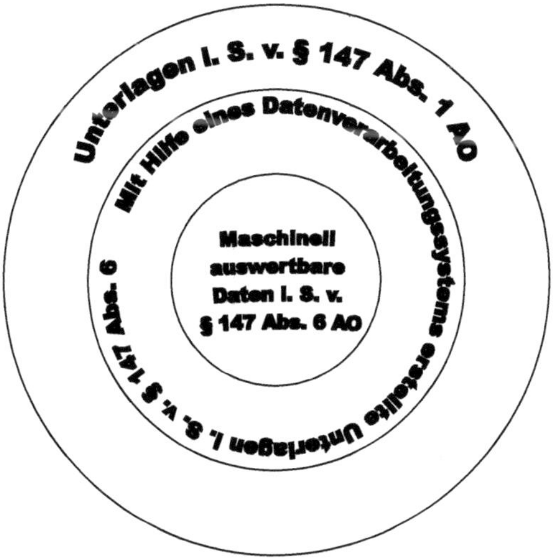

5. Einzelfälle

Bisher wurde die Diskussion bezüglich des Umfangs des Datenzugriffs im Schrifttum hauptsächlich anhand von Einzelfällen geführt. Insbesondere die Frage, ob und in welchem Umfang Textdokumente, E-Mails oder Daten aus dem Buchführungssystem vorgelagerten Systemen oder Nebensystemen dem Datenzugriff unterliegen, hat die Literatur beschäftigt. Einige Fragen, die dabei aufzuwerfen sind, sind bereits in den vorherigen Abschnitten abstrakt behandelt worden. Trotzdem soll das gefundene Ergebnis, anhand dieser in der Praxis diskutierten Problembereiche, noch einmal zusammenfassend veranschaulicht werden.

a) Daten aus dem datenverarbeitungsgestützten Buchführungssystem

In den Grundsätzen zum Datenzugriff und zur Prüfbarkeit digitaler Unterlagen (GDPdU) hat die Finanzverwaltung insbesondere explizit festgelegt, dass die Daten der Finanz-, Anlagen- und Lohnbuchhaltung für den Datenzugriff zur Verfügung zu halten sind.[350] Dass diese Daten unter den Datenzugriff fallen, ist, soweit ersichtlich, nicht auf Widerspruch gestoßen. Das verwundert auch nicht, denn es sind die Kerndaten für eine erfolgreiche Außenprüfung. Auch unter die bisher aufgestellten Kriterien lassen sich diese Daten subsumieren. Zum einen

350 BMF v. 16.7.2001 – IV D 2 – S 0316 – 136/01, BStBl. I 2001, S. 415.

bilden die Buchhaltungsdaten die klassischen Unterlagen i. S. des § 147 Abs. 1 AO, da ihnen der spezifische Bezug zu den Buchführungs- und Aufzeichnungspflichten nicht abzusprechen ist. Zum anderen sind Daten eines datenverarbeitungsgestützten Buchführungssystems – als Bestandteil des Datenverarbeitungssystems – grundsätzlich strukturiert, da das System ansonsten nicht arbeiten könnte und damit maschinell auswertbar.

b) Daten aus vorgelagerten Systemen und Nebensystemen

Die maschinelle Auswertbarkeit von Daten aus den dem Buchführungssystemen vorgelagerten Systemen oder Nebensystemen stellt grundsätzlich ebenfalls kein Problem da. Fraglich ist vielmehr, wann die Daten aus diesen Systemen Unterlagen i. S. des § 147 Abs. 1 AO sind. Die Finanzverwaltung hatte in ihrem Entwurf eines BMF-Schreibens vom 6.10.2000 bezüglich der Grundsätze zum Datenzugriff und zur Prüfbarkeit digitaler Unterlagen auch den Zugriff auf die steuerrelevanten Daten der Kosten-Leistungsrechnung, Waren- und Materialwirtschaftssysteme, Dokumenten-Managementsysteme oder anderer Archivierungssysteme gefordert. Diese Forderung wird zwar im endgültigen BMF-Schreiben (GDPdU) nicht mehr ausdrücklich aufrechterhalten, allerdings heißt es dort: „Soweit sich auch in anderen Bereichen des Datenverarbeitungssystems steuerlich relevante Daten befinden, sind sie durch den Steuerpflichtigen nach Maßgabe seiner steuerlichen Aufzeichnungs- und Aufbewahrungspflichten zu qualifizieren und für den Datenzugriff in geeigneter Weise vorzuhalten.“[351] Damit sind Daten aus vorgeschalteten Systemen und Nebensystemen grundsätzlich erfasst, was sich mit dem Ergebnis zu E.III.4. deckt. Auch die Literatur erkennt überwiegend an, dass auch die Daten dieser Systeme dem Datenzugriff unterfallen.[352] Zur Qualifizierung dieser Daten ist damit entscheidend darauf abzustellen, dass die Daten Unterlagen i. S. des § 147 Abs. 1 AO bilden. Welche dieser Daten dem Datenzugriff unterliegen, hängt somit vom Einzelfall ab und muss immer im Zusammenhang mit den speziellen Buchführungs- und Aufzeichnungspflichten des jeweiligen Steuerpflichtigen gesehen werden. Die Einzelfallbezogenheit lässt sich gut am Beispiel von Daten aufzeigen, die der Dokumentation von Konzernverrechnungspreisen nach § 90 Abs. 3 i. V. m. § 162 Abs. 3, 4 AO dienen. Nach § 2 Abs. 2 der Gewinnabgrenzungsaufzeichnungsverordnung (GAufzV)[353] hat der Steuerpflichtige die Wahl, welche geeignete Verrechnungs-

---

351 BMF v. 16.7.2001 – IV D 2 – S 0316 – 136/01, BStBl. I 2001, S. 415; eine Synopse mit dem Entwurf findet sich bei Hentschel, Digitale Betriebsprüfung, S. 61 ff.

352 Burchert INF 2001, S. 230, 233; Drüen, in: Tipke/Kruse, § 147 AO Tz. 71 (April 2007); Intemann/Cöster, DStR 2004, S. 1981, 1982; Stahl, KÖSDI 2005, S. 14532, 14534; Groß/Kampffmeyer/Eller, DStR 2005, S. 1214, 1215; Groß/Kampffmeyer/Matheis, BB 2004, S. 1083, 1085.

353 BGBl. I 2003, S. 2296.

preismethode er dokumentiert. Er ist nicht verpflichtet, Aufzeichnungen für mehr als eine geeignete Methode zu erstellen. Das bedeutet gleichzeitig, dass Daten, die nicht für die ausgewählte Methode, sondern lediglich für eine andere Verrechnungspreismethode benötigt werden, nicht dem Datenzugriff unterliegen. Ebenso können Daten der digitalen Zeiterfassungssysteme nur vom Datenzugriff erfasst werden, wenn sie nicht lediglich der Kontrolle der Arbeitnehmer dienen, sondern sie auch als Abrechnungsgrundlage für zu berechnende Leistungen fungieren.[354] Auch Daten der Kosten- und Leistungsrechnung sind nur einbezogen, soweit sie für die Bewertung von Wirtschaftsgütern oder Passiva relevant sind.[355] Daten des Electronic Banking und Daten der Reisekostenabrechnung sind hingegen regelmäßig Daten im Sinne des § 147 Abs. 6 AO.

c) Textdokumente

In dem BMF-Schreiben zu den Grundsätzen zum Datenzugriff und zur Prüfung digitaler Unterlagen (GDPdU) nennt die Finanzverwaltung Textdokumente als Beispiel für Unterlagen im Sinne von § 147 Abs. 1 AO, die zwar mit Hilfe eines Datenverarbeitungssystems erstellt wurden, aber nicht zur Weiterverarbeitung in einem datenverarbeitungsgestützten Buchführungssystem geeignet sind und daher vom Datenzugriff ausgenommen sind.[356] Die Literatur hat dieser Auffassung als Vereinfachung des Datenzugriffs überwiegend zugestimmt.[357] Vereinzelt wurde aber auch darauf abgestellt, ob die Textdateien vom Steuerpflichtigen in einem Datenverarbeitungssystem gespeichert werden oder ob der Steuerpflichtige den PC nur als Schreibmaschine benutzt und das digital erzeugte Dokument zur weiteren Verwendung im Betrieb lediglich ausdruckt.[358] Diese letzte Auffassung ist abzulehnen. Die Einordnung, die sich nach der Verwendung durch den Steuerpflichtigen richtet, findet keine Stütze im Gesetz. Die Vorschrift des § 147 Abs. 6 AO differenziert nicht danach, wie das Datenverarbeitungssystem benutzt wird, sondern danach, welche Daten entstehen. Nur wenn es sich um strukturierte Daten handelt, sind sie maschinell auswertbar und damit dem Datenzugriff zugänglich. Grundsätzlich enthalten Textdokumente unstrukturierte Daten, da es sich grundsätzlich um Fließtext handeln wird. Versteht man unter Textdokumente jedoch eine Datei, die mit einer Textverarbeitung angelegt wurde, muss nicht zwangsläufig jedes Textdokument unstrukturierte Daten enthalten. Zieht man z. B. das Standardtextverarbeitungsprogramm Microsoft WORD als Referenz her-

---

354 Vgl. auch Stahl, KÖSDI 2005, S. 14532, 14534.

355 Drüen, AO-StB 2003, S. 83, 85; Taetzner/Büssow, BB 2002, S. 69 ff.

356 BMF v. 16.7.2001 – IV D 2 – S 0316 – 136/01, BStBl. I 2001, S. 415, 417.

357 Drüen, AO-StB 2003, S. 83, 86; Drüen, in: Tipke/Kruse, § 147 AO Tz. 71 (April 2007); Stahl, KÖSDI 2005, S. 14532, 14534; Groß/Kampffmeyer/Eller, DStR 2005, S. 1214, 1215.

358 Intemann/Cöster, DStR 2004, S. 1981, 1984.

an, können damit auch strukturierte Daten etwa anhand der Formular- oder Tabellenfunktion erstellt werden.[359] Das wirft die Frage auf, ob die Finanzverwaltung in dem BMF-Schreiben tatsächlich sämtliche Textdokumente vom Datenzugriff ausnimmt. Das ist zu verneinen, die Finanzverwaltung wollte in dem BMF-Schreiben eine derartige Ausnahmeregelung nicht erschaffen. Deutlich wird dies im Fragen- und Antwortenkatalog zum Datenzugriff[360], hier heißt es: „Hinsichtlich unter Zuhilfenahme von Textverarbeitungs- und Tabellenkalkulationsprogrammen erstellten Ausgangsrechnungen muss differenziert werden: Eignen sich diese Ausgangsrechnungen zur Weiterbearbeitung in einem DV-gestützten Buchführungssystem, sind sie nach dem Wortlaut der „GDPdU" auch in maschinell auswertbarer Form vorzuhalten. Denkbare Beispiele: Auflistungen einer Vielzahl von Einzelpositionen und Einzelbeträge innerhalb einer Tabelle." Zwar kann der aktuellere Fragen- und Antwortenkatalog das BMF-Schreiben nicht außer Kraft setzen[361], denn die Finanzverwaltung betrachtet den Fragen- und Antwortenkatalog lediglich als Orientierungshilfe für die Anwendung des Datenzugriffsrechts, von der keine Rechtsbindung ausgeht, so dass die Entscheidung im Einzelfall dem zuständigen Finanzamt vorbehalten bleibt.[362] Dennoch lässt sich erkennen, dass die Finanzverwaltung Textdokumente in dem BMF-Schreiben nicht restlos vom Datenzugriff ausnehmen wollte, sondern Textdokumente nur als Paradebeispiel für Dokumente angeführt hat, die nicht maschinell auswertbare Daten enthalten können.[363] Unterstrichen wird dieses Ergebnis dadurch, dass für die Einschränkung das Bild kleiner Handwerksbetriebe, die ihre geschäftlichen Angelegenheiten auf postalischem Wege unter Einsatz von Textverarbeitungsprogrammen erledigen, maßgebend gewesen sein soll.[364]

Im Ergebnis sind reine Textdokumente im Regelfall mangels maschineller Auswertbarkeit nicht vom Datenzugriff erfasst. Damit kann z. B. im Rahmen des Datenzugriffs die Frage dahingestellt bleiben, ob Rechtsgutachten überhaupt Unterlagen im Sinne des § 147 Abs. 1 AO sind, denn Rechtsgutachten sind Textdokumente, die aufgrund der unstrukturierten Daten jedenfalls maschinell

---

359 Vgl. Vgl. E.III.3.b).

360 Die aktuelle Version vom 23. Januar 2008 der vom BMF im Internet veröffentlichten Fragen und Antworten zum Datenzugriffsrecht der Finanzverwaltung lässt sich unter http://www.bundesfinanzministerium.de herunterladen, Suchwort: „GDPdU".

361 Auf der anderen Seite wird man aber bei entsprechender Verwaltungsübung nach den dort festgehaltenen Ansichten von einer Selbstbindung der Finanzverwaltung ausgehen müssen.

362 Vgl. die Einleitung der Fragen und Antworten zum Datenzugriffsrecht der Finanzverwaltung (Stand: 23. Januar 2008), http://www.bundesfinanzministerium.de, Suchwort: „GDPdU".

363 Im Ergebnis so wohl auch Drüen, AO-StB 2003, S. 83, 87

364 So Käbisch, Datenzugriff und digitale Unterlagen, Teil 5/6.6, S. 21 (Dezember 2001).

nicht auswertbar sind.[365] Maschinell nicht auswertbare Textdokumente (z.B. Verträge, Handelsbriefe) können aber durch eine Verlinkung mit einer dem Datenzugriff unterfallenden Unterlage gegebenenfalls selbst vom Datenzugriff betroffen sein.[366] Im Übrigen bleibt der Finanzverwaltung daher lediglich, die Lesbarmachung dieser Dokumente gem. § 147 Abs. 5 1. HS AO zu fordern.[367]

d) E-Mails

Auch bei der Einordnung von E-Mails reicht das Spektrum der verschiedenen Auffassungen weit. Einig ist man sich dabei noch insoweit, dass E-Mails grundsätzlich Daten enthalten können, die potentiell geeignet sind, Unterlagen i. S. des § 147 Abs. 1 AO zu bilden.[368] Anders sieht das jedoch hinsichtlich der Frage aus, wann E-Mails dem Datenzugriff unterliegen. Nach einer Ansicht sind E-Mails nicht vom Datenzugriff erfasst, als Begründung wird dabei lediglich auf die ansonsten bestehenden praktischen Schwierigkeiten hingewiesen, die steuerrelevanten E-Mails herauszufiltern.[369] Dieser Hinweis auf die Praktikabilität kann aber eine rechtliche Argumentation nicht ersetzen. Eine andere Auffassung bejaht die generelle Zugriffsmöglichkeit auf die elektronische Post und zieht allein die Steuerrelevanz als entscheidendes Kriterium heran.[370] Teilweise wird danach differenziert, ob eine betriebliche Übung dahingehend besteht, die E-Mails zu speichern oder den E-Mail-Account nur als Briefkasten zu nutzen und die Mails nach dem Ausdruck zu löschen.[371] Diese Auffassung wird darauf gestützt, dass sowohl § 147 Abs. 2 Nr. 2 AO als auch § 147 Abs. 6 AO der Finanzverwaltung nach dem Wortlaut nur die Einsicht in „gespeicherte Daten" gewähren sollen. Von „gespeicherten Daten" könne aber nur gesprochen wer-

---

365 Zudem aufgrund des sachverhaltswürdigenden Charakters der Unterlagen ohne sachnähere Sachverhaltsdarstellung im Ergebnis zurecht verneinend Bauer/Taetzner, StBp 2005, S. 39; dies., BB 2004, S. 2267, 2271; Ditz, DStR 2004, S. 2038, 2040; Drüen, Stuw 2003, S. 365, 372; Kromer, DStR 2001, S. 1017, 1018; Schaumburg, DStR 2002, S. 829, 833; bejahend hingegen Apitz, StBp 2002, S. 33, 44; Weiß, StBp 2004, S. 220; ders., StBp 2005, S. 42.

366 Vgl. E.III.3.b).

367 Vgl. E.III.7.

368 Drüen, in: Tipke/Kruse, § 147 AO Tz. 73 (April 2007); Drüen, AO-StB 2003, S. 83, 85; Intemann/Cöster, DStR 2004, S. 1981, 1984; Intemann, NWB Fach 17, S. 2007, 2016; Groß/Kampffmeyer/Eller, DStR 2005, S. 1214, 1216; Kromer, DStR 2001, S. 1017, 1020; Kuhsel/Kaeser, DB 2001, S. 1583, 1584; Schmittmann, Wpg. 2001, S. 1050, 1054; Stahl, KÖSDI 2005, S. 14532, 14534.

369 So wohl Baum, NWB Fach 2, S. 7641, 7643.

370 Kerssenbrock/Riedel/Strunk, StB 2002, S. 263, 264; Kromer, DStR 2001, S. 1017, 1020; Kuhsel/Kaeser, DB 2001, S. 1583, 1584.

371 Intemann/Cöster, DStR 2004, S. 1981, 1984; Intemann, NWB Fach 17, S. 2007, 2016; Stahl, KÖSDI 2005, S. 14532, 14534.

den, wenn Dateien tatsächlich zur längerfristigen Aufbewahrung im Unternehmen geeignet und bestimmt sind.[372] Diese Argumentation erscheint zirkulär, denn wenn E-Mails vom Datenzugriff erfasst werden, sind sie gem. § 147 Abs. 2 Nr. 2 AO zu speichern, es reicht nicht mehr aus, dass die Daten ausgedruckt werden. Deswegen kann für die Qualifizierung nicht darauf abgestellt werden, ob sie gespeichert wurden oder nicht. Eine weitere Meinung sieht Mails vom Datenzugriff dann erfasst, wenn sie in automatisierter Form Eingang in das Buchhaltungssystem finden.[373] Dem ist zwar im Ergebnis zuzustimmen, denn dann weisen die Daten der E-Mails regelmäßig alle notwendigen Kriterien des Datenzugriffs auf. Jedoch eignet sich diese Auffassung nicht zur Abgrenzung, denn das Buchhaltungssystem ist nur Teil des Datenverarbeitungssystems und daher kann der Eingang in das Buchhaltungssystem de lege lata nicht zur Differenzierung herhalten. Auch die Finanzverwaltung hält es ausdrücklich nicht für entscheidend, ob die per E-Mail übermittelten Daten automatisiert Eingang in das verwendete Buchhaltungssystem gefunden haben oder im betrieblichen Datenverarbeitungssystem Importfunktionen zur Übernahme von steuerlich relevanten Daten aus dem Textkörper von E-Mails oder angehängten Dateien vorhanden sind, sondern schließt sich der Auffassung an, die die Qualifizierung allein nach der Bedeutung für die Besteuerung vornimmt.[374] Fraglich ist, ob dies mit dem BMF-Schreiben zu den Grundsätzen zum Datenzugriff und zur Prüfung digitaler Unterlagen (GDPdU)[375] vereinbar ist, denn hiernach sollten nur die Daten dem Datenzugriff unterliegen, die zur Weiterverarbeitung in einem datenverarbeitungsgestützten Buchführungssystem geeignet sind. Wie bereits erläutert umfasst diese Formulierung alle Daten, die im Hinblick auf die Außenprüfung maschinell auswertbar sind und damit hat man auch hier das entscheidende Abgrenzungskriterium erreicht. Wie bei den Textdokumenten kommt es auch bei den E-Mails darauf an, ob es sich bei den Daten, die die betreffende E-Mail enthält, um strukturierte Daten handelt.[376] Das Format einer E-Mail besteht nach RFC 2822[377] nur aus Textzeichen, deswegen wird es sich hauptsächlich um unstrukturierte Daten handeln, die in der E-Mail enthalten sind. Aber das ist nicht zwangsläufig der Fall, wie bereits gezeigt, können auch Textdokumente struktu-

---

372 Intemann/Cöster, DStR 2004, S. 1981, 1984.

373 Intemann/Cöster, DStR 2004, S. 1981, 1984; Panek, Die steuerliche Außenprüfung, S. 254 f.

374 Vgl. die Fragen und Antworten zum Datenzugriffsrecht der Finanzverwaltung, Version 23. Januar 2008 unter: http://www.bundesfinanzministerium.de, Suchwort: „GDPdU“.

375 BMF v. 16.7.2001 – IV D 2 – S 0316 – 136/01, BStBl. I 2001, S. 415.

376 Ebenso Groß/Kampffmeyer/Eller, DStR 2005, S. 1214, 1216.

377 Die Request for Comment (RFC) sind eine Reihe technischer und organisatorischer Dokumente über das Internet, die sich durch allgemeine Akzeptanz und Gebrauch teilweise zum Standard entwickelt haben.

rierte Daten enthalten.[378] Zudem ist es auch verbreitet über E-Mail-Formulare Kontakt zum Kunden aufzunehmen, d. h. auf einer Internetwebseite integrierte Kontaktformulare werden per E-Mail an das Unternehmen weitergeleitet. Solche Formulare können so konstruiert sein, dass die abgefragten Daten automatisch vom System erfasst werden. Außerdem können E-Mails auch Dateianhänge enthalten. Diese Dateianhänge sind grundsätzlich getrennt von dem eigentlichen Textkörper der E-Mail zu betrachten. Sie können Dateien jeglichen Typs enthalten, so können z. B. Video-, Audio- oder Bilddateien mitgeschickt werden, die grundsätzlich nicht im Hinblick auf eine Außenprüfung maschinell auswertbar sind. Es sind aber auch hier jegliche Arten von strukturierten Daten denkbar. Als Beispiele sollen hier nur angehängte Tabellenkalkulationen oder Daten aus Datenbänken genannt werden. Die Auffassung im Fragen- und Antwortenkatalog ist damit zu weit und widerspricht dem BMF-Schreiben, sie darf daher von der Finanzverwaltung nicht angewendet werden. Das Paradoxe der Auffassung des Fragen- und Antwortenkatalogs zeigt auch folgendes Beispiel: Ein Textdokument, das vom Datenzugriff nach dem BMF-Schreiben ausgenommen wurde, würde - dadurch dass man es per E-Mail verschickt - wieder dem Datenzugriff unterliegen.

e) Unternehmensinterne Daten

Unternehmensinterne Daten sind Inhalt von Unterlagen, die sich mit Strategien, Planungen und Gestaltungen des Unternehmens befassen, dazu gehören auch Kalkulationen und Auswertungen zur Vorbereitung dieser Unterlagen. Als Beispiele für die nach betriebsinternen Bedürfnissen geführten Systeme lassen sich Datensysteme der internen Revision, des Controlling, Risikomanagementsysteme, konzerninterne Berichtssysteme sowie Target-Costing, Lebenszyklusrechnung, Forschungs- und Entwicklungsergebnisse oder Prozesskostenrechnung anführen, die grundsätzlich keinen spezifischen Bezug zu den Buchführungs- und Aufzeichnungspflichten des Steuerpflichtigen haben, da sie nicht in das externe Rechnungswesen eingehen.[379] Oftmals können allerdings auch steuerrelevante Sachverhalte vorbereitet oder steuerrelevante Sachverhalte für das zukünftige Verhalten des Unternehmen gewürdigt werden (z. B. bei der Entwicklung von Marktstrategien und bei Gremienprotokollen). Dann handelt es sich aber grundsätzlich nicht um die sachnähste Unterlage für den steuerlich relevanten Tatbestand, denn ihre Erstellung liegt entweder vor oder nach der Verwirklichung des Sachverhalts. Denkbar wäre allerdings eine Angabe über innere Tat-

---

378 Zu eng daher Henn, BKK Fach 27, S. 2275, 2280, der E-Mails strukturierte Daten grundsätzlich abspricht.

379 Ebenso Burchert, LSW Gruppe 17, S. 81, 98 f., Drüen, in: Tipke/Kruse, § 147 AO Tz. 71 (April 2007); Stahl, KÖSDI 2005, S. 14532, 14534; Taetzner/Büssow, BB 2002, S. 69, 72.

sachen bezüglich dieses später verwirklichten Sachverhalts. Diese Angaben werden aber regelmäßig nicht einer maschinellen Auswertung zugänglich sein. Damit unterfallen diese Daten grundsätzlich nicht dem Datenzugriff. Die Gegenauffassung von *Weiß*[380], der sich auf das Recht des handelsrechtlichen Abschlussprüfers auf Einsicht in alle Schriften des Unternehmens gem. § 320 HGB beruft und sich dabei auf ein Urteil des Großen Senats des BFH aus dem Jahr 1968[381] stützt, ist abzulehnen. Der BFH hat hier entschieden, dass dem Betriebsprüfer nicht die Einsichtnahme zu verwehren ist, wo sie dem Abschlussprüfer gestattet ist, d. h. der Finanzbehörde sind ihm Rahmen einer Außenprüfung die selben Unterlagen vorzulegen wie dem Abschlussprüfer. Das Prüfungsrecht des Abschlussprüfers umfasst dabei nach h. M. etwa auch Statistiken und Unterlagen der Innenrevision.[382] Allerdings führt der BFH in dem gleichen Urteil aus, dass kein Anlass zur Vorlegung bestehe, wenn sich die Unterlagen (hier: Aufsichtsrats- und Vorstandsprotokolle) ausschließlich auf innere Angelegenheiten des Unternehmens beziehen. Die Entscheidung des Großen Senats ist zudem noch zur Reichsabgabenordnung und eben nur zur Vorlagepflicht und nicht zur Aufbewahrungspflicht ergangen. Zwar zieht *Weiß* den Schluss, dass aus der Vorlagepflicht auch die Aufbewahrungspflicht folgt. Warum dies jedoch daraus zu schließen ist, dass sich die Vorlagepflicht nicht nur auf die gesetzlich vorgeschriebenen Bücher erstrecke, bleibt im Unklaren. Letztlich nimmt *Weiß* seine getroffene Aussage im nächsten Satz auch wieder zurück, wenn er ausführt, dass es für die Vorlagepflicht nicht darauf ankommt, dass eine Aufbewahrungspflicht bestehe. Zum Verhältnis der Vorlagepflicht zur Aufbewahrungspflicht soll deshalb an dieser Stelle nicht weiter eingegangen werden, sondern die nähere Untersuchung soll einem späteren Kapitel vorbehalten bleiben.[383]

6. Datenzugriff bei der Außenprüfung von Berufsgeheimnisträgern und ihren Hilfspersonen

Eine weitere Begrenzung des Datenzugriffsumfangs könnte aus § 104 Abs. 1 S. 1 AO folgen. Nach § 104 AO kann u. a. die Vorlage von Unterlagen i. S. des § 147 Abs. 1 AO verweigert werden, soweit ein Auskunftsverweigerungsrecht besteht. § 104 AO ergänzt damit den Schutz aus den §§ 101-103 AO. Allerdings hat der Steuerpflichtige grundsätzlich selbst kein Auskunftsverweigerungsrecht, so dass die Regelung möglicherweise im Rahmen des Datenzugriffs, bei dem nur auf die Unterlagen des Steuerpflichtigen zugegriffen werden darf, keinen

---

380 Weiß, StBp 2004, S. 220, 223.

381 BFH, Beschluss v. 13.2.1968, GrS 5/67, BStBl. II 1968, 365.

382 Vgl. IDW Prüfungsstandard: Interne Revision und Abschlussprüfung (IDW PS 321), WPg 2002, S. 686.

383 Vgl. G.I.3.b).

Anwendungsbereich hat. Ausnahmsweise kann aber auch in eigenen steuerlichen Angelegenheiten gem. § 102 AO ein Auskunftsverweigerungsrecht gegeben sein. Geht es um die eigenen steuerlichen Angelegenheiten der in § 102 Nr. 3 und 4 AO[384] abschließend[385] genannten Berufsgeheimnisträger (insbesondere Rechtsanwälte, Steuerberater, Wirtschaftsprüfer und Ärzte), dürfen sie auch die Vorlage von ihren eigenen Unterlagen i. S. des § 147 Abs. 1 AO verweigern, soweit damit steuerliche Verhältnisse anderer Personen offenbart werden, die durch das Berufsgeheimnis geschützt werden sollen. Der grundsätzlichen Möglichkeit einer Außenprüfung bei einem Berufsgeheimnisträger in seinen eigenen steuerlichen Angelegenheiten stehen diese Vorschriften allerdings nicht entgegen.[386] Da § 104 Abs. 1 AO lediglich die Vorlagepflicht einschränkt, könnte der Datenzugriffsumfang unter Umständen dennoch nicht berührt sein. Denn der Datenzugriff bezieht sich auf die aufzubewahrenden Unterlagen. Zwar ergibt sich aus dem Sinn und Zeck der Aufbewahrung grundsätzlich, dass die aufzubewahrenden Unterlagen auch zur Überprüfung vorgelegt werden müssen. Allerdings könnte im Rahmen des §§ 102, 104 AO davon eine Ausnahme zu machen sein. Denn die Auskunftsverweigerungsberechtigten nach § 102 Abs. 1 Nr. 3 AO können gem. § 102 Abs. 3 Nr. 1 AO von ihrer Verschwiegenheitspflicht entbunden werden. Diese Entbindung wirkt sich auch auf das Vorlageverweigerungsrecht aus, so dass bei berechtigtem Vorlageverlangen im Übrigen eine Vorlagepflicht entsteht. Die Entbindung kann aber sogar dann noch erfolgen, wenn der Steuerpflichtige auf das konkrete Vorlageverlangen der Finanzbehörde hin, die Vorlage mit Hinweis auf § 102 AO verweigert hat. Das heißt, bis dahin kann sich das Vorlageverweigerungsrecht auch noch in eine Vorlagepflicht verwandeln. Zur Absicherung dieser möglichen Vorlagepflicht muss aber die Aufbewahrungspflicht des § 147 Abs. 1 AO eingreifen, so dass die Aufbewahrungspflicht vorliegt, obwohl der Steuerpflichtige ohne Entbindung berechtigt wäre, die Vorlage zu verweigern. Würde die Vorlageverweigerungsberechtigung im Vorfeld schon dazu führen, dass wegen fehlender Aufbewahrungspflicht die entsprechenden Unterlagen vernichtet werden könnten, wäre hingegen eine Entbindung sinnlos. Besteht die Aufbewahrungspflicht aber weiterhin wäre nach dem Wortlaut des § 147 Abs. 6 AO der Datenzugriff durch §§ 102, 104 AO nicht eingeschränkt, da für den Datenzugriff nur auf die aufzubewahrenden Unterlagen Bezug genommen wird. Diese am Wortlaut klebende Interpretation hätte zur Folge, dass die §§ 102, 104 AO umgangen würde. Denn nach dem Telos der

---

384 Geistliche und Mitglieder des Bundestages i. S. des § 102 Abs. 1 Nr. 1 bzw. 2 AO haben im Rahmen dieser Tätigkeiten keine Aufzeichnungs- und Buchführungspflichten, so dass ein Datenzugriff bei diesen Berufsgeheimnisträgern schon aus diesem Grund ausscheidet.

385 BFH, Beschluss v. 21.12.1992, XI B 55/92, BStBl. II 1993, 451, 452.

386 BFH, Urteil v. 26.02.2004, IV R 50/01, BStBl. II 2004, 502; BFH, Beschluss v. 27.11.1996, IV B 5/96, BFH/NV 1997, 274.

Vorschrift soll verhindert werden, dass das Vertrauen in die bestimmte Berufsgruppe dadurch gestört wird, dass die Finanzverwaltung Kenntnis von dem Anvertrauten erlangen kann.[387] Dies aber würde geschehen, wenn die Daten dieser Unterlagen dem Datenzugriff unterlägen. Das berufstypische Vertrauensverhältnis würde brüchig. Der Gesetzgeber hat dies bei der Regelung des Datenzugriffs übersehen und die Anpassung des § 104 AO versäumt, so dass eine ausdehnende Anwendung über den Wortlaut hinaus gerechtfertigt ist. Durch die teleologische Extension des § 104 AO wird seine Umgehung verhindert. Der Steuerpflichtige hat neben seinem Vorlageverweigerungsrecht auch das Recht den Datenzugriff zu verweigern, soweit er die Auskunft verweigern darf.

Das Verweigerungsrecht schützt dabei nicht nur den Inhalt des Anvertrauten, sondern auch das Bestehen des Vertrauens- oder Beratungsverhältnisses selbst.[388] Im Einzelnen ist der Umfang des Verweigerungsrechts aber noch nicht geklärt. Die Rechtsprechung enthält keine klare Linie. Während der BFH die Patientenkartei[389] eines Arztes und das Postausgangsbuch sowie das Fahrtenbuch eines Steuerberaters[390] in den Schutzbereich der §§ 102, 104 AO einordnete, sah es das Gericht für die Gleichmäßigkeit der Besteuerung als unerlässlich an, im Rahmen der Bewirtungsaufwendungen eines Journalisten[391] bzw. eines Rechtsanwalts[392] auch die Namen der bewirteten Personen zu benennen. Die Rechtsprechung nimmt im Ergebnis eine Werteabwägung zwischen der Gleichmäßigkeit der Besteuerung und dem Berufsgeheimnisschutz vor. Durch §§ 102, 104 AO hat der Gesetzgeber aber selbst bereits schon zugunsten des Berufsgeheimnisschutzes entschieden und diese einfachgesetzliche Entscheidung kann nur mit Hilfe der Verfassung überspielt werden.[393] Letztlich sollte der einzelne Datenzugriff damit die Ausnahme bleiben, wenn das Berufsgeheimnis berührt ist.

7. Lesbarmachung gem. § 147 Abs. 5 1. HS AO

Selbst wenn Unterlagen, die auf einem Datenträger aufbewahrt werden, nicht unter den Datenzugriff nach § 147 Abs. 6 AO fallen (insbesondere mangels maschineller Auswertbarkeit), ist der Steuerpflichtige verpflichtet, die Unterlagen nach § 200 Abs. 1 S. 2 i. V. m. § 147 Abs. 5 1. HS AO dem Außenprüfer vorzu-

---

387 Vgl. BFH, Urteil v. 14.5.2002, IX R 31/00, BStBl. II 2002, 712, 713; BFH, Beschluss v. 1.2.2001, XI B 11/00, BFH/NV 2001, 811, 812; Viskorf, DB 2005, S.1929, 1931.

388 BFH, Urteil v. 14.5.2002, IX R 31/00, BStBl. II 2002, 712, 713.

389 BFH, Beschluss v. 11.12.1957, II 100/53 U, BStBl. III 1958, 86.

390 BFH, Urteil v. 14.5.2002, IX R 31/00, BStBl. II 2002, 712.

391 BFH, Urteil v. 15.1.1998, IV R 81/96, BStBl. II 1998, 263.

392 BFH, Urteil v. 26.2.2004, IV R 50/01, BStBl. II 2004, 502.

393 So Tipke, in: Tipke/Kruse, § 102 AO Tz. 15, 19 (Vorauflage März 2004).

legen. Der BFH hat mit Beschluss vom 26.9.2007[394] entschieden, dass es für diese Vorlage nicht ausreicht, dass die Unterlagen ausgedruckt werden, sondern dass die Finanzverwaltung auch verlangen kann, dass die Vorlegung in Form der Lesbarmachung auf der beim Steuerpflichtigen hierfür vorhandenen technischen Einrichtung zu geschehen hat. Denn die Aufbewahrung auf einem Datenträger begründet nach § 147 Abs. 5 1. HS AO die Verpflichtung des Steuerpflichtigen, auf seine Kosten diejenigen Hilfsmittel zur Verfügung zu stellen, die erforderlich sind, um die Unterlagen lesbar zu machen. Dafür reicht aber ein Ausdruck nicht aus, denn nach Wortlaut und Systematik ist das Ausdrucken nicht als eine Form der Lesbarmachung, sondern als zusätzliche Pflicht des Steuerpflichtigen anzusehen, welcher er auf Verlangen der Behörde nachzukommen hat. Zur Begründung zieht der BFH auch die Gesetzesgeschichte heran. Er führt aus, dass die seit Inkrafttreten der Abgabenordnung 1977 bestehende Norm des § 147 Abs. 5 AO durch den Wegfall der „nur"-Einschränkung im Zuge der Einführung des Datenzugriffs[395] nicht etwa dahingehend eingeschränkt wurde, dass die Verpflichtung zur Lesbarmachung entfallen ist, sondern vielmehr auf die Fälle ausgedehnt worden ist, in denen die Originalunterlagen noch vorgelegt werden können. Ergänzend belegt er seine Auffassung damit, dass nach der Gesetzesbegründung die Befugnisse der Finanzverwaltung durch die Datenzugriffsregelungen erweitert und nicht bisher schon bestehende Befugnisse eingeschränkt werden sollten.

Die Ausführungen des BFH decken sich mit den Ergebnissen zu A.IV., so dass dem Gericht insoweit zuzustimmen ist. Allerdings muss klarstellend darauf hingewiesen werden, dass die Pflicht zur Lesbarmachung trotz des Vorhandenseins der Originalunterlagen nur dann verlangt werden kann, wenn der Steuerpflichtige durch die Archivierung auf Datenträgern seinen steuerlichen Aufbewahrungspflichten nachkommen wollte.[396] Offen bleibt hingegen in dem Beschluss des BFH, welche Möglichkeiten die Lesbarmachung in Abgrenzung zum Datenzugriff der Finanzverwaltung bieten soll. Der BFH spricht in dem Beschluss davon, dass das Lesen der eingescannten Ein- und Ausgangsrechnungen des Prüfungszeitraums über das Computersystem des Steuerpflichtigen per Bildschirm gestattet werden muss. So weit wird man dem BFH beipflichten müssen. Leider wird aus dem Tatbestand des BFH-Beschlusses nicht deutlich, was das tatsächliche Begehren der Finanzbehörde war. Klarheit bringt da ein Blick in die Entscheidung der Vorinstanz[397]. Im entschiedenen Fall hatte der Steuerpflichtige zunächst die Daten der Eingangsrechnungen nach Ergänzung durch den Rech-

394 BFH, Beschluss v. 26.9.2007, I B 53, 54/07, DStR 2007, 2156, 2157.
395 Vgl. B.III. Abb. 1.
396 Hierzu E.III.2.b).
397 FG Düsseldorf, Beschluss v. 5.2.2007, 16 V 3454/06, BeckRS 2007, 26023040; in EFG 2007, 892 ist der Tatbestand verkürzt und daher auch unklar wiedergegeben.

nungsprüfer verbucht und den dadurch entstandenen Buchführungsbeleg in der SAP-Datenbank gespeichert. Die Eingangsrechnung wurde eingescannt und als tif-Datei im Archiv gespeichert, das Original wurde anschließend vernichtet. Die Ablage der Buchführungsbelege und der eingescannten Eingangsrechnungen in Form der tif-Datei erfolgte in unterschiedlichen Ablagesystemen. Allerdings befand sich beim Buchführungsbeleg eine Verknüpfung auf die als tif-Datei gespeicherte Eingangsrechnung. Im Rahmen dieser Verlinkung konnte der eingescannte Beleg vom SAP-System aus dem optischen Archivierungssystem aufgerufen werden, und zwar auch nach bestimmten Suchkriterien. Im SAP-System konnte auf diese Weise der Weg vom „Beleg zur Buchung" oder von der „Buchung zum Beleg" nachvollzogen werden. Diese Arbeitserleichterung wollte die Finanzverwaltung im Rahmen der Außenprüfung nutzen und ordnete durch Verwaltungsakt die Duldung des Datenzugriffs an. Die damit geforderte Auswertungsmöglichkeit lässt sich aber nicht, wie der BFH ausführt, auf § 147 Abs. 5 AO stützen, denn das Ausnutzen von Verlinkungen durch den Außenprüfer geht über die bloße Lesbarmachung hinaus. Der Informationsgewinn aus der Verfolgung von Verknüpfungen kann daher seine Rechtsgrundlage nur in § 147 Abs. 6 AO finden, weil hier eine über die Lesbarmachung hinausgehende Einsichtnahme in die gespeicherten Daten und eine Nutzung der Datenverarbeitungsanlage erfolgen darf. Sofern der BFH also der Finanzverwaltung den Nutzen aus der Verlinkung zukommen lassen wollte, konnte er diese Befugnis nicht mit Hinweis auf § 147 Abs. 5 AO begründen, sondern hätte hier Stellung zum § 147 Abs. 6 AO beziehen müssen. Da im entschiedenen Fall durch die Verlinkung maschinell auswertbare Unterlagen vorgelegen haben[398], hätte das Ergebnis des BFH auch auf § 147 Abs. 6 AO gestützt werden können.

---

398 Vgl. E.III.3.b).

F. Archivierung der Daten

Im folgenden Kapitel geht es um die besonderen Anforderungen, die der Datenzugriff an die Aufbewahrungspflichten stellt. Da es sich hierbei um eine unveränderbare, langzeitige Aufbewahrung elektronischer Informationen handelt, spricht man in diesem Zusammenhang in Anlehnung an die Begriffsbestimmung in der Informatik auch von Archivierung. Dabei ist grundsätzlich festzuhalten, dass im Rahmen des Datenzugriffs keine besonderen Aufbewahrungsfristen gelten, sondern sich die Aufbewahrungszeit nach der allgemeinen Vorschrift des § 147 Abs. 3 AO richtet. Damit orientiert sich die Aufbewahrungsfrist der jeweiligen Daten danach, welchen Unterlagen i. S. des § 147 Abs. 1 AO sie zuzuordnen sind. Sind die Daten Bestandteil einer Unterlage i. S. des § 147 Abs. 1 Nrn. 1, 4 oder 4a AO, sind sie zehn Jahre aufzubewahren (§ 147 Abs. 3 1. HS AO), ansonsten gilt eine Aufbewahrungsfrist von sechs Jahren (§ 147 Abs. 3 2. HS AO). Ausnahmsweise können die besonderen Steuergesetze eine kürzere Aufbewahrungsfrist zulassen (z.B. §§ 11 RennwettLottAB: 3 Jahre) oder es greift die Ablaufhemmung des § 147 Abs. 3 S. 3 AO.

I. Anpassung an den Datenzugriff

Hinsichtlich des Datenzugriffsumfangs hat der Gesetzgeber insbesondere auf die aufzubewahrenden Unterlagen abgestellt. Damit ist gleichzeitig festgelegt, dass alle Daten, die dem Datenzugriff unterliegen, auch aufbewahrungspflichtig sind. Aber die Verwirklichung des Datenzugriffs hängt auch entscheidend davon ab, wie diese Daten aufbewahrt werden. Bisher richtete sich die Aufbewahrung nach den §§ 146 Abs. 5, 147 Abs. 2 AO a. F. und den Grundsätzen ordnungsmäßiger DV-gestützter Buchführungssysteme (GoBS).[399] Hiernach wurde keine besondere Technik vorgeschrieben, sondern es musste insbesondere nur gewährleistet sein, dass eine lesbare Wiedergabe der Unterlagen erzeugt werden kann. Durch den Datenzugriff soll der Außenprüfer jedoch nun auch die Möglichkeit gewinnen, die einzelnen Informationen der Unterlagen maschinell auszuwerten, dazu reicht aber eine nur lesbare Wiedergabe der Unterlagen allein nicht mehr aus. Um die Datenzugriffsbefugnis zu verbürgen, musste der Gesetzgeber daher bei der Normierung des Datenzugriffs bei den Ordnungsvorschriften der §§ 146, 147 AO weitere Anpassungen vornehmen. Der eingefügte § 146 Abs. 5 S. 3 AO, der bestimmt, dass die Sätze 1 und 2 des 146 Abs. 5 AO auch für die Befugnisse der Finanzbehörde nach § 147 Abs. 6 gelten, soll sicherstellen, dass „die GoB bei Einsatz einer EDV-gestützten Buchführung erst dann erfüllt sind, wenn auch die Einsicht in die erzeugten Daten und Nutzung des Datenverarbeitungssystems

399 Siehe hierzu auch unten F.IV.

möglich sind.“[400] Die Vorschrift verknüpft damit die Datenzugriffsrechte mit den Ordnungsvorschriften des § 146 AO.[401]

Wesentlicher sind hingegen die Änderungen in § 147 Abs. 2 AO. Hier wurde der bisherige Satz 2 gestrichen, der es genügen ließ, dass anstelle der Datenträger selbst die Daten ausgedruckt aufbewahrt wurden, wenn Bücher und Aufzeichnungen auf Datenträgern gem. § 146 Abs. 5 AO geführt wurden. Ohne diese Streichung hätte der Datenzugriff leicht umgangen werden können. Der Steuerpflichtige hätte es in der Hand gehabt, den Datenzugriff durch die Wahl des Datenausdrucks zu verhindern, da bei Vernichtung des Datenträgers eine maschinelle Datenauswertung nicht möglich gewesen wäre. Nun ist das Wahlrecht aufgehoben worden. Die Aufbewahrung ausgedruckter Daten reicht nicht mehr aus[402], vielmehr genügt nur noch die Aufbewahrung auf Datenträgern selbst, wenn Bücher und Aufzeichnungen auf Datenträgern gem. § 146 Abs. 5 AO geführt werden.

Die entscheidende Änderung liegt aber in § 147 Abs. 2 Nr. 2 AO. Neben dem bisherigen Verfügbarsein und der Lesbarmachung muss nunmehr auch die maschinelle Auswertbarkeit der Daten durch den Steuerpflichtigen sichergestellt werden, wenn er Unterlagen i. S. des § 147 Abs. 1 AO auf Datenträgern aufbewahrt. Mit der Ergänzung des § 147 Abs. 2 S. 1 Nr. 2 AO soll ebenfalls erreicht werden, dass der Zugriff auf die erzeugten Daten des Steuerpflichtigen nicht leer läuft.[403] Nach dem Wortlaut gilt das Erfordernis der maschinellen Auswertbarkeit für alle Daten der Unterlagen i. S. des § 147 Abs. 1 AO (mit Ausnahme der Jahresabschlüsse, der Eröffnungsbilanz und der Unterlagen nach § 147 Abs. 1 Nr. 4 AO), die auf Datenträgern aufbewahrt werden. Wie bereits gezeigt, sind nicht alle Unterlagen i. S. des § 147 Abs. 1 AO, die mit einem Datenverarbeitungssystem erstellt wurden, maschinell auswertbar. Für eine maschinelle Auswertung sind vielmehr strukturierte Daten erforderlich. Aus diesem Grund muss § 147 Abs. 2 S. 1 Nr. 2 AO einschränkend ausgelegt werden, um nicht gegen den Grundsatz „impossibilium nulla obligatio“ (zu Unmöglichem gibt es keine Verpflichtung) zu verstoßen. Die Aufbewahrung von unstrukturierten Daten auf Datenträgern bleibt dabei weiterhin möglich, diese Daten müssen aufgrund der eingeschränkten Auslegung nur jederzeit verfügbar sein und unverzüglich lesbar gemacht werden können. Das Erfordernis der maschinellen Auswertbarkeit ist nicht erfüllbar und kann für diese Art von Daten nicht verlangt werden. Nur wenn es sich um strukturierte Daten handelt, sind diese Daten zusätzlich so aufzubewahren, dass ihre maschinelle Auswertbarkeit erhalten bleibt. Alle notwendigen Strukturinformationen müssen daher trotz Archivierung bewahrt bleiben.

---

400 BT-Drucks. 14/3074, S. 129.

401 Drüen, in: Tipke/Kruse, § 146 AO Tz. 57 (April 2007).

402 BT-Drucks. 14/3074, S. 130.

403 BT-Drucks. 14/3074, S. 130.

Hier macht die Auffassung der Finanzverwaltung daher Sinn, wenn sie unter dem Begriff der „maschinellen Auswertbarkeit“ den „wahlfreien Zugriff auf alle gespeicherten Daten einschließlich der Stammdaten und Verknüpfung mit Sortier- und Filterfunktionen“[404] versteht. Die Informationen über die Dateistruktur, die Datenfelder sowie interne und externe Verknüpfungen müssen erhalten bleiben. Daher ist eine Aufbewahrung der strukturierten Daten in Dateiformaten, die diese Strukturen nicht erhalten können, nicht ordnungsgemäß. Insbesondere scheidet daher die Speicherung komplexer Datenbestände in Dateiformaten aus, die lediglich die gesamte Unterlage bildlich wiedergeben können und nicht die einzelnen Informationen und deren Verknüpfungen aufrechterhalten können. Aus diesem Grund ist eine Archivierung auf Mikrofilm (sog. COM-Verfahren)[405] genauso wie grundsätzlich die Archivierung von komplexen Daten im TIF- oder PDF-Format[406] nicht mit dem Gesetz konform, da hier nur eine Wiedergabe des Dokuments gewährleistet ist und sich damit keine entscheidenden Vorteile für eine Außenprüfung gegenüber einem Papierausdruck erzielen lassen.

II. Maschinelle Auswertbarkeit

Fraglich ist, ob der Steuerpflichtige über die abstrakte maschinelle Auswertbarkeit auch dafür sorgen muss, dass die Daten tatsächlich vom Außenprüfer maschinell ausgewertet werden können und wenn ja, wie weit seine Mitwirkungspflichten gehen. Konkret stellt sich die Frage, ob vom Steuerpflichtigen beim unmittelbaren oder mittelbaren Datenzugriff verlangt werden kann, dass er bestimmte Auswertungsmöglichkeiten bereithält oder ob er bei der Datenträgerüberlassung dazu verpflichtet werden kann, die Daten in einem bestimmten Dateiformat zu überlassen, damit sie zu einem vom Außenprüfer eingesetzten Auswertungsprogramm kompatibel sind.

1. Unmittelbarer und mittelbarer Datenzugriff

Das Gesetz selbst konkretisiert die Anforderungen, die an den Umfang der maschinellen Auswertungsmöglichkeiten zu stellen sind, nicht. So lange die Daten noch im Produktivsystem aufbewahrt werden, stellt sich die Sache im Hinblick auf den unmittelbaren und mittelbaren Datenzugriff einfach dar. Denn das Erfordernis der maschinellen Auswertung i. S. der „Hilfsnorm“ des § 147 Abs. 2

---

404 BMF Referat IV D 2 Fragen und Antworten zum Datenzugriffsrecht der Finanzverwaltung (Stand: 23. Januar 2008), abrufbar unter: http://www.bundesfinanzministerium.de, Suchwort: „GDPdU“.

405 So auch OFD Düsseldorf, Verfügung v. 22.2.2002, - S 0316 - 6 - St 421, DB 2002, S. 611.

406 Siehe auch BMF v. 16.7.2001 – IV D 2 – S 0316 – 136/01, BStBl. I 2001, S. 415, 417.

Nr. 2 AO muss durch Auslegung der „Zielnorm“ des § 147 Abs. 6 AO bestimmt werden.[407] Beim unmittelbaren und mittelbaren Datenzugriff wird dabei die Befugnis erteilt, das Datenverarbeitungssystem des Steuerpflichtigen zu nutzen. Das eine Mal ist der Außenprüfer selbst berechtigt, die Daten auf dem System zu prüfen, das andere Mal dient der Steuerpflichtige hinsichtlich der maschinellen Auswertung als verlängerter Arm. Bestimmte Anforderungen an das Datenverarbeitungssystem werden nicht gestellt, so dass sich der Prüfer mit dem begnügen muss, was der Steuerpflichtige für seine eigenen wirtschaftlichen Zwecke bei der Konstruktion seines Datenverarbeitungssystems an Auswertungsmöglichkeiten geschaffen hat. Genügt dem Außenprüfer die Palette der Auswertungsmöglichkeiten, die das Datenverarbeitungssystem des Steuerpflichtigen bereithält, nicht, so kann er nach pflichtgemäßem Ermessen die Datenträgerüberlassung verlangen.

Problematischer ist dagegen die Frage, was gilt, wenn der Steuerpflichtige die Daten in einem Archivsystem ablegt. Eine solche Auslagerung vom Produktivsystem in ein Archivsystem wird aus Performance- und Kostengründen bei mittleren und größeren Anwendungen der Regelfall sein.[408] Da die Aufbewahrungsfrist für Unterlagen i. S. des § 147 Abs. 1 Nr. 1, 4, 4a AO zehn Jahre und die der Unterlagen i. S. des § 147 Abs. 1 Nr. 2, 3, 5 AO sechs Jahre beträgt, stößt ein Produktivsystem schnell an seine Belastungsgrenzen, wenn die wachsende Datenflut nicht extern in einem so genannten Archivsystem ausgelagert wird. Diese alten Datenbestände können aber nicht nach Jahren im Zeitpunkt der Außenprüfung in das laufende Produktivsystem zurückgespielt werden[409], dies scheidet regelmäßig aus folgenden Gründen aus[410]:

- Im Produktivsystem und im Archivsystem sind unterschiedliche Datenstände vorhanden (z. B. Stammdaten durch Umfirmierung oder Fusionierung von Kunden).
- Das Produktivsystem bietet durch Releasewechsel eine andere Systemarchitektur als das Archivsystem.
- Die Leistungsfähigkeit des Produktivsystems wird durch ein Zurückspielen der Archivdaten eingeschränkt oder sogar unmöglich.

Auch „IT-Museen“, die in Unternehmen alte Systeme zur Auswertung der Daten über Jahre lauffähig vorhalten, werden im Sinne einer praxistauglichen und wirt-

---

407 Drüen, in: Tipke/Kruse, § 147 AO Tz. 41a (April 2007); Intemann/Cöster DStR 2004, S. 1981, 1983.

408 Groß/Kampffmeyer/Eller, DStR 2005, S. 1214, 1216.

409 Groß/Kampffmeyer/Eller, DStR 2005, S. 1214, 1216.

410 Vgl. Henn, BBK Fach 27, S. 2275, 2281.

schaftlichen Lösung abgelehnt[411], da sich abgeschaltete Altsysteme unter Umständen später nicht mehr aktivieren lassen (z. B. treten Hardwaredefekte auf oder das Personal mit dem Know-how zu den Altsystemen ist nicht mehr vorhanden) oder es müssten ausschließlich aus steuerlichen Gründen Leasing-, Lizenz- und Wartungsverträge mit den Softwareherstellern für Altsysteme aufrechterhalten werden.[412] Diese Probleme hat die Finanzbehörde erkannt und aus Verhältnismäßigkeitsgesichtspunkten im Falle eines Systemwechsels darauf verzichtet, die ursprüngliche Hard- und Software vorzuhalten. Diese gebotene Einschränkung hat die Finanzverwaltung jedoch unter die Bedingung gestellt, dass die maschinelle Auswertbarkeit durch das neue oder ein anderes System gewährleistet bleibt (sog. Migration).[413] Dieses im BMF-Schreiben niedergelegte Erfordernis wurde im Fragen- und Antwortenkatalog dahingehend präzisiert, dass nach einem Wechsel des Datenverarbeitungssystems die zum neuen System gehörenden Auswertungsprogramme in quantitativer und qualitativer Hinsicht die gleichen Auswertungsmöglichkeiten wie die des alten Datenverarbeitungssystems bieten müssen.[414] Somit können zwar die Probleme, die „IT-Museen" aufwerfen, umgangen werden. Dennoch würden die Unternehmen weiterhin hinsichtlich der Überspielung der Daten in ein laufendes System in vielen Fällen vor schier unlösbare Aufgaben gestellt.[415] Auch hier hat die Finanzverwaltung reagiert und akzeptiert grundsätzlich den Einsatz von Archivsystemen, ohne dass die Daten wieder in das Produktivsystem eingespeist werden müssen. Allerdings ebenso nur unter der Bedingung, dass das Archivsystem in quantitativer und qualitativer Hinsicht die gleichen Auswertungen ermöglicht, als wären die Daten (einschließlich Auswertungstools) noch im Produktivsystem.[416] Die Möglichkeit eines Systemwechsels ohne Vorhaltung des Alt-Systems und die Anerkennung eines auswertbaren Archivs lassen sich dabei grundsätzlich dem Wortlaut des Gesetzes entnehmen. Denn § 147 Abs. 2 Nr. 2 AO fordert nur, dass die Daten maschinell ausgewertet werden können. Dies ist aber bereits gewährleistet, wenn die Daten aufbewahrt werden, ohne dass ihre Struktur verändert wird. Zudem verlangt die Vorschrift lediglich, dass die Daten auf Datenträgern auf-

---

411 Groß/Kampffmeyer/Eller, DStR 2005, S. 1214, 1216; Schmid, Datenzugriff der Finanzverwaltung 2005, S. 97.

412 Henn, BBK Fach 27, S. 2275, 2281.

413 BMF v. 16.7.2001 – IV D 2 – S 0316 – 136/01, BStBl. I 2001, S. 415, 416.

414 Vgl. III.12. der vom BMF im Internet veröffentlichten Fragen und Antworten zum Datenzugriffsrecht der Finanzverwaltung (Stand: 23. Januar 2008), abrufbar unter: http://www.bundesfinanzministerium.de, Suchwort: „GDPdU".

415 So auch Henn, BBK Fach 27, S. 2275, 2281.

416 Vgl. III.11. der vom BMF im Internet veröffentlichten Fragen und Antworten zum Datenzugriffsrecht der Finanzverwaltung (Stand: 23. Januar 2008), abrufbar unter: http://www.bundesfinanzministerium.de, Suchwort: „GDPdU".

bewahrt werden und nicht darüber hinaus, dass die Daten im Produktivsystem vorgehalten werden. Nach der Archivierungsvorschrift des § 147 Abs. 2 Nr. 2 AO reicht damit eine abstrakte Auswertungsmöglichkeit aus. Anders könnte das jedoch mit Blick auf die Zielnorm des § 147 Abs. 6 AO zu beurteilen sein. Wenn diese Befugnisnorm der Finanzverwaltung die Möglichkeit eröffnet, im Rahmen des unmittelbaren bzw. mittelbaren Datenzugriffs das Datenverarbeitungssystem des Steuerpflichtigen zur Prüfung der Daten zu nutzen, dann möglicherweise vor dem Hintergrund der Auswertungsmöglichkeiten des Produktivsystems, damit zur Erreichung der gewünschten Waffengleichheit eine umfassende Datentransparenz hergestellt werden kann. Diesen gewünschten Effekt könnte der Steuerpflichtige umgehen, indem er einen Systemwechsel vornimmt oder die Daten in ein Archivsystem überspielt und er auf diesen Systemen geringere Auswertungsmöglichkeiten bietet. Der Steuerpflichtige könnte damit die Befugnisse der Finanzverwaltung im Zeitpunkt der Außenprüfung beeinflussen, obwohl er selbst bei Erstellung der Daten weit größere Datentransparenz erzielen konnte. Trotzdem verbietet die Befugnisnorm des § 147 Abs. 6 AO vom Wortlaut her weder einen Systemwechsel noch gebietet die Vorschrift bestimmte Auswertungsmöglichkeiten in einem Datenverarbeitungssystem. Die Gesetzesbegründung legt eine solche Annahme ebenfalls nicht nahe. Hiernach gibt der unmittelbare Datenzugriff „das Recht, vor Ort Einsicht in die gespeicherten Daten zu nehmen (Nur-Lese-Berechtigung) und selbst das DV-System zu nutzen, das bedeutet, dass sich die Finanzbehörde bei der Prüfung der gespeicherten Buchführungsdaten der Hard- und Software des Steuerpflichtigen bedienen darf". Beim mittelbaren Datenzugriff darf sie „verlangen, dass er die Daten nach ihren Vorgaben vor Ort in seinem DV-System maschinell auswertet".[417] Hier wird also weder auf bestimmte Auswertungsmöglichkeiten abgestellt noch darauf, dass das Datenverarbeitungssystem den Zustand, den es im Zeitpunkt der Erstellung der Daten hatte, aufweisen muss. Deutlich wird dies insbesondere, wenn man erkennt, dass unter der „Nur-Lese-Berechtigung" lediglich das Lesen, Filtern und Sortieren der Daten gemeint ist.[418] Auch nach dem BMF-Schreiben vom 16.7.2001 umfasst der Nur-Lesezugriff „das Lesen, Filtern und Sortieren der Daten ggfs. unter Nutzung der im Datenverarbeitungssystem vorhandenen Auswertungsmöglichkeiten".[419] Im Zeitpunkt der Außenprüfung muss für den Datenzugriff damit nur gewährleistet sein, dass die Daten auf dem Datenverarbeitungssystem gelesen, gefiltert und sortiert werden können. Zwar soll die Finanzverwaltung auch berechtigt sein, weitere Auswertungsmöglichkeiten, die auf dem System tatsächlich vorhanden sind, zu nutzen, trotzdem ist zur Verwirk-

---

417 BT-Drucks. 14/2683, S. 130.

418 So definiert in der Antwort der Bundesregierung auf Frage acht der Kleinen Anfrage der Abgeordneten Gerhard Schüßler, Rainer Brüderle, Hildebrecht Braun, weiterer Abgeordneter und der Fraktion der F.D.P (BT-Drucks 14/5598), BT-Drucks. 14/5727, S. 4.

419 BMF v. 16.7.2001 – IV D 2 – S 0316 – 136/01, BStBl. I 2001, S. 415.

lichung des unmittelbaren bzw. mittelbaren Datenzugriffs nicht erforderlich, dass der Steuerpflichtige über die Mindestanforderungen[420] des Lesens, Filterns und Sortierens hinaus tatsächlich weitere Auswertungstools auf seinem System zur Verfügung stellt. Die Finanzverwaltung muss sich mit dem im Zeitpunkt der Außenprüfung vorhandenen Datenverarbeitungssystem begnügen.[421] Dabei gehört auch ein Archivsystem zum Datenverarbeitungssystem des Steuerpflichtigen. Wenn aber die Zielnorm des § 147 Abs. 6 AO keine Verpflichtung zur Bereitstellung von bestimmten Auswertungsmöglichkeiten aufstellt, dann können diese Anforderungen auch nicht bei der Hilfsnorm des § 147 Abs. 2 Nr. 2 AO gefordert werden. Der Gesetzgeber hat sich nicht dazu entschlossen, Vorgaben zu normieren, die ein Datenverarbeitungssystem im Zeitpunkt der Außenprüfung leisten muss. Aus diesem Grund hat er drei Datenzugriffsarten geschaffen. Diese Auswahl dient nicht nur dazu, die Eingriffsbelastung in dem konkreten Einzelfall niedrig zu halten, sondern sie gewährleistet der Finanzverwaltung auch den im konkreten Einzelfall geeigneten Zugriff. Wenn aus Sicht der Finanzverwaltung das vorhandene Datenverarbeitungssystem des zu prüfenden Steuerpflichtigen beim unmittelbaren bzw. mittelbaren Datenzugriff nicht ausreichende Datenanalysefunktionen bietet, kann die Finanzverwaltung im Rahmen ihres pflichtgemäßen Ermessens die Datenträgerüberlassung verlangen. Dann kann sie ihre eigene Analysesoftware verwenden und die Daten mit ihren Auswertungstools analysieren. Die Anforderungen, die der Frage- und Antwortkatalog an die Archivierung stellt, sind folglich überdehnt. Sie lassen sich dem Gesetz nicht entnehmen. Weder ein neues System noch ein Archivsystem muss in quantitativer und qualitativer Hinsicht die gleichen Auswertungen ermöglichen, als wären die Daten (einschließlich Auswertungstools) noch im Produktivsystem.[422] Sofern die Daten auf einem Datenträger aufbewahrt werden, reicht eine Archivierung dergestalt, dass auf dem Datenverarbeitungssystem sichergestellt ist, dass der Außenprüfer die Daten lesen, filtern und sortieren kann.

Dabei ist auch nicht zu befürchten, dass der unmittelbare bzw. mittelbare Datenzugriff in der Praxis nicht mehr zu realisieren sein wird. Denn auch wenn es keine Verpflichtung gibt, Analysewerkzeuge bereitzuhalten, ist das nicht gleichbedeutend mit dem grundsätzlichen Verzicht auf Auswertungstools. Ein Archivsystem, das nur für die Erfüllung der Datenzugriffsverpflichtung mit geringen Auswertungsmöglichkeiten in einem Unternehmen installiert wäre, wäre eher unwirtschaftlich. Vielmehr machen sie aus Sicht eines Unternehmers nur dann Sinn, wenn man sie auch zur Speicherung aller anderen Daten einsetzt. Dann liegt es aber bereits schon im Interesse des Unternehmers Auswertungsmöglich-

420 Auch Hantzsch, Hefte zur Internationalen Besteuerung (138), S. 15 sieht die Lesbarmachung, das Filtern und Sortieren von Daten als ausreichenden Mindeststandard an.
421 So im Ergebnis auch Intemann, NWB Fach 17, S. 2007, 2015.
422 Vgl. auch Panek, Die steuerliche Außenprüfung, S. 198.

keiten zu schaffen. Zudem kann der unmittelbare oder mittelbare Datenzugriff auch Vorteile bringen. Der Außenprüfer ist zur Prüfung dann an das Unternehmen gebunden, was die Kommunikation zwischen Prüfer und Geprüften erleichtert und so zu einem besseren Prüfungsklima führen kann. Zum anderen kann der Steuerpflichtige die Prüfung für sich transparenter gestalten, indem er durch das System die Zugriffe des Außenprüfers protokollieren lässt, so dass die Prüfungsschritte nachvollzogen werden können. Schließlich kann er mit großzügigen Auswertungsmöglichkeiten möglicherweise die Datenträgerüberlassung umgehen, bei dem er die Unternehmensdaten aus der Hand geben muss. In der Literatur wird daher ein universelles Auswertungsprogramm empfohlen, das quasi auf das Archivsystem aufgesetzt wird. Das Archivsystem dient nur der Datenbereitstellung, die eigentliche Auswertungslogik wird durch ein unabhängiges, dem Archivsystem übergeordnetes Datenverarbeitungssystem gewährleistet. Die Idee des universellen Auswertungsprogramms entspringt noch dem Ziel, den hohen Anforderungen des Fragen- und Antwortkatalogs an die Auswertungsmöglichkeiten zu genügen. Deswegen wurde vielfach proklamiert, das universelle Auswertungsprogramm sollte mindestens „IDEA-Funktionalität" haben, d. h. es sollte die Auswertungsmöglichkeiten bieten, die die Prüfsoftware der Finanzverwaltung bei der Datenträgerüberlassung bietet.[423] Auch wenn das wie bereits gezeigt nicht erforderlich ist, bietet die „IDEA-Funktionalität" den Vorteil, dass das Unternehmen selbst bei Datenträgerüberlassung die Außenprüfung mit den Möglichkeiten der Finanzverwaltung vorbereiten oder nachvollziehen kann, da es in der Lage ist, die Daten vorab bzw. im Zuge der Nachbereitung eigenständig zu analysieren. Zudem dürfte es für die Finanzverwaltung dann selbst in den seltenen Fällen, in denen eine Rückspielung der Daten ins Produktivsystem grundsätzlich technisch möglich wäre, nicht von Interesse sein, diese immer mit einem Risiko verbundene Wiedereinspeisung zu verlangen. Zumindest wäre ein solches Verlangen im konkreten Einzelfall nicht selten aufgrund der potentiellen Gefahr für das laufende System unverhältnismäßig, wenn ein Archivsystem inklusive Auswertungsprogramm mit „IDEA-Funktionalität" existiert.

2. Datenträgerüberlassung

Im Hinblick auf die Datenträgerüberlassung stellen sich im Rahmen der Archivierung die Fragen nach den Auswertungsmöglichkeiten auf dem Datenverarbeitungssystem des Steuerpflichtigen nicht. Denn hier benutzt der Außenprüfer lediglich die Daten des Steuerpflichtigen, aber nicht sein Datenverarbeitungssystem. Die Daten werden vielmehr mit der eigenen Analysesoftware und der eigenen Hardware der Finanzverwaltung ausgewertet. In diesem Zusammenhang

423 Groß, DStR 2002, S. 1121, 1124; Groß/Kampffmeyer/Matheis, K&R 2004, S. 112, 114.

stellt sich die Frage, ob die Archivierung in einem bestimmten Dateiformat erfolgen muss, das von dem Analyseprogramm der Finanzverwaltung gelesen werden kann. Nach dem Frage- und Antwortkatalog kann die Prüfsoftware „IDEA“ folgende Dateiformate problemlos lesen:[424]

- ASCII feste Länge
- ASCII Delimited (einschließlich kommagetrennter Werte)
- EBCDIC feste Länge
- EBCDIC Dateien mit variabler Länge
- EXCEL (auch ältere Versionen)
- Access (auch ältere Versionen)
- dBASE
- Lotus 123
- ASCII-Druckdateien (plus Info für Struktur und Datenelemente etc.)
- Dateien von SAP/AIS
- Konvertierungen von AS/400 Datensatzbeschreibungen (FDF-Dateien erstellt von PC Support/400) in RDE-Datensatzbeschreibungen

Bei der Beantwortung der aufgeworfenen Frage ist wieder von § 147 Abs. 2 Nr. 2 AO auszugehen, der aber grundsätzlich nur die abstrakte maschinelle Auswertbarkeit fordert. Deswegen ist auch hier die Zielnorm des § 147 Abs. 6 AO zu betrachten. Die dort normierte Datenträgerüberlassung bezweckt, dass die Finanzverwaltung mit der eigenen Hard- und Software die Datenanalyse betreiben kann. Dies ist aber nur dann möglich, wenn die Daten durch die eingesetzte Hard- und Software eingelesen werden können. Werden die Daten daher nicht in einem kompatiblen Format übergeben, dann kann dieser Gesetzeszweck nicht verwirklicht werden. Trotzdem wirkt sich das noch nicht bei der Archivierung der Daten aus. Hier bleibt der Steuerpflichtige weiterhin frei, welche Hard- und Software er einsetzt, folglich ist er auch nicht an ein bestimmtes Dateiformat gebunden. Erst wenn die Finanzverwaltung tatsächlich im konkreten Prüfungsfall die Datenträgerüberlassung wählt, sind die Daten gegebenenfalls in ein vom eingesetzten Analyseprogramm lesbares Dateiformat zu konvertieren. Zwar wird diese Verpflichtung unter Berufung auf die fehlende gesetzliche Reglung zum Teil abgelehnt.[425] Die Befugnis zu diesem Verlangen folgt jedoch aus dem Sinn und Zweck der Datenträgerüberlassung und wird flankiert durch die Unterstützungspflicht des § 200 Abs. 1 S. 2 AO sowie durch § 147 Abs. 6 S. 3 AO, wonach der Steuerpflichtige die Kosten des Datenzugriffs trägt. Nach der Gesetzesbegründung entspricht die Regelung zur Kostentragung der Vorschrift des

---

424 Vgl. II.2. der vom BMF im Internet veröffentlichten Fragen und Antworten zum Datenzugriffsrecht der Finanzverwaltung (Stand 23. Januar 2008), abrufbar unter http://www .bundesfinanzministerium.de, Suchwort: „GDPdU“.

425 Schmitz, StBp 2002, S. 221, 223.

§ 147 Abs. 5 AO. Hiernach muss der Steuerpflichtige auf Verlangen der Finanzbehörde auf seine Kosten die Unterlagen unverzüglich ganz oder teilweise ausdrucken oder ohne Hilfsmittel lesbare Reproduktionen beibringen.[426] Damit reicht zwar eine Archivierung aus, die lediglich die abstrakte maschinelle Auswertung gewährleistet, doch im Zeitpunkt der Wahl der Datenträgerüberlassung hat der Steuerpflichtige auf seine Kosten unverzüglich dafür zu sorgen, dass die Daten auf dem System der Finanzverwaltung gelesen und ausgewertet werden können, d. h. er hat die Daten gegebenenfalls in ein vom Analyseprogramm lesbares Format verlustfrei zu konvertieren. Eine verlustbehaftete Konvertierung, d. h. eine Konvertierung bei der dem Zielformat die Möglichkeit fehlt, alle Informationen des Quellformates darzustellen bzw. eine verlustbehaftete Datenkompression, scheidet dagegen aus, da hier regelmäßig aufgrund des Datenverlustes auch ein wesentlicher Informationsverlust hingenommen werden müsste.

Da eine verlustfreie Konvertierung, bei der keine Daten verloren gehen, grundsätzlich nur bei zwei kompatiblen Dateiformaten realisiert werden kann, ist in den anderen Fällen zumindest eine sinnhafte Konvertierung vorzunehmen. Bei dieser Konvertierungsart werden Daten "dem Sinne nach" konvertiert, also unter Beibehaltung des als wesentlich betrachteten Inhaltes. Das Urteil über die Sinnhaftigkeit bei dieser Konvertierung hätte dabei grundsätzlich ein Mensch zu treffen. Die Finanzverwaltung hat allerdings in Zusammenarbeit mit Herstellern von Entgeltabrechnungs-, Finanzbuchhaltungs- und Archivierungssystemen sowie dem deutschen Vertrieb der bundeseinheitlichen Prüfsoftware „IDEA“ eine einheitliche technische Bereitstellungshilfe zur Format- und Inhaltsbeschreibung der steuerlichen Daten entwickelt, die eine problemlose Datenübergabe bei angeforderter Datenträgerüberlassung gewährleisten soll.[427] Dieser XML-basierte Beschreibungsstandard definiert die Datenimport-Schnittstelle zur automatisierten Übernahme steuerlich relevanter Daten einschließlich der zur maschinellen Auswertung erforderlichen Verknüpfungen.[428] Durch die Importschnittstelle SmartX können die beschreibungsstandardkonformen Daten direkt nach IDEA importiert werden. Viele Softwarefirmen (u. a. DATEV) unterstützen mittlerweile diesen Beschreibungsstandard[429] oder es werden Exportkomponenten von anderen Herstellern (etwa die „AIS TDS SAPconnect“ zur Extraktion steuerlich relevanter Daten aus SAP-Systemen) entwickelt, so dass die Finanzverwaltung den Unternehmen durch die Veröffentlichung des Beschreibungsstandards ein

---

426 BT-Drucks. 14/2683, S. 130.

427 BMF, Informationen zum „Beschreibungsstandard für die Datenträgerüberlassung“, steht unter http://www.bundesfinanzministerium.de, Suchwort: „GDPdU“ zum Download.

428 Der Download des Beschreibungsstandards ist möglich unter: http://www.audicon.net/services/gdpdu/beschreibungsstandard/index.php.

429 Vgl. nur die Liste der Softwarefirmen unter http://www.audicon.net/partner/gdpdu-partner/a-z/index.php.

ausreichendes Hilfsmittel zur Erfüllung ihrer Verpflichtung bei der Datenträgerüberlassung an die Hand gegeben hat. Da der Steuerpflichtige die Kosten zu tragen hat, die zur Konvertierung in ein geeignetes Format erforderlich sind, ist den Betroffenen zu raten, sich mit ihrem Softwarehersteller oder mit externen Softwareberatern über die Möglichkeiten frühzeitig zu verständigen, die das eigene Datenverarbeitungssystem mit der Datenträgerüberlassung vereinbar machen. Nur in seltenen Einzelfällen wird über den Grundsatz der Verhältnismäßigkeit das Verlangen der Datenträgerüberlassung als pflichtgemäße Ermessensentscheidung ausscheiden, wenn durch eine eventuell notwendige Konvertierung der Daten erhebliche Kosten entstehen. Denn im Rahmen der notwendigen Abwägung ist auch zu berücksichtigen, ob der Steuerpflichtige diese Kosten nicht durch eine rechtzeitiges Engagement hätte reduzieren können. Allerdings darf das nicht darüber hinwegtäuschen, dass der Beschreibungsstandard nicht gesetzlich vorgeschrieben ist, sondern lediglich eine Empfehlung der Finanzverwaltung darstellt.[430]

Auf der anderen Seite ist der Steuerpflichtige, der eine Datenextraktion nach dem empfohlenen Beschreibungsstandard in sein Datenverarbeitungssystem implementiert, davor geschützt, dass die Finanzverwaltung in der Aufbewahrungszeit durch den Wechsel der Analysesoftware neue Anforderungen bei der Datenträgerüberlassung stellt. Zwar wird man die vom BMF veröffentlichten „Informationen zum Beschreibungsstandard für die Datenträgerüberlassung" tatsächlich der Rechtsnatur nach nur als bloße Information bzw. bestenfalls als Empfehlung einordnen können, so dass sie mangels unmittelbarer Verbindlichkeit keine verbindliche Selbstverpflichtung enthalten.[431] In dem bloßen Wecken von Erwartungen kann aber selbst dann keine verbindliche Selbstverpflichtung gesehen werden, wenn dadurch ein berechtigtes Vertrauen geschaffen worden ist.[432] Allerdings wird die Finanzverwaltung nach Treu und Glauben das Vertrauensschutzinteresse bei der Wahl der Datenträgerüberlassung berücksichtigen müssen. Hat der Steuerpflichtige seine Daten bereits unter Berücksichtigung des Beschreibungsstandard archiviert, wird die Finanzverwaltung sich mit diesen Daten begnügen müssen und selbst dafür sorgen müssen, dass sie diese Daten noch mit Hilfe der neuen Software auswerten kann. Für die Zukunft ist die Finanzverwaltung dagegen nicht gehindert, neue Anforderungen an die Datenträgerüberlassung zu stellen, da hier noch kein berechtigtes Vertrauen geschaffen wurde.

---

430 Schmid, Datenzugriff der Finanzverwaltung 2005, S. 70.

431 Vgl. allgemein zu Empfehlungen und Informationen Kopp/Ramsauer[10], § 35 VwVfG Tz. 50.

432 So zur Abgrenzung von den Zusicherungen zu den Auskünften, Hinweisen u. ä. Kopp/Ramsauer[10], § 38 VwVfG Tz. 11.

III. Inhouse-Formate

So genannte Inhouse-Formate, auch haus- bzw. unternehmensinterne Formate genannt, sind notwendig, wenn das eigene Datenverarbeitungssystem das Datenformat eines anderen Unternehmers nicht weiterverarbeiten kann. Dann muss das fremde Dateiformat erst in ein verarbeitbares Format - das Inhouse-Format - konvertiert werden. Oftmals werden dabei auch so genannte Zwischenformate benutzt. Das heißt, zum Zwecke des Datenaustausches einigen sich die Firmen auf ein Zwischenformat, die Daten werden dann zum Datenversand in dieses Zwischenformat konvertiert, in diesem Zwischenformat ausgetauscht und schließlich beim Empfänger in sein Inhouse-Format konvertiert. Solche Zwischenformate kommen nicht nur beim Datenaustausch zwischen verschiedenen Unternehmern vor, sondern sie können auch bei der Kommunikation innerhalb der in einem Unternehmen eingesetzten Systeme zum Einsatz kommen, die mit verschiedenen Dateiformaten arbeiten (hausinterne Zwischenformate). Nach Auffassung der Finanzverwaltung[433] ist hinsichtlich der Archivierung zwischen den während des Verarbeitungsprozess vom Buchführungssystem erzeugten Dateien und den konvertierten aufbewahrungspflichtigen Unterlagen zu differenzieren.

Nicht aufbewahrungspflichtig sind die während der maschinellen Verarbeitung durch das Buchführungssystem erzeugten Dateien, sofern diese ausschließlich einer temporären Zwischenspeicherung von Verarbeitungsergebnissen dienen und deren Inhalte im Laufe des weiteren Verarbeitungsprozesses vollständig Eingang in die Buchführungsdaten finden. Voraussetzung ist jedoch, dass bei der weiteren Verarbeitung keinerlei Verdichtung steuerlich relevanter Daten vorgenommen wird. Dieser Einschränkung kann mit *Intemann/Cöster*[434] nicht bedingungslos zugestimmt werden. Die Verpflichtung zur Archivierung von Daten kann erst dann eingreifen, wenn aus diesen Daten eine aufbewahrungspflichtige Unterlage im Sinne des § 147 Abs. 1 AO mit dem Datenverarbeitungssystem vollständig erzeugt worden ist. Solange die Daten also noch nicht Teil dieser Unterlage sind, können sie auf dem Weg zu dieser Unterlage auch noch verdichtet werden. Erst wenn der Prozess der Erzeugung abgeschlossen ist, dürfen die Daten nicht weiter verdichtet werden, damit Informationen dieser Unterlage nicht verloren gehen.

Bei der Konvertierung aufbewahrungspflichtiger Unterlagen in ein unternehmenseigenes Format verlangt die Finanzverwaltung, dass sowohl das Original-

---

433 Vgl. III.6. der vom BMF im Internet veröffentlichten Fragen und Antworten zum Datenzugriffsrecht der Finanzverwaltung (Stand 23. Januar 2008), abrufbar unter http://www.bundesfinanzministerium.de, Suchwort: „GDPdU“.

434 Intemann/Cöster, DStR 2004, S. 1981, 1983.

format als auch die konvertierte Version zu archivieren sind.[435] Dies macht Sinn, denn grundsätzlich ist die unkonvertierte Originalunterlage aufzubewahren, aber die maschinelle Auswertbarkeit im Rahmen des unmittelbaren oder mittelbaren Datenzugriffs kann nur gewährleistet sein, wenn auch die in das unternehmenseigene Format konvertierte Unterlage aufbewahrt wird, denn nur dieses Format kann meist von dem Datenverarbeitungssystem des Steuerpflichtigen verarbeitet werden.

IV. Verhältnis zu den GoBS

Bei der Untersuchung der Ansprüche, die an die Archivierung der Daten zu stellen sind, wurde bisher nur von den Besonderheiten ausgegangen, die durch die Einführung des Datenzugriffs neu aufgeworfen werden. Dies soll den Blick nicht darauf verklären, dass die Grundsätze ordnungsmäßiger DV-gestützter Buchführungssysteme (GoBS)[436] auch auf Daten, die dem Datenzugriff unterliegen, weiterhin anwendbar bleiben. Die GoBS dienen der Konkretisierung der in § 146 Abs. 5 S. 1 2. HS AO geforderten Übereinstimmung der DV-gestützten Buchführung mit den Grundsätzen ordnungsmäßiger Buchführung (GoB).[437] Im Rahmen dieser Zielvorgabe präzisieren sie die GoB und beschreiben die Maßnahmen, die der Buchführungspflichtige sicherstellen muss, damit die Buchungen und sonst erforderlichen Aufzeichnungen als vollständig, richtig, zeitgerecht und geordnet vorgenommen gelten.[438] Die GoB sind nicht nur bei der Gewinnermittlung nach § 5 Abs. 1 EStG anzuwenden, sondern gelten auch bei § 4 Abs. 1 EStG. Dabei kann zumindest bei der Betrachtung der Archivierungspflichten dahingestellt bleiben, ob diese Gleichstellung Folge eines allgemeinen Bilanzierungsgrundsatzes[439] ist oder ob erst § 145 AO[440] diesen Gleichklang erzeugt. Während sich die GoB aus kodifizierten Rechtsnormen[441], Gewohnheitsrecht,

---

435 Vgl. III.6. der vom BMF im Internet veröffentlichten Fragen und Antworten zum Datenzugriffsrecht der Finanzverwaltung (Stand 23. Januar 2008), abrufbar unter http://www.bundesfinanzministerium.de, Suchwort: „GDPdU".

436 BMF-Schreiben vom 7. 11.1995 – IV A 8 – S 0316 – 52/95, BStBl. I 1995, S. 738.

437 Drüen, in: Tipke/Kruse, § 145 AO Tz. 32 (April 2007).

438 BMF-Schreiben vom 7. 11.1995 – IV A 8 – S 0316 – 52/95, BStBl. I 1995, S. 738, Tz. 1.1.

439 So BFH, Urteil v. 6.12.1983, VIII R 110/79, BStBl. II 1984, 227,229; BFH, Urteil v. 27.11.1997, IV R 95/96, BStBl. II 1998, 375, 376.

440 Hierauf stellt Drüen, in: Tipke/Kruse, § 145 AO Tz. 5 (April 2007) ab.

441 Beispiele aus dem HGB: § 243 Abs. 2 (Grundsatz der Klarheit und Übersichtlichkeit), § 246 Abs. 1 (Grundsatz der Vollständigkeit), § 252 Abs. 1 Nr.1 (Grundsatz der Bilanzkontinuität), §§ 242 Abs.1 u. 2, 252 Abs. 1 Nr. 5 (Stichtagsprinzip), § 252 Abs. 1 Nr. 2 (Going-Concern-Prinzip), § 252 Abs. 1 Nr. 3 (Grundsatz der Einzelbewertung), § 252 Abs. 1 Nr. 4 1. HS (Imparitätsprinzip), § 252 Abs. 1 Nr. 4 2. HS (Realisationsprinzip), § 253 Abs. 2 u. 3 (Niederstwertprinzip); aus der AO: § 145 ff. AO).

Handelsbräuchen, Verkehrsanschauungen oder aus der Natur der Sache rekrutieren[442], handelt es sich bei den GoBS um eine reine Verwaltungsanweisung[443]. Daraus folgt, dass die GoB alleiniger Maßstab für die Ordnungsmäßigkeit auch der EDV-Buchführung sind.[444] Als Verwaltungsanweisung kommt den GoBS keine unmittelbare Außenwirkung zu, sondern sie binden nur die Finanzverwaltung, was aber dazu führt, dass sie die Beachtung der GoBS zu überprüfen hat. Da die GoBS aber in Zusammenarbeit mit der Arbeitsgemeinschaft für wirtschaftliche Verwaltung e. V. (AWV) entwickelt wurden und allgemein in der Praxis anerkannt sind, wird man davon ausgehen können, dass die Nichtbeachtung der GoBS einem Verstoß gegen die GoB gleichkommt, so dass die Buchführung nicht ordnungsgemäß ist. Ausnahmen können jedoch bestehen, wenn die GoBS im konkreten Einzelfall die GoB nicht präzisieren, sondern die GoB übersteigende Anforderungen aufstellen, obwohl die Einhaltung der GoB auf andere Art und Weise sichergestellt wurde.[445]

Im Zusammenhang mit der Archivierung von Daten ist im Hinblick auf die GoBS insbesondere auf das Erfordernis der Datensicherheit hinzuweisen. Hiernach sind buchhalterisch relevante Informationen zumindest für die Dauer der Aufbewahrungsfrist gegen Verlust zu sichern und vor unberechtigten Veränderungen zu schützen.[446] Diese bereits aus dem Zweck einer Archivierung folgenden Erfordernisse müssen gewährleistet sein, um die Ordnungsmäßigkeit herzustellen. Bedeutsam scheint, dass die Regelungen zum Datenzugriff keineswegs den GoBS vorgehen. Denn soweit die GoBS die GoB lediglich präzisieren, würde das ja bedeuten, dass der Steuerpflichtige in einem Kollisionsfalle gegen die Grundsätze ordnungsmäßiger Buchführung verstoßen müsste und damit gegen § 146 Abs. 5 S. 1 2. HS AO. Die Finanzverwaltung scheint dies aber – zumindest im folgenden Fall - anzunehmen, in ihrem Fragen- und Antwortkatalog führt sie aus:

> „Nach den „GDPdU“ darf bei einem Systemwechsel nur dann von der Aufbewahrung bislang verwendeter Hard- und Software abgesehen werden, wenn die maschinelle Auswertbarkeit der Daten durch das neue System gewährleistet ist. Dazu ist im

---

442 Ausführlich zur Rechtsnatur Kruse, Grundsätze ordnungsmäßiger Buchführung, S. 27 ff. sowie zusammenfassend Drüen, in: Tipke/Kruse, § 145 AO Tz. 6 ff. (April 2007).

443 Mösbauer, in: Koch/Scholtz[5], § 146 AO Tz. 28, allerdings beruhen die GoBS auf einer Empfehlung des AWV-Arbeitskreises „Auslegung der GoB beim Einsatz moderner Organisationstechnologien“, auch die Praxis hat allgemeine Grundsätze ordnungsmäßiger Datenverarbeitung entwickelt, vgl. insbesondere Schuppenhauer, GoDV-Handbuch; zusammenfassend Drüen, in: Tipke/Kruse, § 145 AO Tz. 32 ff. (April 2007).

444 Drüen, in: Tipke/Kruse, § 145 AO Tz. 35 (April 2007).

445 Vgl. Drüen, in: Tipke/Kruse, § 145 AO Tz. 35 (April 2007).

446 Vgl. Tz. 5 der GoBS in der Anlage zum BMF-Schreiben vom 7. Nov. 1995 – IV A 8 – S 0316 – 52/95, BStBl. I 1995, S. 738.

Regelfall jedoch eine Datenkonvertierung (Migration) nötig, die wiederum der in den „GoBS" verlangten Unveränderbarkeit der gespeicherten Daten widerspricht.

Bei der Datenkonvertierung zwecks Sicherstellung der maschinellen Auswertbarkeit durch das - neu angeschaffte - System gehen die Regelungen zum Datenzugriff vor. Voraussetzung ist jedoch, dass ausschließlich das Format der Daten umgesetzt, nicht aber eine inhaltliche Änderung der Daten vorgenommen wurde. Beispielhaft seien an dieser Stelle die Umsetzung des Datums- und Währungsformats genannt."[447]

Ein Vorrang der Datenzugriffsregelung ist aber gerade nicht gegeben, insbesondere besteht kein Vorrangverhältnis der „GDPdU", denn die Grundsätze zum Datenzugriff und zur Prüfung digitaler Unterlagen[448] stellen lediglich – wie auch die GoBS - eine Verwaltungsanweisung dar. Da die GoBS aber nur die GoB konkretisieren, käme es bei einer Vorrangstellung dazu, dass eine Verwaltungsanweisung die gesetzliche Regelung des § 146 Abs. 5 S. 1 2. HS AO aushebeln würde, was gegen das aus dem Rechtsstaatsprinzip hergeleitete Prinzip vom Vorrang des Gesetzes verstoßen würde. Bei Lichte betrachtet stellt sich die von der Finanzverwaltung problematisierte Fragestellung auch gar nicht als Kollisionsfall dar. Denn auch die Regelungen zum Datenzugriff erlauben nicht etwa eine Veränderung der gespeicherten Daten in dem Sinne, dass der Informationsgehalt verändert wird. Eine Konvertierung bei der buchungsrelevante Informationen verloren gehen, wäre nämlich gerade nicht zulässig. Etwas anderes verlangen die GoBS als Präzisierung der GoB auch nicht. Das Gebot der Unveränderbarkeit ist ein in § 146 Abs. 4 AO normierter Grundsatz ordnungsmäßiger Buchführung, der verbietet, dass eine Buchung oder sonst erforderliche Aufzeichnung durch Radieren, Durchstreichen, Überkleben oder ähnlicher Weise verändert wird, so dass deren ursprünglicher Inhalt nicht mehr festgestellt werden kann. Die GoBS konkretisieren diesen Grundsatz für eine DV-gestützte Buchführung dahin, dass durch Kontrollen sicherzustellen ist, dass alle Geschäftsvorfälle vollständig erfasst werden und nach erfolgter Buchung nicht unbefugt (d. h. nicht ohne Zugriffsschutzverfahren) und nicht ohne Nachweis des vorausgegangenen Zustandes verändert werden können.[449] Damit sind die Regelungen über den Datenzugriff, die GoB und die GoBS im Einklang. Eine Veränderung, die Informationen eines Geschäftsvorfalls beseitigt oder verfälscht, ist nicht erlaubt. Ist aber insbesondere eine Konvertierung der Daten aus technischen Gründen notwendig, dann ist diese Konvertierung zulässig, wenn der Informationsgehalt erhalten bleibt.

---

447 Vgl. III.7. der vom BMF im Internet veröffentlichten Fragen und Antworten zum Datenzugriffsrecht der Finanzverwaltung (Stand: 23. Januar 2008), abrufbar unter http://www.bundesfinanzministerium.de, Suchwort: „GDPdU".

448 BMF v. 16.7.2001 – IV D 2 – S 0316 – 136/01, BStBl. I 2001, S. 415.

449 Vgl. Tz. 3.1 der GoBS in der Anlage zum BMF-Schreiben vom 7. Nov. 1995 – IV A 8 – S 0316 – 52/95, BStBl. I 1995, S. 738.

Für Unterlagen i. S. des § 147 Abs. 1 AO, die auf Datenträgern geführt werden, aber nicht dem Datenzugriff unterliegen, sind alleine die GoBS maßgebend. Auch wenn für sie die strengeren Datenzugriffsregeln nicht gelten, können diese Unterlagen wichtige Informationen für eine Außenprüfung bereithalten, so dass eine ordnungsgemäße Archivierung i. S. der GoBS weiterhin erforderlich ist.[450]

V. Ort der Archivierung

Bei Einführung des Datenzugriffs durch das Steuersenkungsgesetz bestimmte § 146 Abs. 2 S. 1 AO noch ausnahmslos, dass Bücher und die sonst erforderlichen Aufzeichnungen im Geltungsbereich der Abgabenordnung zu führen und aufzubewahren sind. Die Vorschrift sollte sicherstellen, dass die Bücher und Aufzeichnungen für die Finanzverwaltung jederzeit erreichbar sind.[451] Damit war eine vollständige Verlagerung der Buchführung ins Ausland ausgeschlossen. Einzig die Übermittlung von im Inland erfassten Daten ins Ausland, um dort lediglich die Datenverarbeitung vorzunehmen, sollte möglich sein.[452] Im Zuge der weltweiten Verflechtung von Unternehmen wurde der Ruf jedoch immer lauter, deutschen Tochterunternehmen ausländischer Konzerne die Verlagerung von Buchführungs- und Aufzeichnungsarbeiten in die Konzernzentralen oder zentralisierte Buchführungsstellen zu gestatten. Darüber hinaus hatten viele Unternehmen ein großes Interesse daran, die Kosten der Buchführungs- und Aufzeichnungsarbeiten zu reduzieren und diese Arbeiten deshalb im Ausland durchführen zu lassen.[453] Durch das Jahressteuergesetz 2009[454] wurde daher die Möglichkeit einer Verlagerung der Buchführung ins Ausland ins Gesetz aufgenommen. Aus diesem Grund wurde ein neuer Absatz 2a in § 146 AO eingefügt, der der Finanzbehörde abweichend von § 146 Abs. 2 S. 1 AO erlaubt, die Führung und Aufbewahrung von Büchern und Aufzeichnungen im Ausland zu bewilligen. Die Bewilligung ist ein Verwaltungsakt, die Versagung kann daher mit dem Einspruch angefochten werden. Der Umfang der Verlagerung ist dabei sachlich beschränkt, denn nur elektronische Bücher und Aufzeichnungen und nicht die Papierbuchführung dürfen im Ausland geführt und aufbewahrt werden. Diese Beschränkung ist zwar vom Bundesrat kritisiert worden, der anregte, dass

---

450 In diesem Sinne auch das BMF vgl. III.8. der vom BMF im Internet veröffentlichten Fragen und Antworten zum Datenzugriffsrecht der Finanzverwaltung (Stand: 23. Januar 2008), abrufbar unter http://www.bundesfinanzministerium.de Suchwort: „GDPdU".

451 BT-Drucks. 6/1982, S. 126.

452 Vgl. Drüen, in: Tipke/Kruse, § 146 AO Tz. 98 (April 2007); OFD Münster, Schreiben v. 26.1.1998, - S 0030-1/44 St 312, BB 1998, S. 741 allerdings nur als Erleichterung nach § 148 AO.

453 BT-Drucks. 16/10189, S. 80.

454 BGBl. I 2008, S. 2794.

eine vorübergehende Verlagerung der Papierbuchführung zugelassen wird[455], aber letztlich ist doch die restriktive Fassung Gesetz geworden.

Die Regelung ist dabei unnötig kompliziert geworden und lässt sich im Grundsatz darauf reduzieren, dass die Finanzverwaltung eine Ausnahme von § 146 Abs. 2 S. 1 AO bewilligen kann, wenn die Besteuerung nicht beeinträchtigt wird. Hinsichtlich des Ortes an den die elektronische Buchführung verlagert werden darf, hat sich der Gesetzgeber dabei aber letztlich für ein Stufenmodell entschieden. Das Ermessen, das der Gesetzgeber der Finanzverwaltung durch die Koppelungsvorschrift eingeräumt hat, ist je nachdem, wohin die Buchführung verlagert werden soll, intendiert. Die Norm erschließt sich schneller, wenn man die angewandte Gesetzestechnik umkehrt. Anders formuliert, kann die Finanzbehörde die Verlagerung der elektronischen Buchführung ins (gesamte!) Ausland bewilligen, wenn die Besteuerung dadurch nicht beeinträchtigt wird, insbesondere muss der Steuerpflichtige zwingend

1. seinen sich aus den §§ 90, 93, 97, 140 bis 147 AO und § 200 Abs. 1 und 2 AO ergebenden Pflichten ordnungsgemäß nachgekommen sein und
2. den Datenzugriff nach § 147 Abs. 6 AO in vollem Umfang ermöglichen.

Eine Beeinträchtigung der Besteuerung scheidet dabei regelmäßig aus, wenn die Verlagerung in einen Mitgliedstaat der Europäischen Union oder in einen Staat des Europäischen Wirtschaftsraums, mit dem eine Amtshilfevereinbarung besteht, das mit denen in der Europäischen Union vergleichbar ist, erfolgt und neben den vorgenannten zwingenden auch folgende Voraussetzungen vorliegen:

a) Der Steuerpflichtige muss die Zustimmung zur Durchführung eines Zugriffs auf elektronische Bücher und sonstige erforderliche elektronische Aufzeichnungen der zuständigen Stelle des Staates, in den die elektronischen Bücher und Aufzeichnungen verlagert werden sollen, vorlegen,
b) der Steuerpflichtige muss der zuständigen Finanzbehörde den Standort des Datenverarbeitungssystems und bei Beauftragung eines Dritten dessen Namen und Anschrift mitteilen.

Der Unterschied zwischen der Verlagerung der elektronischen Buchführung in Staaten der Europäischen Union oder des Europäischen Wirtschaftsraums zur Verlagerung ins übrige Ausland liegt somit darin, dass der Gesetzgeber der Finanzverwaltung Ermessensdirektiven an die Hand gegeben hat, die es der Finanzverwaltung nur in Ausnahmefällen ermöglicht, die Bewilligung zu versagen, wenn die gesetzlichen Zustimmungsvoraussetzungen vollständig befolgt werden. Auf der anderen Seite zeigt der Gesetzgeber deutlich, dass er bei einer im Ausland geführten und aufbewahrten elektronischen Buchführung grundsätzlich von einer Beeinträchtigung der Besteuerung ausgeht, wenn die Vorausset-

455 BR-Drucks. 545/1/08, S. 100.

zungen der Nummern 3 und 4 des § 146 Abs. 2a S. 3 AO nicht vorliegen. Folglich muss der Steuerpflichtige hinsichtlich seiner Mitwirkungspflichten aus den §§ 90, 93, 97, 140-147 und 200 AO bisher immer zuverlässig gewesen sein und er muss den Datenzugriff uneingeschränkt ermöglichen, weil ansonsten das Ermessen in die entgegengesetzte Richtung intendiert ist und die Bewilligung zu versagen ist.

Auch wenn die Buchführung im übrigen Ausland (d. h. nicht in Staaten der Europäischen Union oder des Europäischen Wirtschaftsraums mit Amtshilfeabkommen im Sinne des § 146 Abs. 2a S. 2 AO) geführt und aufbewahrt werden soll, keine Zustimmung des Verlagerungsstaats nach § 146 Abs. 2a S. 2 Nr. 1 AO vorgelegt werden kann und/oder der Verlagerungsort nach § 146 Abs. 2a S. 3 Nr. 2 AO nicht mitgeteilt wird, ist eine Bewilligung gem. § 146 Abs. 2a S. 5 AO möglich, wobei die Finanzbehörde hier ohne Ermessensdirektiven im Einzelfall zu entscheiden hat, ob eine Beeinträchtigung der Besteuerung trotz des Fehlens der vollständigen Voraussetzungen verneint werden kann.

Da die Ausnahmebewilligung nach § 146 Abs. 2a AO enge Verwandtschaft mit der allgemeinen Erleichterungsvorschrift des § 148 AO aufweist und als Spezialvorschrift zu verstehen ist, wird man hier eine Beeinträchtigung der Besteuerung unter den gleichen Voraussetzungen annehmen können. Im Rahmen des § 148 AO wird eine Beeinträchtigung der Besteuerung allgemein angenommen, wenn durch die Erleichterung die Besteuerungsmerkmale nicht mehr in ausreichendem Maße nachprüfbar sind oder die Erleichterung zur Festsetzung einer niedrigeren Steuer führt.[456] Auf § 146 Abs. 2a AO übertragen bedeutet dies, dass durch die Buchführungsverlagerung die Nachprüfbarkeit nicht leiden darf und auch nicht die Gefahr bestehen darf, dass die ausgelagerte Buchführung zu einer niedrigeren Steuer führt.

Die Gefahr einer niedrigeren Steuer kann wohl nur bestehen, wenn nicht gewährleistet ist, dass die Personen, die im ausländischen Staat für die Buchführung verantwortlich sind, in dem erforderlichen Maße mit den deutschen Vorschriften vertraut sind, was durch ausreichende Aus- und Fortbildung sicherzustellen ist.

Die Nachprüfbarkeit von elektronischen Büchern und Aufzeichnungen ist dabei im Grunde hinreichend durch die gesetzlich geforderten Voraussetzungen der S. 2 und 3 des § 146 Abs. 2a AO gewährleistet. Denn wenn der Datenzugriff möglich ist und der Steuerpflichtige auch bisher keinen Grund geliefert hat, dass die Finanzverwaltung an seiner notwendigen Mitwirkung berechtigte Zweifel haben müsste, ist eine Nachprüfbarkeit grundsätzlich gegeben. Dagegen bestanden im Gesetzgebungsverfahren offensichtlich Unsicherheiten, ob eine hinreichende Überprüfbarkeit von im Ausland geführten und aufbewahrten elektronischen

---

456 Drüen, in: Tipke/Kruse, § 148 AO Tz. 5 ff. (April 2007).

Büchern und Aufzeichnungen regelmäßig gegeben ist. Aus völkerrechtlichen Bedenken war daher im Referenten-, Regierungs- und auch noch im Gesetzesentwurf vom 2.9.2008 nur die Möglichkeit eröffnet, die Führung und Aufbewahrung in einen Mitgliedstaat der Europäischen Union oder einen Staat des Europäischen Wirtschaftsraums, mit dem eine Amtshilfevereinbarung besteht, die mit denen in der Europäischen Union vergleichbar ist, zu verlagern.[457] Erst auf Anregung des Bundesrates wurde letztlich auch die Verlagerung ins übrige Ausland im Gesetz verankert.[458] Die Problematik besteht darin, dass ein Staat nach allgemeinem Völkerrecht grundsätzlich nicht verpflichtet ist, in seinem Hoheitsbereich die Vornahme oder Vollstreckung von Hoheitsakten eines anderen Staates durch dessen Organe zu dulden.[459] Damit ist ausgeschlossen, dass die deutsche Finanzbehörde ohne Zustimmung des anderen Staates Außenprüfungsmaßnahmen auf fremdem Staatsgebiet durchführt (Prinzip der formellen Territorialität).[460] Auch der Datenzugriff auf einen ausländischen Server wäre eine Verletzung dieses Prinzips und bedarf daher der Amts- und Rechtshilfe des anderen Staates, in dem sich der Server befindet.[461] Vor diesem Hintergrund lassen sich die Ermessensdirektiven der Vorschrift verstehen, da die Amts- und Rechtshilfeabkommen sowie die Zustimmungsvoraussetzungen des Verlagerungsstaates eine effektive Kontrolle indizieren sollen. Dabei wird man abwarten müssen, ob die Zustimmung der zuständigen Stelle des ausländischen Staates zur Durchführung des Datenzugriffs ohne praktische Probleme vorgelegt werden kann oder ob der Verlagerungsstaat sich gegen eine Zustimmung sträuben wird.[462]

Aber für eine effektive Kontrolle ist es nicht unbedingt erforderlich, dass die Finanzverwaltung auf einen ausländischen Server zugreifen muss, denn der Steuerpflichtige kann auch dafür Sorge getragen, dass die Daten, die dem Datenzugriff unterliegen, in Deutschland zur Prüfung bereitgestellt werden, z. B. durch Spiegelung des ausländischen Datenbestandes auf ein Datenverarbeitungssystem im Inland.[463] Kann der Steuerpflichtige einen Datenzugriff in dieser Weise garantieren, stehen völkerrechtliche Bedenken der Nachprüfbarkeit nicht mehr entgegen, da auf inländische Daten zugegriffen wird, so dass die Bewilligung erteilt werden kann.

Fraglich ist dagegen, ob es bereits ausreicht, dass durch die Auslandsverlagerung nur (noch) die Datenträgerüberlassung gewährleistet ist. Dagegen spricht

---

457 BT-Drucks. 16/10189, S. 25, 26.
458 BR-Drucks. 545/1/08, S. 100.
459 BVerfG, Beschluss v. 22.3.1983, 2 BvR 457/78, BVerfGE 63, 143; Vitzthum, Völkerrecht, 5 Abschnitt Rz. 16 (S. 404).
460 Vgl. Ditz, DStR 2004, S. 2038, 2042.
461 Ditz, DStR 2004, S. 2038, 2042; Ravenstein, BB 2008, S. 2226.
462 Pessimistisch BR-Drucks 545/1/08, S. 100; Ravenstein, BB 2008, S. 2226, 2228.
463 Siehe hierzu Ravenstein, BB 2008, S. 2226, 2228.

bereits der Gesetzeswortlaut, der nach § 146 Abs. 2a S. 3 Nr. 4 AO den Datenzugriff „in vollem Umfang“ zwingend erfordert. Zudem ist dadurch grundsätzlich nicht gewährleistet, dass der aktuelle Datenbestand jederzeit zur Verfügung steht. Deswegen wird die Finanzverwaltung die Bewilligung regelmäßig zu versagen haben, wenn ein unmittelbarer bzw. mittelbarer Datenzugriff aus rechtlichen oder tatsächlichen Gründen von vorneherein durch die Auslandsverlagerung nicht möglich sein wird.

Wird die Bewilligung erteilt, fallen jedoch die Voraussetzungen, unter denen sie erteilt wurde, später weg – einen Wegfall der Voraussetzungen des § 146 Abs. 2a S. 3 Nr. 1 und 2 AO hat der Steuerpflichtige von sich aus mitzuteilen - und besteht daher die Gefahr einer Beeinträchtigung der Besteuerung, kann die Finanzverwaltung die unverzügliche Rückverlagerung der elektronischen Buchführung verlangen (§ 146 Abs. 2a S. 6 AO). Diese Rückverlagerung ist durch den Steuerpflichtigen innerhalb einer von der Finanzbehörde gesetzten angemessenen Frist durchzuführen, ansonsten kann gegen ihn ein Verzögerungsgeld von 2.500 Euro bis 250.000 Euro festgesetzt werden (§ 146 Abs. 2b AO).[464] Die gleiche Sanktion gilt, wenn der Steuerpflichtige die Verlagerung ins Ausland vornimmt, ohne dass die Finanzverwaltung die Bewilligung erteilt hat.

464 Vgl. G.II.4.

G. Folgen von Pflichtverletzungen des Steuerpflichtigen im Zusammenhang mit dem Datenzugriff

Der Steuerpflichtige kann die Pflichten, die ihn im Zusammenhang mit dem Datenzugriff treffen, mannigfaltig verletzen: Er kann Daten, die dem Datenzugriff unterliegen, gar nicht bereithalten, weil er sie nie der Archivierung zugeführt hat und sie auch nicht mehr im operativen System vorhanden sind oder weil er die Daten innerhalb der Aufbewahrungsfrist bereits gelöscht hat. Zudem kann er bei der Aufbewahrung die besonderen Erfordernisse des Datenzugriffs missachtet haben, wobei insbesondere die maschinelle Auswertbarkeit der Daten nicht gewährleistet sein kann. Schließlich kann der Steuerpflichtige seinen Pflichten nicht nachkommen, indem er bei den verschiedenen Datenzugriffsformen nicht hinreichend mitwirkt, etwa dem Außenprüfer im Rahmen des unmittelbaren Datenzugriffs keinen Zugang zur EDV-Anlage einräumt, die Durchführung der angeforderten Auswertungen beim mittelbaren Datenzugriff ablehnt oder die Herausgabe eines zur maschinellen Auswertung aufbereiteten Archivdatenträgers bei angeordneter Datenträgerüberlassung verweigert. Die Pflichtverletzungen lassen sich mithin danach systematisieren, ob sie im Vorfeld einer Außenprüfung stattgefunden haben oder erst im Rahmen einer Außenprüfung.

I. Pflichtverletzungen im Vorfeld der Außenprüfung

1. Allgemeines

Bei den Pflichtverletzungen im Zusammenhang mit dem Datenzugriff, die im Vorfeld einer Außenprüfung stattfinden, ist grundsätzlich die Ordnungsmäßigkeit der Buchführung tangiert. Denn dann liegt immer eine Verletzung der §§ 140 ff. AO vor. Die Gründe hierfür können wiederum vielfältig sein. Der Steuerpflichtige ist sich möglicherweise seiner Buchführungs- oder Aufzeichnungspflicht gar nicht bewusst oder die Einführung des Datenzugriffs ist ihm unbekannt, auch eine Weigerung, die maschinelle Auswertbarkeit herzustellen, scheint denkbar. Zudem könnten technische Probleme bei der Archivierung die maschinelle Auswertbarkeit der Daten beseitigen. Schließlich ist auch eine falsche Zuordnung der Daten zu den nicht aufbewahrungspflichtigen Unterlagen möglich.

Werden trotz Buchführungs- oder Aufzeichnungspflicht Bücher und/oder Aufzeichnungen - aus welchen Gründen auch immer - nicht geführt, stellt sich die Rechtslage relativ eindeutig dar. Hierbei handelt es sich eigentlich auch nicht um ein spezifisches Problem des Datenzugriffs. Ebenso wie die falsche Einordnung bezüglich der Aufbewahrungspflicht können diese Mängel auch außerhalb einer EDV-Buchführung auftreten. Trotzdem sollen die Konsequenzen der Vollständigkeit halber und zum besseren Verständnis kurz skizziert werden[465]: Sollte die Erfüllung der Buch- und Aufzeichnungspflichten noch möglich sein, kann die Finanzbehörde durch Verwaltungsakt die Führung von Büchern und Aufzeichnungen anordnen, ohne auf ein Verschulden Rücksicht nehmen zu müssen.[466] Dieser Verwaltungsakt kann dann gegebenenfalls mit Zwangsmitteln gem. §§ 328 ff. AO durchgesetzt werden, da er auf Vornahme einer Handlung gerichtet ist. Im Ergebnis kommt dabei nur die Androhung (§ 332 AO) und Festsetzung (§ 333 AO) eines Zwangsgeldes (§ 329 AO) in Betracht, da die ultima ratio Anwendung unmittelbaren Zwangs nicht zum Ziel führen und eine Ersatzvornahme an praktische Grenzen stoßen würde, wenn der Steuerpflichtige seine Mitwirkung verweigert.

Eine nachträgliche Buchführung oder Aufzeichnung kann hingegen nicht erzwungen werden[467], da eine nachträgliche Buchführung oder Aufzeichnung mangels zeitnaher Verbuchung nicht ordnungsgemäß wäre (vgl. § 146 Abs. 1 AO) und damit auch ein auf eine gesetzlich zulässige Anordnung[468] gerichteter Verwaltungsakt, der mit Zwangsmitteln durchsetzbar wäre, fehlt. Hier kommt dann eine Schätzung der Besteuerungsgrundlagen gem. § 162 Abs. 2 S. 2 1. Alt. AO in Betracht[469], da die zu führenden Bücher und Aufzeichnungen nicht vorgelegt werden können. Auch eine straf- und bußgeldrechtliche Ahndung ist unter bestimmten Voraussetzungen möglich. So ist regelmäßig der Tatbestand der Steuergefährdung gem. § 379 Abs. 1 Nr. 2 AO erfüllt oder eine Verbrauchsteuergefährdung gem. § 381 Abs. 1 Nr. 1 AO bei der Verletzung von Aufzeichnungspflichten der Verbrauchsteuergesetze gegeben. Sollte es sich bei den steuerlich zu führenden Büchern und Aufzeichnungen gleichzeitig um Handelsbücher (abgeleitete Buchführungspflichten) handeln, ist auch eine Strafbarkeit nach § 283b StGB denkbar, wenn die objektive Bedingung der Strafbarkeit gem. § 283b Abs. 3 StGB i. V. m. § 283 Abs. 6 StGB erfüllt ist (Zahlungseinstellung, Eröffnung des Insolvenzverfahrens, Einstellung mangels Masse).

Setzt eine Steuervergünstigung voraus, dass der Steuerpflichtige die im Einzelfall erforderlichen Aufzeichnungspflichten ordnungsgemäß erfüllt, kann sie versagt werden. Kann die Dokumentation nach § 90 Abs. 3 AO nicht rechtzeitig vorgelegt werden, ist ein Steuerzuschlag gem. § 162 Abs. 4 AO zu erheben.[470]

---

465 Vgl. ausführlich Drüen, in: Tipke/Kruse, Vor § 140 AO Tz. 22 ff. (April 2007).

466 BFH, Urteil v. 8.6.1972, IV R 129/66, BStBl. II 1972, 784.

467 Drüen, in: Tipke/Kruse, Vor § 140 AO Tz. 22 ff. (April 2007).

468 Zu diesem Erfordernis Wolf, in: Koch/Scholtz[5], § 328 AO Tz. 5.

469 Vgl. hierzu ausführlich Seer, in: Tipke/Kruse, § 162 Tz. 37 ff. (August 2006).

470 Vgl. hierzu ausführlich Seer, in: Tipke/Kruse, § 162 Tz. 72 ff. (April 2008).

Schließlich kann die nachhaltige Verletzung von Buchführungspflichten gegebenenfalls zur Untersagung der betrieblichen Tätigkeit wegen Unzuverlässigkeit gem. § 35 GewO führen.[471]

2. Nichterfüllung des Erfordernisses der maschinellen Auswertbarkeit

Problematischer als die fehlende Führung von gesetzlich vorgeschriebenen Büchern und Aufzeichnungen insgesamt ist die Nichterfüllung des durch die Regelung des Datenzugriffs neu eingeführten Erfordernisses der maschinellen Auswertbarkeit im Sinne des § 147 Abs. 2 S. 1 Nr. 2 AO. Hier wird man unterscheiden müssen, ob bereits gar keine Daten mehr vorliegen, die maschinell ausgewertet werden können, weil der Steuerpflichtige seine auf einem Datenverarbeitungssystem erstellten Daten lediglich ausgedruckt und danach vernichtet hat oder ob die Daten zwar auf maschinell verwertbaren Datenträgern gespeichert sind, aber die Daten bei der Datenträgerüberlassung nicht in ein vom Analyseprogramm der Finanzverwaltung auswertbares Format konvertiert werden oder werden können.

Das Erfordernis der maschinellen Auswertbarkeit ist Teil der Aufbewahrungspflicht, was sich bereits aus der systematischen Stellung in § 147 Abs. 2 S. 1 Nr. 2 AO ergibt. Die Aufbewahrungspflicht ist wiederum Teil der Buchführungs- und Aufzeichnungspflicht.[472] Grundsätzlich führen Verstöße gegen die Aufbewahrungspflicht zu den gleichen Rechtsfolgen wie Verstöße gegen die Buchführungsvorschriften.[473] Neben der Zwangsmaßnahme kommen damit Schätzung, straf- und bußgeldrechtliche Ahndung, Versagung gesetzlicher Steuervergünstigungen und Gewerbeuntersagung in Betracht.[474] Ob das tatsächlich in dieser Stringenz auch für die maschinelle Auswertbarkeit als Teil der Aufbewahrungspflicht gilt, wird im Folgenden untersucht.

a) Zwangsmaßnahmen

Zunächst stellt sich die Frage, ob Zwangsmaßnahmen zulässig sind. Umstritten ist bereits, ob die Anforderungen der §§ 146, 147 AO überhaupt vollstreckungsrechtlich erzwungen werden können. Dies wird teilweise mit dem Argument

---

471 Gschwendtner, DStR 2002, S. 2032 (Anmerkung zu BFH Urteil v. 19.8.2002, VIII R 30/01, DStR 2002, 2030) mit Hinweis auf die Rechtsprechungsnachweise bei Friauf, GewO, § 35 Tz. 66 f.

472 FG Rheinland-Pfalz, Urteil v. 25.4.1988, 5 K 351/87, EFG 1988, 502 f.; vgl. auch Tz. 1 AEAO zu § 147 AO, BStBl. I 1998, 630, 705.

473 Burchert, INF 2001, S. 263, 267; Drüen, in: Tipke/Kruse, § 147 AO Tz. 63 (April 2007).

474 Vgl. G. I. 1.

verneint, dass für sie als Ordnungsvorschriften das Gleiche gelte, wie für Sollvorschriften, die nach allgemeiner Meinung nicht vollstreckt werden dürfen, weil keine gesetzliche Pflicht bestehe, die vollstreckungsfähig wäre.[475] Richtigerweise ist aber die Vollstreckungsfähigkeit zu bejahen[476], da die Vorschriften der §§ 146, 147 AO den § 145 AO konkretisieren[477] und damit die gleiche Zielsetzung[478] wie die verpflichtende Vorschrift des § 145 AO haben. Hätte insbesondere das Erfordernis der maschinellen Auswertbarkeit nicht den Charakter einer gesetzlichen Pflicht, würde der Datenzugriff ins Leere laufen.

Weiterhin setzt eine Zwangsmaßnahme nach dem Wortlaut des § 328 AO einen erzwingbaren Verwaltungsakt voraus. Das Erfordernis der maschinellen Auswertung folgt dabei zunächst nur aus dem Gesetz (§ 147 Abs. 2 S. 1 Nr. 2 AO). Allerdings kann die Finanzbehörde diese gesetzliche Pflicht durch einen Verwaltungsakt im Einzelfall auch konkretisieren. Dieser Verwaltungsakt wäre dann grundsätzlich auch mit Zwangsmitteln durchsetzbar. Hier käme dann sogar eine Ersatzvornahme (§ 320 AO) in Betracht. Sofern nämlich der Fall vorliegt, dass Daten nur noch konvertiert werden müssen und dieses auch technisch möglich ist, wird eine vertretbare Handlung verlangt. Allerdings besteht eine weitere – wenn auch ungeschriebene - Voraussetzung einer Zwangsmaßnahme: Die Handlung, die erzwungen werden soll, muss auch möglich sein.[479] Selbst wenn der Wortlaut bezüglich dieses Erfordernisses schweigt, ergibt sich diese Einschränkung aus dem Sinn und Zweck der §§ 328 ff. AO und aus dem Verhältnismäßigkeitsprinzip, denn Ziel einer Zwangsmaßnahme ist die angeordnete Handlung (Duldung oder Unterlassung), wenn diese unmöglich ist, kann dieses Ziel aber nicht erreicht werden. Wenn der Steuerpflichtige nicht rechtzeitig geeignete Maßnahmen ergreift, um die maschinelle Auswertbarkeit bei Entstehung der Daten und während der Aufbewahrungszeit zu erhalten, insbesondere wenn der Steuerpflichtige die Bücher und Aufzeichnungen entgegen der aus der Aufhebung des § 147 Abs. 2 S. 2 AO a. F. folgenden geänderten Gesetzeslage nur in ausgedruckter Form aufbewahrt und die auf maschinell auswertbaren Datenträgern erstellten Daten vernichtet hat, scheidet daher eine Zwangsmaßnahme aus. Auch wenn die Daten, denen die maschinelle Auswertbarkeit fehlt, einen gewissen Umfang übersteigen und die Daten aus einem komplexen System stammen, ist eine nachträgliche Herstellung der maschinellen Auswertbarkeit unrealistisch.

---

475 So Drüen, in: Tipke/Kruse § 146 AO Tz. 2 (April 2007).

476 So auch Tz. 1 AEAO zu § 146 AO, BStBl. I 1998, 630, 705; Trzaskalik, in: Hübschmann/Hepp/Spitaler, § 146 AO Tz. 17 (Juni 1999).

477 Drüen, in: Tipke/Kruse § 145 AO Tz. 1 (April 2007).

478 Trzaskalik, in: Hübschmann/Hepp/Spitaler, § 146 AO Tz. 17 (Juni 1999).

479 Hohrmann, in: Hübschmann/Hepp/Spitaler, § 328 AO Tz. 17 (November 2007); Burkhard, DStZ 2003, S. 112, 117.

b) Schätzung

aa) Grundsatz: Keine Schätzungsbefugnis bei lediglich fehlender maschineller Auswertbarkeit

Fehlt die maschinelle Auswertbarkeit der dem Datenzugriff unterliegenden Daten und kann sie auch nicht nachträglich hergestellt werden, ist die Form der Aufbewahrung selbst dann nicht gewahrt, wenn der Steuerpflichtige die aufbewahrungspflichtigen Unterlagen anderweitig vorgehalten hat, etwa als Ausdruck, Mikrofiche oder sonstige bildliche Wiedergabe. Die Buchführung entspricht nicht den Anforderungen des § 147 Abs. 2 S.1 Nr. 2 AO. Man könnte geneigt sein, einen Umkehrschluss aus § 158 AO zu ziehen, mit der Folge, dass aufgrund der formellen Ordnungswidrigkeit die Buchführung oder die Aufzeichnung des Steuerpflichtigen der Besteuerung nicht zugrunde zu legen ist. Dies würde nach § 162 Abs. 2 S. 2 2. Alt. AO zu einer Schätzungsbefugnis der Finanzbehörde führen.

Eine formelle Ordnungswidrigkeit ist jedoch für sich allein kein Grund, auch die sachliche Unrichtigkeit des Buchführungsergebnisses generell zu unterstellen.[480] Das Ergebnis einer formell ordnungswidrigen Buchführung kann sachlich richtig sein[481]. Der Vorschrift des § 158 AO ist eben nicht die „umgekehrte Beweiskraft" in dem Sinne zu entnehmen, dass formell fehlerhafte Unterlagen auch materiell-rechtlich falsch sind.[482] Lediglich der Vertrauensvorschuss, den die Regelung formell ordnungsmäßig geführten Büchern und Aufzeichnungen gewährt[483], kann in einem solchen Fall nicht gegeben werden, so dass die bei einer formell ordnungsmäßigen Buchführung greifende widerlegbare Rechtsvermutung[484] zugunsten der sachlichen Richtigkeit der Buchführung als Gesamtwerk[485] entfällt. Aber auch ohne diese Rechtsvermutung kann eine formell ordnungswidrige Buchführung tatsächlich sachlich richtig sein. Dann scheidet aber eine Schätzung aus[486], denn auch eine Schätzung soll nichts anderes bewirken als – im Rahmen des Möglichen – die sachliche Richtigkeit.[487] Folglich besteht keine automatische Schätzungsbefugnis, wenn der Steuerpflichtige keine ma-

---

480 Seer, in: Tipke/Kruse, § 158 AO Tz. 23 (August 2006).

481 BFH, Urteil v. 17.11.1981, VIII R 174/77, BStBl. II 1982, 430, 432 f.

482 Schick, BB 1987, S. 133, 135.

483 FG Hamburg, Beschluss v. 8.6.2004, I 55/02, DRsp Nr. 2004/13987; Schick, BB 1987, S. 133, 135.

484 Vgl. zur Einordnung als widerlegbare Rechtsvermutung Seer, in: Tipke/Kruse, § 158 AO Tz. 3 (August 2006).

485 D. h. keine Beweiskraft zugunsten der sachlichen Richtigkeit jeder einzelnen Buchung, vgl. hierzu Seer, in: Tipke/Kruse, § 158 AO Tz. 5 ff. (August 2006).

486 Reichel, BB 1982, S. 1981.

487 Vgl. BFH, Urteil v. 17.11.1981, VIII R 174/77, BStBl. II 1982, 430, 432.

schinell auswertbare Buchführung oder Aufzeichnung vorlegt.[488] Wenn das Erfordernis der maschinellen Auswertbarkeit im Rahmen der Aufbewahrungsvorschrift des § 147 AO angeordnet wird, verbietet sich der ansonsten übliche Dreischritt „die Verletzung der Aufbewahrungspflicht" führt zur „Ordnungswidrigkeit der Buchführung" und berechtigt die Finanzbehörde zur „Schätzung".[489] Zur formellen Ordnungswidrigkeit müssen vielmehr noch Zweifel an der sachlichen Richtigkeit der vorgelegten Buchführung oder Aufzeichnung kommen. Die fehlende maschinelle Auswertbarkeit lässt dabei keine Rückschlüsse zu, da sie nur der Vereinfachung der späteren Überprüfung dient und anders als etwa das Erfordernis der zeitgerechten Verbuchung die Glaubwürdigkeit der Eintragungen wegen der Gefahr nachträglicher Manipulation nicht erschüttern kann.[490] Etwas anderes kann nur dann gelten, wenn der Steuerpflichtige seine Buchführung oder Aufzeichnungen auch nicht durch Ausdrucke, Mikrofiche oder sonstige bildliche Wiedergabe vorlegen kann, sondern die Buchführung und Aufzeichnungen auf maschinell verwertbaren Datenträgern geführt und aufbewahrt hat, die maschinelle Auswertbarkeit aber verloren gegangen ist, etwa weil notwendige Verknüpfungen nicht mehr bestehen oder Stammdaten gelöscht wurden. Aber dann handelt es sich bei Lichte betrachtet nicht um ein Problem der maschinellen Auswertbarkeit, sondern Teile der Buchführung oder Aufzeichnungen können nicht rekonstruiert werden, so dass Bücher, Aufzeichnungen oder aufbewahrungspflichtige Unterlagen ganz oder teilweise nicht aufbewahrt wurden und damit überhaupt nicht nachgeprüft werden können. Fehlt lediglich die maschinelle Auswertbarkeit und besteht eine vollständige konventionelle Buchführung (bzw. Aufzeichnungen), dann ist eine Überprüfung durch die Außenprüfer hingegen grundsätzlich möglich, denn so wurde auch vor Einführung der Datenzugriffsregelungen erfolgreich geprüft. Die Kontrolle der konventionellen Buchführung, Aufzeichnungen und Unterlagen ist auch regelmäßig zumutbar für die Finanzverwaltung[491], wobei noch nicht einmal darauf abzustellen ist, ob der Rückgriff sich noch im Rahmen verhältnismäßiger Sachaufklärung bewegt.[492] Denn wenn bis auf den Punkt der fehlenden maschinellen Auswertbarkeit eine ordnungsmäßige Buchführung vorliegt, dann bedarf es keiner weiteren Sachauf-

---

488 Drüen, StuW 2003, S. 205, 220; Intemann/Cöster, DStR 2004, S. 1981, 1985; Schmitz, StBp 2002, S. 253, 255.

489 So aber Klein/Brockmeyer[9], § 147 AO Tz. 16; wie hier Drüen, in: Tipke/Kruse, § 147 AO Tz. 64 (April 2007).

490 Drüen, in: Tipke/Kruse, § 147 AO Tz. 64 (April 2007).

491 Intemann/Cöster, DStR 2004, S. 1981, 1985; Stahl, KÖSDI 2005, S. 14532, 14539; vor Einführung des Datenzugriffs hat das FG Münster mit Urteil vom 2.3.1999, 12 K 4514/97, EFG 1999, 640 sogar entschieden, dass ausgedruckte Sachkonten einen schnelleren und einfacheren Zugang zu den Daten und Zahlen des Betriebs gewähren als der vom Steuerpflichtige angebotene direkte Zugriff auf die EDV-Buchführung.

492 So aber Drüen, in: Tipke/Kruse, § 147 AO Tz. 64 (April 2007).

klärung, denn der Sachverhalt ist in den vorgelegten Büchern, Aufzeichnungen und Unterlagen enthalten, so dass eine Schätzung ausscheidet, wenn ansonsten keine ernsthaften Zweifel an der sachlichen Richtigkeit bestehen. Die Grenze der verhältnismäßigen Sachaufklärung spielt dagegen erst eine Rolle, wenn eine Schätzungsbefugnis gegeben ist. Denn auch im Rahmen einer Schätzung hat die Finanzbehörde neben den Umständen, die ihr bekannt sind, auch die relevanten Umstände zu berücksichtigen, die ihr bekannt sein können und müssen, allerdings begrenzt durch die verhältnismäßige Sachaufklärung.[493] Dies ergibt sich daraus, dass trotz Schätzungsbefugnis das sachlich richtige Ergebnis im Vordergrund steht und die Finanzbehörde daher dem Gebot der Ausschöpfung der Beweismittel (§ 162 Abs. 1 S. 2 AO) sowohl zugunsten als auch zuungunsten des Steuerpflichtigen unterworfen ist.[494] Während die Finanzbehörde bei sonstigen formellen Mängeln der Buchführung mehr im Wege der Ermittlung als im Wege der Kontrolle tätig wird[495] und daher aufgrund der Mitwirkungspflichtverletzung eine Einschränkung durch die verhältnismäßige Sachaufklärung gerechtfertigt ist, bleibt sie weiterhin nur kontrollierend tätig, wenn lediglich die maschinelle Auswertbarkeit nicht gewährleistet ist, aber eine konventionelle Buchführung vorgelegt werden kann.

bb) Ausnahme: Digitale Abwicklung der Geschäftsvorfälle

Eine Schätzungsbefugnis kommt bei fehlender maschineller Auswertbarkeit nach den Umständen des Einzelfalls allerdings dann in Betracht, wenn eine effektive Kontrolle die maschinelle Auswertbarkeit wegen digitaler Abwicklung der Geschäftsvorfälle voraussetzt.[496] Eine digitale Abwicklung der Geschäftsvorfälle, die eine maschinelle Auswertbarkeit zwecks effektiver Kontrolle voraussetzt, liegt dann vor, wenn sich die Geschäftsvorfälle aufgrund automatischer und programmgesteuerter Entscheidungen ereignen. Die Datenverarbeitungsanlage dient dann nicht nur zur Festhaltung eines Geschäftsvorfalls, sondern erzeugt den Geschäftsvorfall selbst, ohne dass es einer manuellen Anweisung bedarf. Als Beispiel kann der vollautomatische Versand von strukturierten Nachrichten beim elektronischen Datenaustausch (EDI), z. B. zum Zwecke des Abrufs von Rohmaterialien, genannt werden. Fehlt hier die maschinelle Auswertbarkeit, wird die Finanzbehörde nicht einmal in die Lage versetzt, die Besteuerungsgrundlagen zu kontrollieren und der Mangel der fehlenden maschinellen

---

493 BFH, Urteil v. 24.6.1997, VIII R 9/96, BStBl. II 1998, 51, 52; Seer, in: Tipke/Kruse, § 162 AO Tz. 41 (August 2006).

494 Seer, in: Tipke/Kruse, § 162 AO Tz. 30 (August 2006).

495 Schick, BB 1987 S. 133, 135

496 Drüen, in: Tipke/Kruse, § 147 AO Tz. 64 (April 2007); Panek, Die steuerliche Außenprüfung, S. 162; Ritzrow, in: Pump/Leibner, § 147 AO Tz. 82 (Juni 2002); Stahl, KÖSDI 2005, S. 14532, 14539; Schmitz, StBp 2002, S. 253, 256.

Auswertbarkeit ist so gravierend, dass von der sachlichen Unrichtigkeit der Buchführung hinsichtlich dieser Geschäftsvorfälle ausgegangen werden kann, so dass über § 158 AO die Anwendung des § 162 Abs. 2 AO eröffnet ist.[497] Die Folge ist, dass sich für steuerbegründende oder -erhöhende Tatsachen das Beweismaß nach § 162 Abs. 2 AO aufgrund der Mitwirkungspflichtverletzung auf eine größtmögliche Wahrscheinlichkeit reduziert, da das Sachaufklärungsdefizit innerhalb der vom Steuerpflichtigen beherrschten und zu verantwortenden Sphäre liegt und vom Finanzamt nicht abgeholfen werden kann. Umgekehrt ist sogar eine Beweislastentscheidung eröffnet, wenn wegen der fehlenden maschinellen Auswertbarkeit steueraufhebende oder -entlastende Tatsachen unaufgeklärt bleiben, damit der Steuerpflichtige nicht noch durch eine sich zu seinen Gunsten auswirkende Beweismaßreduzierung für seine Pflichtverletzung belohnt wird (Verbot der Prämierung einer Mitwirkungsverweigerung).[498]

c) Straf- und bußgeldrechtliche Ahndung

aa) Steuergefährdung, § 379 AO

Nach § 379 Abs. 1 Nr. 2 AO handelt ordnungswidrig, wer vorsätzlich oder leichtfertig nach Gesetz buchungs- oder aufzeichnungspflichtige Geschäftsvorfälle oder Betriebsvorgänge nicht oder in tatsächlicher Hinsicht unrichtig verbucht oder verbuchen lässt und dadurch ermöglicht, Steuern zu verkürzen oder nicht gerechtfertigte Steuervorteile zu erlangen. Tathandlung ist damit das Nicht- oder Falschverbuchen. Allerdings reicht eine formell ordnungswidrige Verbuchung zur Erfüllung des Tatbestandes nicht aus, denn sie muss „in *tatsächlicher* Hinsicht unrichtig" sein. Fehlt lediglich die maschinelle Auswertbarkeit ist nur die gesetzliche Form der Aufbewahrung nicht gewahrt.[499] Zwar ließe sich der Sinn und Zweck des § 379 AO ins Feld führen, der Handlungen, die zur Vorbereitung einer Steuerverkürzung geeignet sind, ahnden will[500], da die Überprüfung der digitalen Geschäftsvorfälle unter Umständen unmöglich gemacht wird und damit einer Nichtverbuchung ähnelt.[501] Allerdings ist es bereits fraglich, ob dieser Vergleich stand hält, denn während eine Nichtverbuchung grundsätzlich zu einem sachlich unrichtigen Buchführungsergebnis führt, das in einer

---

497 Schmitz, StBp 2002, S. 253, 255.

498 Vgl. zu § 162 Abs. 2 AO als Ausdruck einer sphärenorientierten Beweisrisikoverteilung: Seer, in: Tipke/Kruse, § 162 AO Tz. 4 ff. (April 2008), dort auch zur abweichenden Meinung, die aber unter Anwendung des in § 444 ZPO enthaltenen Rechtsgedankens, dass der Beweisvereiteler oder Beweisverderber aus seinem Verhalten keinen Vorteil ziehen darf, zu praktisch gleichen Ergebnissen führt.

499 Drüen, in: Tipke/Kruse, § 147 AO Tz. 64 (April 2007).

500 Franzen/Gast/Joecks[6], § 379 Tz. 5.

501 So Schmitz, StBp 2002, S. 253, 257.

Steuerverkürzung münden kann, betrifft die fehlende maschinelle Auswertbarkeit für sich allein lediglich die Überprüfbarkeit. Zumindest wäre eine solche Ausdehnung des Tatbestandes jedoch gem. Art 103 Abs. 2 GG, § 3 Abs. 1 OWiG eine unzulässige Analogie zuungunsten des Täters.[502]

bb) Verbrauchsteuergefährdung, § 381 AO

§ 381 AO ist eine Blankettvorschrift, die durch Ge- oder Verbote der Verbrauchsteuergesetze oder der dazu ergangenen Rechtsverordnungen ausgefüllt wird. Das heißt, die Pflichten müssen sich gem. § 381 AO aus Verbrauchsteuergesetzen oder den dazu erlassenen Rechtsverordnungen ergeben.[503] Die §§ 140 ff AO scheiden damit als blankettausfüllende Tatbestände aus, so dass insbesondere das Erfordernis der maschinellen Auswertbarkeit keine Pflicht im Sinne dieser Vorschrift ist und damit eine Sanktion nach § 381 AO ausscheidet, wenn der Steuerpflichtige die Anforderungen der maschinellen Auswertbarkeit missachtet hat.

cc) Verletzung der Buchführungspflicht, § 283b StGB

Der Straftatbestand des § 283b StGB richtet sich nur gegen die Verletzung der Buchführungspflicht hinsichtlich der Handelsbücher. Für Handelsbücher i. S. des § 238 Abs. 1 HGB gelten die speziellen Regelungen des Datenzugriffs jedoch nicht, ein Erfordernis der maschinellen Auswertbarkeit ist im Handelsrecht nicht normiert. Auch über § 140 AO kann der Straftatbestand nicht auf die steuerlich zu führenden Bücher übergeleitet werden, dies verbietet bereits das Analogieverbot gem. § 103 Abs. 2 GG.

d) Versagung von Steuervergünstigungen

Vor der Änderung durch das Einkommensteuerreformgesetz[504] ab dem Veranlagungszeitraum 1975 war die Gewährung einer Reihe von gesetzlichen Steuervergünstigungen an die Ordnungsmäßigkeit der Buchführung gekoppelt.[505] Durch das Einkommensteuerreformgesetz besteht diese materielle Voraussetzung nicht mehr.[506] Trotzdem setzt die Inanspruchnahme einer Reihe von Steuervergünstigungen spezielle Aufzeichnungen voraus (z. B. §§ 6b Abs. 4 Nr. 5, 6c Abs. 2, 7a Abs. 8 EStG). Fraglich ist, ob die Steuervergünstigungen zu versagen sind, wenn die Aufzeichnungen, die auf einer Datenverarbeitungsanlage er-

---

502 Panek, Die steuerliche Außenprüfung, S. 167; Schmitz, StBp 2002, S. 253, 257.

503 Franzen/Gast/Joecks[6], § 381 Tz. 3.

504 EStReformG vom 5.9.1974, BGBl. I 1974, 1769.

505 Vgl. z. B. §§ 6b, 10a, 10b, 10d EStG i. d. F. vor dem EStReformG; s. a. BFH, Urteil v. 14.8.1974, I R 189/72, BStBl. II 1974, 728.

506 Drüen, in: Tipke/Kruse, Vor § 140 AO Tz. 27 (April 2007).

stellt wurden, nicht maschinell auswertbar sind. Die einzelnen Steuervergünstigungen stellen dabei verschiedene Voraussetzungen auf, die die Aufzeichnung, an deren Erstellung die Vergünstigung geknüpft ist, erfüllen muss. Teilweise kann auf die besondere Aufzeichnung verzichtet werden, wenn die erforderlichen Angaben aus der Buchführung ersichtlich sind (vgl. § 7a Abs. 8 S. 2 EStG). Keine dieser Aufzeichnungspflichten verlangt explizit die maschinelle Auswertbarkeit, allerdings fallen derartige Aufzeichnungen unter § 147 AO, so dass auch § 147 Abs. 2 S. 1 Nr. 2 AO Anwendung findet. Ob damit die maschinelle Auswertbarkeit eine materiell-rechtliche Tatbestandsvoraussetzung für die Steuervergünstigungen geworden ist, dürfte zu verneinen sein. Zwar hat der BFH dies für das Erfordernis der zeitgerechten Verbuchung i. S. des § 146 Abs. 1 AO bei § 4 Abs. 7 EStG angenommen[507], wobei der BFH in einer früheren Entscheidung bereits klargestellt hatte, dass die Frage, ob Aufzeichnungen zeitgerecht i. S. des § 146 Abs. 1 AO sind, nicht für alle Geschäftsvorfälle gleich zu beantworten ist.[508] Allerdings ist im Gegensatz zum Erfordernis der zeitgerechten Verbuchung das Erfordernis der maschinellen Auswertbarkeit nur eine besondere Form der Aufbewahrung, das den Datenzugriff im Rahmen einer Außenprüfung gewährleisten will. Die Aufzeichnungen, die nach den Steuervergünstigungen zu führen sind, sollen dagegen die Voraussetzungen der Vergünstigung verfolgbar machen. Die Glaubwürdigkeit dieser Angaben wird anders als durch eine nicht zeitgerechte Verbuchung durch eine fehlende maschinelle Auswertbarkeit nicht verringert.[509] Dies gilt insbesondere unter dem Aspekt, dass digitale Geschäftsvorfälle, die maschinell-auswertbare Daten zwecks effektiver Kontrolle erforderlich machen würden, bei den bei Steuervergünstigungen geforderten Aufzeichnungen keine Rolle spielen. Bei den Steuervergünstigungen müssen jeweils nur bestimmte Angaben, wie etwa bei § 7a Abs. 8 EStG die Anschaffungskosten, der Tag der Anschaffung, die betriebsgewöhnliche Nutzungsdauer, die Höhe der jährlichen Absetzung und Abnutzung sowie die erhöhten Absetzungen und Sonderabschreibungen, entweder aus einem laufend zu führenden Verzeichnis oder der Buchführung ersichtlich sein. Die besonderen Aufzeichnungen nach den einzelnen Steuervergünstigungsvorschriften bezwecken damit lediglich die Verfolgbarkeit der Vergünstigung. Aus dieser Zielsetzung folgt, dass die Anforderungen an die Voraussetzungen nicht überspannt werden dürfen.[510] Würde das Erfordernis der maschinellen Auswertbarkeit zu einem materiell-rechtlichen Tatbestandsmerkmal hochstilisiert, käme es zu einer ungerechtfertigten Benachteiligung von denjenigen Steuerpflichtigen, die die Aufzeichnung auf einer Datenverarbeitungsanlage erstellt hätten, gegenüber

507 BFH, Urteil v. 22.1.1988, III R 171/82, BStBl. II 1988, 535.
508 So BFH, Urteil v. 9.8.1984, IV R 151/81, BStBl. II 1985, 47, 48.
509 Drüen, in: Tipke/Kruse, § 147 AO Tz. 64 (April 2007).
510 So BFH, Urteil v. 9.8.1984, IV R 151/81, BStBl. II 1985, 47 zu § 7a Abs. 9 EStG.

Steuerpflichtigen, die die Aufzeichnung von Hand vorgenommen hätten. Obwohl die Aussagekraft bezüglich des Vorliegens der Voraussetzungen der Steuervergünstigung gleich wäre, müsste dann einmal die Steuerbegünstigung versagt werden, obwohl sie bei der Erstellung ohne EDV gewährt werden müsste. Eine solche Ungleichbehandlung ist nicht Ziel der Datenzugriffsregelungen, so dass die maschinelle Auswertbarkeit nicht als materiell-rechtliche Voraussetzungen der Steuervergünstigungen anzusehen ist und ein Fehlen damit nicht zur Versagung der Vergünstigung führt.

e) Steuerzuschlag

Bei Sachverhalten, die Vorgänge mit Auslandsbezug betreffen, hat ein Steuerpflichtiger über die Art und den Inhalt seiner Geschäftsbeziehungen mit nahestehenden Personen i. S. des § 1 Abs. 2 AStG Aufzeichnungen zu erstellen (§ 90 Abs. 1 S. 1 AO). Die auf § 90 Abs. 3 S. 5 AO beruhende Gewinnabgrenzungsaufzeichnungsverordnung[511] bestimmt Art, Inhalt und Umfang der zu erstellenden Aufzeichnungen. Legt ein Steuerpflichtiger diese Aufzeichnungen nicht vor oder sind vorgelegte Aufzeichnungen im Wesentlichen unverwertbar, ist ein Steuerzuschlag zu erheben (§ 162 Abs. 4 AO). Die nach § 90 Abs. 3 AO zu erstellenden Aufzeichnungen fallen dabei unproblematisch unter die §§ 145-147 AO. Fraglich ist hier, ob die Missachtung des Erfordernisses der maschinellen Auswertbarkeit den Steuerzuschlag gem. § 162 Abs. 4 auslösen kann. Nach § 2 Abs. 1 GAufzV können die erforderlichen Aufzeichnungen schriftlich oder elektronisch erstellt werden. Es wird nicht angeordnet, dass gewisse (digitale) Geschäftsvorfälle nur elektronisch aufgezeichnet werden können, sondern es besteht insgesamt ein Wahlrecht hinsichtlich der Aufzeichnungstechnik. Werden Aufzeichnungen auf Anforderung rechtzeitig (d. h. innerhalb der Vorlagefrist von 60 Tagen gem. § 90 Abs. 3 S. 8 AO) vorgelegt, dann kommt ein Steuerzuschlag nur dann in Betracht, wenn die Aufzeichnungen im Wesentlichen unverwertbar sind (§ 162 Abs. 1 S. 1 2. Alt. AO). Wenn aber § 2 Abs. 1 GAufzV die schriftliche Aufzeichnung explizit zulässt, dann kann auch eine Aufzeichnung, soweit sie nur gegen die Vorschrift des § 147 Abs. 2 S. 1 Nr. 2 AO verstößt und maschinell nicht auswertbar ist, nicht im Wesentlichen unverwertbar sein. Bieten schriftlich erstellte Aufzeichnungen und elektronisch erstellte Aufzeichnungen den gleichen Nachweis über Art und den Inhalt der Geschäftsbeziehungen mit nahestehenden Personen i. S. des § 1 Abs. 2 AStG, kann die falsche Form der Aufbewahrung nicht für die Frage der Verwertbarkeit der Aufzeichnungen wesentlich sein. Der Hinweis im BMF-Schreiben „Verwaltungsgrundsätze-Verfahren“[512] unter Punkt 3.4.3, dass für elektronisch erstellte Aufzeichnungen

---

511 GAufzV vom 13.11.2003, BGBl. I 2003, S. 2296.

512 BMF-Schreiben vom 12.4.2005, IV B 4 – S 1341 – 1/05, BStBl. I 2005, 570.

und die ihnen zugrunde liegenden EDV-Systeme § 147 Abs. 6 AO gilt, ist nicht als gegenteilige Auffassung der Finanzverwaltung zu deuten. Denn dass derartige Aufzeichnungen dem Datenzugriff unterliegen, bleibt unbestritten, trotzdem löst ein Verstoß gegen die Datenzugriffsregelungen aufgrund der aufgeführten Argumente keinen Steuerzuschlag aus. Vielmehr stellt die Finanzverwaltung für die Frage der Verwertbarkeit darauf ab, ob einem sachverständigen Dritten innerhalb angemessener Zeit die Feststellung und Prüfung ermöglicht wird, welche Sachverhalte vom Steuerpflichtigen verwirklicht wurden (Sachverhaltsdokumentation) sowie ob und inwieweit der Steuerpflichtige dabei den Fremdvergleichsgrundsatz beachtet hat (Angemessensheitsdokumentation).[513] Dies kann aber aufgrund des Wahlrechts der Aufzeichnungstechnik keine Frage der maschinellen Auswertbarkeit sein. Dabei ist es der Finanzverwaltung aus den gleichen Gründen auch nicht gestattet, darauf abzustellen, dass eine ordnungsgemäß maschinell auswertbare Aufzeichnung einer zeitlich kürzeren Kontrolle unterzogen werden könnte und deswegen der angemessene Zeitrahmen für die Feststellung und Prüfung gem. § 2 Abs. 1 GAufZV überschritten wäre. Ein Steuerzuschlag kommt daher nicht in Betracht, wenn lediglich § 147 Abs. 2 S. 1 Nr. 2 AO missachtet wurde.

f) Gewerbeuntersagung wegen Unzuverlässigkeit, § 35 GewO

Gem. § 35 GewO ist die Ausübung eines Gewerbes von der zuständigen Behörde ganz oder teilweise zu untersagen, wenn Tatsachen vorliegen, welche die Unzuverlässigkeit des Gewerbetreibenden oder einer mit der Leitung des Gewerbebetriebes beauftragten Person in Bezug auf dieses Gewerbe dartun, sofern die Untersagung zum Schutze der Allgemeinheit oder der im Betrieb Beschäftigten erforderlich ist.[514] Unzuverlässig ist, wer nach dem Gesamtbild seines Verhaltens nicht die Gewähr dafür bietet, dass er das ausgeübte Gewerbe ordnungsgemäß betreiben wird.[515] Nicht ordnungsgemäß ist die Gewerbeausübung durch eine Person, die nicht willens oder nicht in der Lage ist, die im öffentlichen Interesse zu fordernde einwandfreie Führung ihres Gewerbebetriebes zu gewährleisten. Im Hinblick auf den mit einer Gewerbeuntersagung verbundenen Eingriff in die Berufsfreiheit muss das zur Last gelegte Verhalten von erheblichem Gewicht sein. Eine Vielzahl kleinerer Verstöße rechtfertigt die Annahme der Unzuverlässigkeit jedoch dann, wenn daraus ein Hang zur Missachtung der Berufspflichten erkennbar ist. Die Verletzung steuerrechtlicher Pflichten, die mit der Ausübung

---

513 Vgl. 3.4.19 des BMF-Schreibens vom 12.4.2005, IV B 4 – S 1341 – 1/05, BStBl. I 2005, 570 mit Blick auf § 2 Abs. 1 S. 2 GAufzV.

514 § 35 GewO wird teilweise durch speziellere Vorschriften verdrängt, z. B. § 33d Abs. 4 GewO ; § 15 Abs. 1 i. V. mit § 4 Abs. 1 Nr. 1 GastG ; § 4 ApothekenG; § 25 PersBefG; § 3 Abs. 5 GüKG; § 35 Abs. 2 KWG.

515 BVerwG, Urteil v. 2.2.1982, 1 C 146.80, BVerwGE 65, 1 f.

des Gewerbes im Zusammenhang stehen, begründet die gewerberechtliche Unzuverlässigkeit nicht in jedem Fall, wohl aber dann, wenn das Verhalten des Steuerpflichtigen darauf schließen lässt, dass er nicht willens oder in der Lage ist, seine öffentlichen Berufspflichten zu erfüllen. Wann jeweils Unzuverlässigkeit vorliegt, kann nur unter Würdigung aller Umstände des Einzelfalles entschieden werden. Die Nichtabgabe von Steuererklärungen begründet für sich allein eine Unzuverlässigkeit nur dann, wenn die Erklärungen trotz Erinnerung hartnäckig über längere Zeit nicht abgegeben werden.[516] Entsprechendes muss gelten, wenn Bücher und Aufzeichnungen nicht geführt werden, so dass auch hier auf die Nachhaltigkeit der Pflichtverletzung abzustellen ist. Die Außerachtlassung des Gebots der maschinellen Auswertbarkeit als Teil der Buchführungs- und Aufzeichnungspflicht hat dabei ein noch geringeres Gewicht, da hier nur die Form der Aufbewahrung betroffen ist. Sie dient grundsätzlich der effektiveren Überprüfung, so dass die Allgemeinheit nicht primär tangiert ist, wenn die Geschäftsvorfälle überhaupt überprüfbar bleiben. Je dominierender jedoch digitale Geschäftsvorfälle bei dem betroffenen Steuerpflichtigen sind, desto mehr fällt seine Pflichtverletzung ins Gewicht. Trotzdem wird man vor dem Hintergrund der dann eröffneten Schätzungsbefugnis[517] eine Gewerbeuntersagung allein wegen dieser Mitwirkungspflichtverletzung nicht als erforderlich einstufen dürfen, denn eine geschätzte Steuerschuld ist nicht von anderer rechtlicher Qualität.[518] Als einer von vielen kleinen Punkten kann die Nichtbeachtung der maschinellen Auswertbarkeit im Einzelfall aber durchaus einmal eine Gewerbeuntersagung mittragen.

3. Falsche Erstqualifikation der Daten

a) Aufbewahrung als Erfüllung der sphärenorientierten Mitverantwortung

Da der Steuerpflichtige alle Daten von Unterlagen, die von steuerlicher Bedeutung sind, gem. § 147 Abs. 1 AO aufzubewahren hat, trifft ihn die Pflicht zur Erstqualifikation dieser Daten.[519] Bisher hat sich die Finanzverwaltung geweigert, die aufzubewahrenden Unterlagen näher zu bezeichnen. Das wäre auch ein unmögliches Unterfangen, die Unterlagen im Sinne des § 147 Abs. 1 AO lassen sich nicht vollständig und umfänglich auflisten[520], was aber nicht ausschließt, dass die Finanzverwaltung den Datenzugriff auf bestimmte steuerrelevante Da-

516 BMF BStBl. 2004, 1178.
517 Vgl. G.I.b)bb).
518 BVerwG, Beschluss v. 29.1.1988, 1 B 164.87, NVwZ 1988, 432.
519 Vgl. E.III.1.d).
520 Vgl. zu diesem Problem auch Schmitz, StBp 2002, S. 189, 194.

ten eingrenzt und einen detaillierten Katalog digital archivierungspflichtiger Daten schafft, der sukzessive mit Blick auf die praktischen Bedürfnisse sowohl der Finanzveraltung als auch der Steuerpflichtigen pro futuro erweitert werden könnte.[521] Damit könnten die Schwierigkeiten bei der Qualifikation der Daten beseitigt und gleichzeitig dafür gesorgt werden, dass Rechtsklarheit herrscht. Ohne einen solchen Katalog hängt die Frage, welche Daten von steuerlicher Bedeutung sind, immer vom Einzelfall ab. Faktoren, wie die interne Betriebsstruktur und das angewendete Datenverarbeitungssystem, lassen eine abschließende Festlegung ohne Berücksichtigung der speziellen Verhältnisse nicht zu. Trifft der Steuerpflichtige bei seiner Auswahl eine falsche Einordnung, stehen diese Daten einer Außenprüfung grundsätzlich nicht mehr zur Verfügung.[522] Fraglich ist, welche Folgen sich bei einer falschen Erstqualifikation ergeben.

Die Pflicht des § 147 Abs. 1 AO, die Daten aufzubewahren, konkretisiert als sphärenorientierte Mitverantwortung des Steuerpflichtigen die Kooperationsmaxime und flankiert damit den Untersuchungsgrundsatz des § 88 AO als Bürde der Finanzverwaltung mit dem Ziel den Sachverhalt vollständig und richtig aufzuklären.[523] Der Gesetzgeber hat damit festgelegt, in welchem Umfang der Steuerstaat Teilhaber der Steuerdaten seiner Steuerbürger wird[524], zieht aber durch die Aufbewahrungspflicht des § 147 AO gleichzeitig seiner Teilhaberschaft auch Grenzen, weil damit die Teilhabe auf die aufzubewahrenden Unterlagen begrenzt wird. Aus diesem Grund ist der in der Rechtsprechung und Literatur[525] vorherrschenden Auffassung nicht zuzustimmen, die eine Vorlagepflicht nach § 200 AO für alle tatsächlich vorhandenen steuerlich relevanten Unterlagen konstruiert. Die betriebliche Sphäre steht dem Prüfer bei der Ermittlung des Steuerfalls nicht ohne Einschränkung offen.[526] Erfüllt der Steuerpflichtige seine Aufbewahrungspflicht, muss er nicht damit rechnen, über diesen weiten Kreis hinaus weitere Unterlagen im Falle einer späteren Außenprüfung vorlegen zu müssen.[527] Folglich tritt der Untersuchungsgrundsatz zurück, weil der Sachverhalt soweit aufgeklärt ist, wie es vom Gesetzgeber gefordert wird. Die Ermittlung darf sich nicht am steuerlichen Erfolg, sondern muss sich vielmehr am Auflä-

---

521 So auch Drüen, StuW 2003, 365, 374 f.

522 Auch Groß, DStR 2002, S. 1121, 1122 hält eine Nachqualifikation im Zeitpunkt der Außenprüfung für unpraktikabel.

523 Vgl. E.III.1.c).

524 Dazu Drüen, StuW 2003, S. 205, 214; Seer, FR 2004, S. 1037, 1044.

525 BFH, Urteil v. 17.10.2001, I R 103/00, BStBl. II 2004, 171, 176; BFH, Beschluss v. 10.5.2001, I S 3/01, BFH/NV 2001, 957, 958; BFH, Beschluss v. 13.2.1968, GrS 5/67, BStBl. II 1968, 365 zu § 195 AO a.F.; FG Münster, Urteil v. 22.8.2000, 6 K 2712/00, EFG 2001, 4; Klein/Rüsken[9], § 200 AO Rn. 9; Frotscher, in: Schwarz, § 200 AO Tz. 3 (9/2004).

526 Zutreffend Schick, in: Hübschmann/Hepp/Spitaler, § 200 AO Tz. 35 (März 1991).

527 Ebenso Panek, Die steuerliche Außenprüfung, S. 232.

rungsbedürfnis orientieren.[528] Zur Vorlagepflicht im Rahmen der Außenprüfung hat der BFH mehrfach betont, dass der Außenprüfer die Vorlage von Unterlagen grundsätzlich nur verlangen darf, soweit sie zur steuerlichen Aufklärung notwendig, verhältnismäßig, erfüllbar und zumutbar ist.[529] Ist der Sachverhalt so weit aufgeklärt, wie es das Gesetz verlangt, ist die Vorlage weiterer Unterlagen nicht mehr notwendig und kann daher auch nicht über § 200 AO verlangt werden, denn nach § 200 AO hat der Steuerpflichtige „bei der Feststellung der Sachverhalte, die für die Besteuerung erheblich sein können" mitzuwirken. Dieser Verpflichtung ist er aber bereits nachgekommen, wenn er seiner Aufbewahrungspflicht im Sinne des § 147 Abs. 1 AO genüge getan hat. Vorlagepflichten und diesen nachfolgende Beweislastentscheidungen können in diesem Fall nicht vom Zufall oder vom guten Willen des Steuerpflichtigen abhängen, sondern müssen vielmehr gesetzlich determiniert sein.

b) Zum Verhältnis der Aufbewahrungs- zur Vorlagepflicht

Verletzt der Steuerpflichtige hingegen seine Aufbewahrungspflicht, indem er aufzubewahrende Daten nicht vorhält, hat er seiner Mitverantwortung nicht genüge getan. Dabei wird die Finanzverwaltung aus Verhältnismäßigkeitsgesichtspunkten keine rechtlichen Konsequenzen daraus ziehen dürfen, wenn der Steuerpflichtige im Rahmen seiner Beweisangebotspflicht nicht das sachnähste Beweismittel aufbewahrt hat, sofern es geeignet ist, den Sachverhalt aufzuklären und der Finanzbehörde die Sachverhaltsaufklärung mit diesem Beweismittel auch zumutbar ist.[530] Die Aufbewahrungspflicht ist vielmehr erst dann verletzt, wenn der Sachverhalt mit den aufbewahrten Unterlagen in ihrer Gesamtheit nicht mehr in zumutbarer Weise ermittelt werden kann oder der Steuerpflichtige ein so sachfernes Beweismittel gewählt hat, das auch im Zusammenspiel mit den weiteren aufbewahrten Unterlagen nicht dazu geeignet ist, den Sachverhalt mit an Sicherheit grenzender Wahrscheinlichkeit (sog. Regelbeweismaß: die Zweifel müssen Schweigen) festzustellen. Bei der Sachverhaltsaufklärung ist zwar streitig, welcher Gewissheitsgrad zugrunde zulegen ist. In Übereinstimmung mit dem Prozessrecht hält die h. M. mit Verweis auf § 38 AO noch die Regel des Vollbeweises hoch, d. h. der Sachverhalt muss zur vollen Überzeugung der Finanzverwaltung festgestellt werden.[531] Dabei ist angesichts des steuerlichen

---

528 Seer, in: Tipke/Kruse, § 85 AO Tz. 26, 28 und § 88 AO Tz. 12 (Oktober 2008); ausführlich hierzu auch Tipke, Die Steuerrechtsordnung, Bd. III, S. 1218 ff.

529 BFH, Urteil v. 4.11.2003, VII R 28/01, BStBl. II 2004, 1032, 1033; BFH, Beschluss v. 11.9.1996, VII B 176/94, BFH/NV 1997, 166, 169; BFH, Urteil v. 15.9.1992, VII R 66/91, BFH/NV 1993, 76, 77.

530 Vgl. E.III.1.c).

531 Lambrecht, DStJG 12 (1989), 79, 81; Birkenfeld, Beweis und Beweiswürdigung im Steuerrecht, S. 147; Nierhaus, Beweismaß und Beweislast, S. 61, 64, 115; Schmidt, Die

Massenfallverfahrens das Dogma vom Vollbeweis nicht praktikabel, so dass es mit den Fundamentalprinzipien der Gesetz- und Gleichmäßigkeit der Besteuerung kollidiert.[532] Aus diesem Grund verlangte eine vorzugswürdigere Ansicht eine Beweismaßorientierung an der Sphärenverantwortung.[533] *Seer* fasst die sphärenorientierte Beweisrisikoverteilung wie folgt zusammen[534]:

- Für steuerbegründende oder –erhöhende Tatsachen gilt: Beruht das Sachverhaltsaufklärungsdefizit auf unzureichender Mitwirkung des Steuerpflichtigen, so reduziert sich das Beweismaß entsprechend der Pflichtverletzung auf eine größtmögliche Wahrscheinlichkeit. Beruht es dagegen auf keiner Mitwirkungspflichtverletzung, so bleibt es beim Regelbeweismaß der an Sicherheit grenzenden Wahrscheinlichkeit.
- Für steuerentlastende oder –mindernde Tatsachen gilt: Beruht das Sachaufklärungsdefizit auf Verletzung der Mitwirkungspflicht des Steuerpflichtigen, so bleibt es beim Regelbeweismaß (Verbot der Prämierung einer Mitwirkungspflichtverletzung). Beruht es dagegen auf keiner Mitwirkungspflichtverletzung, so ist das Beweismaß auf eine größtmögliche Wahrscheinlichkeit zu reduzieren.

Dieser Streit hat jedoch keine Auswirkung auf die Frage, welche Anforderungen die aufzubewahrenden Unterlagen in ihrer Gesamtheit erfüllen müssen, damit der Steuerpflichtige seiner Beweisangebotspflicht und damit seiner Aufbewahrungspflicht genüge getan hat. Denn für den Aufbewahrungspflichtigen handelt es sich nicht um ein Massenfallverfahren, sondern er muss „lediglich" die seiner Sphäre zugehörenden Unterlagen für eine spätere Überprüfung vorhalten. Dass bei dieser Überprüfung durch die Finanzverwaltung ein flexibles Beweismaß nach Maßgabe einer sphärenorientierten Beweisrisikoverteilung Anwendung findet, darf nicht darüber hinwegtäuschen, dass die im Vorfeld aufbewahrten Unterlagen in ihrer Gesamtheit geeignet sein müssen, die steuerrelevanten Sachverhalte mit an Sicherheit grenzender Wahrscheinlichkeit nachzuweisen. Erst mit Blick darauf, ob diese gesetzliche Mitwirkungspflicht verletzt oder hinreichend erfüllt worden ist, lässt sich das zugrunde zu legende Beweismaß feststellen. Dass die Sachverhaltsermittlung mit den aufbewahrten Unterlagen in ihrer Gesamtheit nicht möglich ist, hat die Finanzverwaltung nachzuweisen[535], wobei

---

Problematik der objektiven Beweislast im Steuerrecht, S. 42 ff.; Müller-Franken, Maßvolles Verwalten, S. 227 ff.

532 Seer, Verständigung in Steuerverfahren, S. 186 ff.

533 Grundlegend Seer, Verständigung in Steuerverfahren, S. 182 ff.; Seer, StuW 2003, S. 40, 41; Seer, in: Tipke/Lang[19], § 22 Tz. 190 f.; Seer, in: Tipke/Kruse, § 88 AO Tz. 29 ff. (Oktober 2008).

534 Vgl. Seer, in: Tipke/Lang[19], § 22 Tz. 190.

535 Als begründete Zweifel weckender Nachweis der Unvollständigkeit der aufzubewahrenden Unterlagen kommen insbesondere der innere Betriebsvergleich (dazu BFH, Ur-

begründete Zweifel an der Vollständigkeit für eine weitere Ermittlung ausreichen. Die Störung des Kooperationsverhältnisses durch die Aufbewahrungspflichtverletzung des Steuerpflichtigen hat zur Folge, dass der Untersuchungsgrundsatz wieder erstarkt. Die Wechselwirkung zwischen Mitwirkungspflichten und Untersuchungsgrundsatz beruht in der Vorschrift des § 88 Abs. 1 S. 3 AO, die den Umfang des Untersuchungsgrundsatzes an die Umstände des Einzelfalls knüpft.[536] Kann der Sachverhalt anhand der Unterlagen, die der Steuerpflichtige im Rahmen seiner (nicht voll erfüllten) Aufbewahrungspflicht vorgehalten hat, nicht ermittelt werden, weil aufbewahrungspflichtige Unterlagen im Vorfeld falsch qualifiziert wurden, muss der Sachverhalt auf andere Weise aufgeklärt werden. Während bei Wahrung der Aufbewahrungspflicht eine Vorlage nicht aufbewahrungspflichtiger Unterlagen nicht in Betracht kommt, eröffnet sich der Finanzverwaltung bei Verletzung dieser Pflicht durch den Steuerpflichtigen der Zugriff auf weitere Unterlagen, soweit das Vorlageverlangen zur steuerlichen Aufklärung notwendig, verhältnismäßig, erfüllbar und zumutbar ist.[537] In diesem Rahmen trifft die Finanzbehörde - wenn man so will - die Pflicht zur Zweitqualifikation aus den noch zur Verfügung stehenden Unterlagen. Daher ist die Auffassung, dass eine Vorlagepflicht nach § 200 AO nur im Rahmen einer Aufbewahrungspflicht gegeben ist[538], zu eng[539]. Eine Vorlagepflicht kann sich vielmehr auch aus der Verletzung einer Aufbewahrungspflicht ergeben, so dass zwischen aufbewahrungspflichtigen und vorlagepflichtigen Unterlagen zwar keine grundsätzliche Identität, dafür aber eine Abhängigkeit besteht. Dass hier die Vorlagepflicht vom Zufall oder vom guten Willen des Steuerpflichtigen abhängt, d. h. davon welche Unterlagen tatsächlich noch vorhanden sind, rechtfertigt sich aus der Mitwirkungspflichtverletzung. Da der Sachverhalt aus der Sphäre des Steuerpflichtigen stammt, er aber seiner sphärenorientierten Mitverantwortung zur Konservierung dieses Sachverhalts nicht nachgekommen ist, liegt es in der Natur der Sache, dass die Ermittlung des Sachverhalts nun auch an Zufälligkeiten gebunden ist. Die Finanzbehörde behält als „Treuhänderin der Gemeinwohlinteressen" die Letztverantwortung für die Sachaufklärung.[540] Deshalb

---

teil v. 17.11.1981, VIII R 174/77, BStBl. II 1982, 430, 435; Mittelbach, StBp 1984, S. 1, 4) oder die miteinander verwandte Vermögenszuwachs- und Geldverkehrsrechnung (dazu BFH, Urteil v. 28.5.1986, I R 265/83, BStBl. II 1986, 732, 733; BFH, Urteil v. 8.11.1989, X R 178/87, BStBl. II 1990, 268, 270; Mathiak, StuW 1975, S. 30, 36; Assmann, StBp 1989, S. 252, 257) in Betracht.

536 So auch Seer, in: Tipke/Kruse, § 88 AO Tz. 6 (Oktober 2008)

537 Ähnlich auch Panek, Die steuerliche Außenprüfung, S. 202; Ritzrow, in: Pump/Leibner, § 147 AO Tz. 45 (Juni 2002).

538 Tipke, in: Tipke/Kruse, § 200 AO Tz. 10 (Oktober 2007).

539 BFH, Urteil v. 23.10.1990, VIII R 1/86, BStBl. II 1991, 277; Seer, in: Tipke/Kruse, § 97 AO Tz. 5 (Oktober 2008).

540 Seer, Verständigungen in Steuerverfahren, S. 179.

endet ihre Ermittlungspflicht nicht automatisch dort, wo der Steuerpflichtige seine Mitwirkungspflicht verletzt.[541] Da diese Pflicht zur Zweitqualifikation zur steuerlichen Aufklärung notwendig, verhältnismäßig, erfüllbar und zumutbar sein muss[542], steht die Auswahl trotz der Mitwirkungspflichtverletzung nicht im Belieben der Finanzbehörde. In diesen Grenzen hat die Finanzbehörde auch im Rahmen des § 200 AO entsprechend § 92 Satz 1 AO nach pflichtgemäßem Ermessen zu entscheiden, ob und in welcher Form sie die Mitwirkung des Steuerpflichtigen in Anspruch nimmt.[543] Die Ermittlungsbefugnis ist dabei selbstverständlich nicht nur auf ein Vorlageverlangen beschränkt, vielmehr darf sich die Finanzbehörde zur Sachverhaltsaufklärung der Beweismittel bedienen, die sie nach pflichtgemäßem Ermessen zur Ermittlung des Sachverhalts für erforderlich hält (Grundsatz des Freibeweises, § 92 S.1 AO) und die zur Sachverhaltsaufklärung geeignet sind.[544]

c) Analoge Anwendung des § 147 Abs. 6 AO

Fraglich ist, ob die nachträglich verlangten Unterlagen auch unter die Datenzugriffsregelungen fallen, wenn diese Unterlagen mit Hilfe eines Datenverarbeitungssystems erstellt wurden und maschinell auswertbar sind. Sofern die zusätzlich nach § 200 Abs. 1 S. 2 AO herausverlangten Daten nicht unter § 147 Abs. 1 AO fallen, ist der Wortlaut des § 147 Abs. 6 AO nicht erfüllt. Dennoch treten die aufgrund der Verletzung der Aufbewahrungspflicht nachträglich geforderten Unterlagen an die Stelle der aufbewahrungspflichtigen Unterlagen. Als Ersatz dieser zur Sachverhaltsermittlung aufzubewahrenden Unterlagen dienen sie dem gleichen Zweck, so dass eine vergleichbare Interessenlage besteht. Es wäre ungerechtfertigt, wenn die Finanzbehörde, obwohl sie bereits nicht auf die vom Gesetz geforderten Unterlagen zur Sachverhaltsermittlung zurückgreifen kann, auch noch um die effizientere Prüfungsmethode gebracht würde. Der Steuerpflichtige wäre trotz der Verletzung seiner Mitwirkungspflicht besser gestellt. Bei der Integration der Befugnisse zum Datenzugriff in die Regelungen zur Aufbewahrung von Unterlagen des § 147 AO hat es der Gesetzgeber offenbar übersehen, dass auch eine Regelung für den Fall zu treffen ist, dass aufzubewahrende Unterlagen nicht vorgehalten werden und deswegen gegebenenfalls andere Unterlagen zur Sachverhaltsaufklärung angefordert werden müssen. Aufgrund

541 Seer, in: Tipke/Kruse, § 90 AO Tz. 14 (April 2008).

542 BFH, Urteil v. 4.11.2003, VII R 28/01, BStBl. II 2004, 1032, 1033; BFH, Beschluss v. 11.9.1996, VII B 176/94, BFH/NV 1997, 166, 169; BFH, Urteil v. 15.9.1992, VII R 66/91, BFH/NV 1993, 76, 77.

543 BFH, Urteil v. 4.11.2003, VII R 28/01, BStBl. II 2004, 1032, 1033; so im Ergebnis auch Käbisch, Datenzugriff und digitale Unterlagen, Teil 5/6.6, S. 12 (Dezember 2001).

544 Trzaskalik, in: Hübschmann/Hepp/Spitaler, § 147 AO Tz. 12 (Juni 1999).

dieser planwidrigen Regelungslücke und der vergleichbaren Interessenlage[545], ist es gerechtfertigt § 147 Abs. 6 AO auch auf solche Unterlagen im Wege der Gesetzesanalogie[546] anzuwenden, die aufgrund einer Verletzung der Aufbewahrungspflicht nach § 200 Abs. 1 S. 2 AO herausverlangt werden.[547] Dabei darf von dem Steuerpflichtigen nichts Unmögliches verlangt werden, die analoge Anwendung des § 147 Abs. 6 AO steht vielmehr unter der Voraussetzung der Erfüllbarkeit. Da der Steuerpflichtige nicht zur maschinell auswertbaren Aufbewahrung verpflichtet war, soweit die verlangten Unterlagen nicht unter § 147 Abs. 1 AO fallen, hat die Finanzverwaltung bei ihrem Vorlageverlangen unter Verhältnismäßigkeitsgesichtspunkten die Nutzen des Datenzugriffs zur Sachverhaltsermittlung mit den Belastungen des Steuerpflichtigen bei der Herstellung der Datenzugriffsmöglichkeit abzuwägen, wobei die vorangegangene Mitwirkungspflichtverletzung in den Abwägungsvorgang einzubeziehen ist.

d) Schätzungsbefugnis

Das *Recht* zur weiteren Ermittlung in der Sphäre des Steuerpflichtigen darf nicht darüber hinwegtäuschen, dass der Ermittlungs*pflicht* der Finanzbehörde durch die Schätzungsbefugnis auch Grenzen gesetzt sind. Zwar knüpft § 162 Abs. 2 AO an § 162 Abs. 1 AO und setzt damit für die Schätzungsbefugnis voraus, dass die Finanzbehörde die Besteuerungsgrundlagen aufgrund der Mitwirkungspflichtverletzung nicht ermitteln oder berechnen kann.[548] Allerdings braucht die Behörde keine unverhältnismäßigen Anstrengungen zu unternehmen, um die Beweisschwierigkeiten auszuräumen, die sich aus der Verletzung der Mitwirkungspflicht des Steuerpflichtigen ergeben, so dass besonders umfangreiche und zeitraubende Ermittlungen nicht angestellt zu werden brauchen.[549] Vielmehr eröffnet sich dann die Schätzungsbefugnis des § 162 Abs. 2 S. 1 AO, wenn die Sachverhaltsermittlung aufgrund fehlender Daten im Sinne von § 147 Abs. 1,

---

545 Vgl. zu Voraussetzungen der Ausfüllung von Gesetzeslücken Larenz, Methodenlehre der Rechtswissenschaft, S. 370 ff.

546 Canaris, Die Feststellung von Lücken im Gesetz, S. 90 spricht in diesem Zusammenhang von teleologischer Extension anstatt von Gesetzesanalogie.

547 Da es sich bei der Regelung der Datenzugriffsbefugnis gem. § 147 Abs. 6 AO um Verfahrensrecht handelt, spielt der Streit, ob und wieweit das materielle Steuerrecht analogiefähig ist, vorliegend keine Rolle. Die überwiegende Meinung hält zwar auch das materielle Steuerrecht für analogiefähig, lehnt aber eine Analogie zu Lasten des Steuerpflichtigen aus Gründen der Rechtssicherheit sowie mit Rücksicht auf den Grundsatz der Gesetzmäßigkeit der Verwaltung ab, vgl. Völker, DStZ 1989, S. 235, 240; Offerhaus, BB 1984, S. 993, 996, Crezelius, BB 1984, S. 1377; die Analogiefähigkeit bejahend hingegen Woerner, FR 1992, S. 226, 231.

548 BFH, Urteil v. 15.2.1989, X R 16/86, BStBl. II 1989, 462; Seer, in: Tipke/Kruse, § 162 AO Tz. 32 (August 2006).

549 Seer, in: Tipke/Kruse, § 162 AO Tz. 32, 42 (August 2006).

Abs. 6 AO nicht in zumutbarer Weise erfolgen kann. Wobei noch einmal darauf hingewiesen wird, dass die fehlende maschinelle Auswertbarkeit von Unterlagen für sich alleine kein Grund für eine Schätzung ist, wenn der Sachverhalt noch mit konventionellen Unterlagen hinreichend ermittelt werden kann, da hier die Grenzen der Zumutbarkeit noch nicht überschritten sind.[550] Kann der Sachverhalt allerdings überhaupt nicht mit Mitteln aus der Sphäre des Steuerpflichtigen aufgeklärt werden, dann wird regelmäßig die Schätzungsbefugnis gegeben sein.

e) Sonstige Folgen

Liegen aufgrund der falschen Erstqualifikation weder Daten vor, die Aufzeichnungen im Sinne der Steuervergünstigungen bilden, noch sonstige den Anforderungen der Steuervergünstigung genügende Aufzeichnungen, dann ist die Steuervergünstigung wegen der fehlenden Aufzeichnung zu versagen, denn es fehlt ein Tatbestandsmerkmal für die Gewährung der Vergünstigung.

Wenn die falsche Erstqualifikation zum Verlust von Daten führt, die die Aufzeichnung im Sinne von § 90 Abs. 3 AO repräsentieren, dann löst das den Steuerzuschlag gem. § 162 Abs. 4 AO aus, wenn keine konventionellen Unterlagen vorliegen, die diesen Zweck erfüllen. Eine Gewerbeuntersagung gem. § 35 GewO ist wegen einer falschen Erstqualifikation dagegen nicht erforderlich, zumindest dann nicht, wenn die falsche Qualifikation aufgrund falscher Subsumtion und nicht böswillig geschieht. Auch §§ 379, 381 AO setzen wenigstens Leichtfertigkeit voraus.

4. Unverschuldeter Datenverlust

Werden maschinell auswertbare Daten nicht über den gesamten Aufbewahrungszeitraum aufbewahrt, ist die Buchführung nicht ordnungsgemäß. Das gilt auch dann, wenn der Datenverlust nicht vom Steuerpflichtigen zu vertreten ist[551], da die Daten im Sinne des § 147 Abs. 1, Abs. 6 AO der Beweisrisikosphäre des Aufbewahrungspflichtigen zuzurechnen sind.[552] Deswegen treffen den Steuerpflichtigen grundsätzlich die gleichen Rechtsfolgen, die ihn auch bei einem verschuldeten Verlust treffen würden.[553] Gegebenenfalls kommt jedoch eine Billigkeitsmaßnahme nach § 163 S. 1 2. Alt. AO in Betracht. Dies kann aber

---

550 Hierzu bereits G.I.2.b)aa); vgl. auch Panek, Die steuerliche Außenprüfung, S. 163 f.

551 Vgl. BFH, Urteil v. 14.8.1974, I R 189/72, BStBl. II 1974, 728; BFH, Urteil v. 28.6.1972, I R 182/69, BStBl. 1972, 819; BFH, Urteil v. 25.3.1966, VI 313/65, BStBl. III 1966, 487; BFH, Urteil v. 6.12.1955, I 169/55 U, BStBl. III 1956, 82; BFH, Urteil v. 10.2.1953, I 129/52 S, BStBl. III 1953, 106; BFH, Urteil v. 20.6.1985, IV R 41/82, BFH/NV 1985, 12.

552 Vgl. allgemein hierzu Seer, in: Tipke/Kruse, § 162 AO Tz. 37 (August 2006).

553 Vgl. G.I.1. u. G.I.3.

nicht dazu führen, dass das Fehlen aufbewahrungspflichtiger Unterlagen gänzlich unberücksichtigt bleibt.[554] Lediglich im Hinblick auf Steuervergünstigungen hat die Rechtsprechung bisher entschieden, dass der unverschuldete Verlust des geforderten Buchnachweises aus Billigkeitsgesichtspunkten nicht zum Verlust der Vergünstigung führt und dies mit den Grundsätzen der Steuergerechtigkeit und Steuergleichheit begründet.[555] Dies darf aber nicht dahingehend missverstanden werden, dass aus dem unverschuldeten Fehlen der aufbewahrungspflichtigen Daten keine rechtlichen Folgen erwachsen. Denn auch der unverschuldete Verlust führt zu einer Nichtvorlage von Büchern und Aufzeichnungen im Sinne von § 162 Abs. 2 S. 2 AO, so dass die Schätzungsbefugnis eröffnet ist. Dürfte dieser Umstand keine Berücksichtigung finden, dann müsste eine Beweislastentscheidung getroffen werden, was aber unter dem Gesichtspunkt der Gesetz- und Gleichmäßigkeit der Besteuerung zu ungerechten Ergebnissen führen würde. Ein fehlendes Verschulden kann allerdings als ein besonderer Umstand des Einzelfalls nach § 162 Abs. 1 S. 2 Berücksichtigung finden.[556] Diese Auffassung ist auch mit den verschiedenen Ländererlassen im Einklang, wonach aus dem Verlust von Unterlagen durch Hochwasserschäden steuerlich keine negativen Folgen gezogen werden dürfen.[557] Denn die Schätzung ist keine negative Folge, sondern ein Verfahren, Besteuerungsgrundlagen mit Hilfe von Wahrscheinlichkeitsüberlegungen zu ermitteln, wenn eine sichere Feststellung nicht möglich ist.[558] Die Schätzung verfolgt das Ziel, ein möglichst zutreffendes Besteuerungsergebnis zu erreichen und damit die Grundsätze der Gesetzmäßigkeit und Gleichmäßigkeit der Besteuerung zu erfüllen.[559] Die Schätzung stellt keine Bestrafung des Steuerpflichtigen aufgrund seiner fehlenden Mitwirkung dar, vielmehr sind Strafschätzungen zu Lasten des Steuerpflichtigen nicht zulässig.[560] Die so genannten Unsicherheitszuschläge, um die der der Schätzung zugrunde

---

554 Zumindest missverständlich daher Drüen, in: Tipke/Kruse, § 147 AO Tz. 65 (April 2007); Dumke, in: Schwarz, § 147 AO Tz. 20 (9/2005); Klein/Brockmeyer[9], § 147 AO Tz. 16.

555 So BFH, Urteil v. 27.10.1977, V R 34/75, BStBl. II 1978, 169; BFH, Urteil v. 14.8.1974, I R 189/72, BStBl. II 1974, 728, 729; BFH, Urteil v. 28.6.1972, I R 182/69, BStBl. 1972, 819 zu § 131 Abs. 1 Satz 1 RAO.

556 Seer, in: Tipke/Kruse, § 162 AO Tz. 37 (August 2006).

557 Z. B. FinMin NRW, FR 1983, S. 245, 246; FinMin Baden-Württemberg, DStR 1988, S. 358; FinMin Bayern, DStR 2002, S. 1132, 1133.

558 Vgl. BFH, Urteil v. 19.2.1987, IV R 143/84, BStBl. II 1987, 412, 413; BFH, Urteil v. 18.12.1984, VIII R 195/82, BStBl. II 1986, 226, 228; 1987, 412.

559 Vgl. Seer, in: Tipke/Kruse, § 162 AO Tz. 29 (August 2006).

560 BFH, Urteil v. 20.12.2000, I R 50/00, BStBl. II 2001, 381, 383; FG Köln, Urteil v. 21.3.1995, 13 K 6492/94, EFG 1996, 571 f.; FG Bremen, Urteil v. 24.9.1996, 2 94 085 K 2 u. a., EFG 1997, 449, 451; Hessisches FG, Urteil v. 15.3.2001, 13 K 1061/00, EFG 2001, 798.

gelegte Gewinn oder Umsatz erhöht wird, dienen nur der Annäherung an das richtige steuerliche Ergebnis.[561]

Gemäß § 162 Abs. 4 S. 5 AO scheidet zudem ein Steuerzuschlag aus, wenn die Nichterfüllung der Dokumentationspflicht nach § 90 Abs. 3 AO entschuldbar erscheint oder ein Verschulden nur geringfügig ist.

Als nicht zu vertretene Umstände, die den Datenverlust verursacht haben, kommen Fälle höherer Gewalt in Betracht, insbesondere Feuer, (Hoch-)Wasser, Angriffe durch Hacker, Virenbefall, Terroranschläge und Diebstahl.[562] Allerdings scheidet das Vorliegen höherer Gewalt dann aus, wenn es der Steuerpflichtige unterlassen hat, übliche Schutzvorkehrungen gegen den Datenverlust zu treffen. So können insbesondere Virenbefall oder Hackerangriffe den Datenverlust nicht entschuldigen, wenn eine zeitgemäße Antivirensoftware bzw. eine Firewall den Datenverlust verhindert hätte.

5. Folgenumgehung durch Antrag auf Bewilligung von Erleichterungen nach § 148 AO

Nach § 148 S. 1 AO kann die Finanzbehörde bei der Führung von Büchern und Aufzeichnungen nach den §§ 140 ff. AO „für einzelne Fälle oder für bestimmte Gruppen von Fällen Erleichterungen bewilligen, wenn die Einhaltung der durch die Steuergesetze begründeten Buchführungs-, Aufzeichnungs- und Aufbewahrungsvorschriften Härten mit sich bringt und die Besteuerung durch die Erleichterung nicht beeinträchtigt wird." Die Erleichterung bewirkt, dass steuerlich aus der teilweisen Nichterfüllung der aus der Verpflichtung zur Führung von Büchern und Aufzeichnungen resultierenden Pflichten keine Folgen gezogen werden.[563] Erleichterungen kommen auch hinsichtlich der Vorsorgemaßnahmen, die dem Steuerpflichtigen im Hinblick auf den Datenzugriff auferlegt sind, in Betracht. Denkbar sind Erleichterungen insofern, dass die Anforderungen an die maschinelle Auswertbarkeit eingeschränkt werden, die dem Datenzugriff unterliegenden Unterlagen eingegrenzt werden oder spätere Datenzugriffsarten ausgeschlossen werden.

Tatbestandliche Voraussetzungen des § 148 AO sind, dass die Erfüllung der Pflichten Härten hervorrufen würde und die Besteuerung durch die bewilligte Erleichterung nicht beeinträchtigt wird.[564] Damit liegen auf der Tatbestandseite zwei unbestimmte Rechtsbegriffe, die der Ausfüllung im Einzelfall bedürfen

561 Seer, in: Tipke/Kruse, § 162 AO Tz. 13 (August 2006).

562 Vgl. auch Drüen, in: Tipke/Kruse, § 147 AO Tz. 65 (April 2007); Loose, in: Tipke/Kruse, § 227 AO Tz. 65 f. (Oktober 2005).

563 Klein/Brockmeyer^9, § 148 AO Tz. 1.

564 Drüen, in: Tipke/Kruse, § 148 AO Tz. 2 (April 2007).

und die gerichtlich voll überprüfbar sind, da der Finanzbehörde kein Beurteilungsspielraum einzuräumen ist.

Eine Beeinträchtigung der Besteuerung ist anzunehmen, wenn durch die Erleichterung die Besteuerungsmerkmale nicht mehr in ausreichendem Maße nachprüfbar sind oder die Erleichterung zur Festsetzung einer niedrigeren Steuer führt.[565] Die Festsetzung einer niedrigeren Steuer ist bei Erleichterungen, die lediglich die Datenzugriffsverpflichtungen betreffen, nicht denkbar.[566] Allerdings kann durch die in Frage kommenden Erleichterungen die Nachprüfbarkeit leiden. Fraglich ist deshalb, wann ein nicht mehr ausreichendes Maß an Nachprüfbarkeit erreicht ist. Da die Besteuerung beeinträchtigt sein muss, kann das erst dann der Fall sein, wenn durch die Erleichterungen der Ansatz der richtigen Steuer überhaupt nicht mehr überprüfbar ist. In Bezug auf Erleichterungen bei der maschinellen Auswertbarkeit wird man das erst annehmen dürfen, wenn die konventionelle Buchführung die Überprüfung der Besteuerungsgrundlage nicht mehr gewährleisten kann, etwa bei digitalen Geschäftsvorfällen.

Teilweise wird dem ausreichenden Maß der Nachprüfung auch eine zeitliche Komponente entnommen. Danach ist die Besteuerung beeinträchtigt, wenn die Nachprüfung über das normale Maß verzögert wird.[567] Eine zeitliche Komponente lässt sich dem unbestimmten Rechtsbegriff aber nicht entnehmen. Die Besteuerung selbst wird durch eine Verzögerung bei der Nachprüfung nicht beeinträchtigt, selbst wenn sie das normale Maß überschreitet. Die zeitliche Verzögerung ist vielmehr bei der Frage zu beachten, ob die Pflichten Härten mit sich bringen.

Eine Härte im Sinne des § 148 AO liegt vor, wenn eine Pflicht im Sinne des § 140 ff. AO von einigem Gewicht[568] aus sachlichen Gründen[569] für den Steuerpflichtigen unzumutbar[570] ist. Dabei ist eine Abwägung zwischen den sachlichen Gründen, die die Pflichterfüllung nicht zumutbar erscheinen lassen und den durch die Erleichterungen hinzunehmenden Beeinträchtigungen für die Finanzverwaltung im Hinblick auf die Nachprüfbarkeit erforderlich. Im Rahmen des Datenzugriffs wird die Abwägung zugunsten der Erleichterung ausfallen, wenn die technische Umsetzung der Datenzugriffsvoraussetzungen bei dem Steuerpflichtigen nur mit unzumutbaren Mitteln vollständig erfolgen kann, etwa weil dafür ein völlig neues Datenverarbeitungskonzept implementiert werden müsste, die Effizienzsteigerung bei der Außenprüfung im Einzelfall dagegen nur sehr gering ist, etwa wenn bei kleineren Betrieben nur geringe Datenmengen anfal-

565 Drüen, in: Tipke/Kruse, § 148 AO Tz. 5 ff. (April 2007).
566 Ebenso Panek, Die steuerliche Außenprüfung, S. 171.
567 Drüen, in: Tipke/Kruse, § 148 AO Tz. 6 (April 2007).
568 FG Köln, Urteil v. 27.7.1994, 10 K 4538/93, EFG 1995, 97, 100.
569 FG Saarland, Urteil v. 18.12.1996, 1 K 55/96, EFG 1997, 587.
570 Drüen, in: Tipke/Kruse, § 148 AO Tz. 3 (April 2007).

len. Auch einzelne Unterlagen können vom Datenzugriff ausgenommen werden, wenn ihre Bereitstellung in maschinell auswertbarer Form in einem unproportionalem Verhältnis zu ihrem Nutzen stehen. Ein weiterer Fall für die Anwendung des § 148 AO ist bei einem Wechsel des Datenverarbeitungssystems beim Steuerpflichtigen denkbar[571], da hier die Anstrengungen zur Herstellung des unmittelbaren oder mittelbaren Datenzugriffs unzumutbar sein können, so dass die spätere Datenzugriffsart bereits im Vorfeld auf die Datenträgerüberlassung zu beschränken sein könnte. Umgekehrt kann eine Beschränkung auf den unmittelbaren/mittelbaren Datenzugriff geboten sein, wenn eine Konvertierung der Daten in ein von der Analysesoftware der Finanzverwaltung auswertbares Datenformat mit unzumutbaren Schwierigkeiten verbunden ist.[572]

Liegt eine Härte in diesem Sinne vor, ohne dass es zu einer Beeinträchtigung der Besteuerung kommt, legt der Wortlaut des § 148 AO („Die Finanzbehörden können…") als Rechtsfolge Ermessen bezüglich der Erleichterungsbewilligung nahe. Allerdings sind bereits aufgrund des Abwägungsvorgangs bei der Anwendung der unbestimmten Rechtsbegriffe alle auch für das Entschließungsermessen maßgeblichen Gesichtspunkte zu berücksichtigen. Dadurch tritt ein Ermessensschwund ein[573], so dass entgegen der herrschenden Meinung[574] von einer reinen Ermessensvorschrift nicht die Rede sein kann, da die Entscheidung, ob eine Erleichterung zu gewähren ist, bei Vorliegen der Tatbestandsvoraussetzungen des § 148 AO nur zugunsten des Steuerpflichtigen ausfallen kann. Nur im Hinblick auf die Auswahl der konkreten Erleichterung hat die Finanzbehörde Ermessen.[575] Dieses Auswahlermessen wird aber nicht selten auf Null reduziert sein, soweit nur eine bestimmte Erleichterung geeignet ist, die angetroffene Härte zu mildern. Gem. § 148 S. 2 AO ist auch eine rückwirkende Bewilligung der Erleichterung möglich[576], nach § 148 S. 3 AO kann die kraft Gesetzes unter Widerrufsvorbehalt stehende Bewilligung ex nunc[577] widerrufen werden.

---

571 Ebenso Panek, Die steuerliche Außenprüfung, S. 170.

572 Auch Schmitz, StBp 2002, S. 253, 254 bejaht mit Blick auf § 148 AO die Möglichkeit einer abgestimmten Archivierungsvereinbarung.

573 Maurer, Allgemeines Verwaltungsrecht, § 7 Tz. 49.

574 BFH, Urteil v. 17.9.1987, IV R 31/87, BStBl. II 1988, 20, 21; FG Köln, Urteil v. 27.7.1994, 10 K 4538/93, EFG 1995, 97, 99; Dumke, in: Schwarz, § 148 AO Tz. 1a (12/2005); Kuhfus, in: Kühn/v. Wedelstädt[18], § 148 AO Tz. 1; Klein/Brockmeyer[9], § 148 AO Tz. 3; Mösbauer, in: Koch/Scholtz[5], § 148 AO Tz. 2; Kanzler, FR 1988, S. 593, 594.

575 Deswegen zu eng Drüen, in: Tipke/Kruse, § 148 AO Tz. 3 (April 2007), der der Finanzbehörde überhaupt keinen Ermessenspielraum eröffnet.

576 Zu den Einschränkungen im Rahmen der Außenprüfung siehe G.II.4.

577 Ein Widerruf ex tunc ist nur unter den Voraussetzungen des § 130 Abs. 1, 2 AO zulässig, vgl. Drüen, in: Tipke/Kruse, § 148 AO Tz. 20 (April 2007).

II. Pflichtverletzungen im Rahmen der Außenprüfung

Im Rahmen der Außenprüfung hat der Steuerpflichtige die Finanzbehörde bei der Ausübung ihrer Befugnisse nach § 147 Abs. 6 AO gem. § 200 Abs. 1 S. 2 AO zu unterstützen. Namentlich hat er nach Ermessen der Finanzverwaltung den Datenzugriff im eigenen Datenverarbeitungssystem zu dulden (unmittelbarer Datenzugriff, § 147 Abs. 6 S. 1 AO), Daten nach ihren Vorgaben maschinell auszuwerten (mittelbarer Datenzugriff, § 147 Abs. 1 S. 2 1. Alt. AO) oder die dem Datenzugriff unterliegenden Daten auf einem maschinell auswertbaren Datenträger zu übergeben (Datenträgerüberlassung, § 147 Abs. 1 S. 2 2.Alt. AO). Der Steuerpflichtige kann dabei seine Mitwirkung ganz verweigern, indem er den Zugang zur Datenverarbeitungsanlage versperrt, die verlangten Auswertungen nicht vornimmt oder den maschinell auswertbaren Datenträger nicht herausgibt. Eine Mitwirkungspflichtverletzung liegt aber auch bereits dann vor, wenn der Steuerpflichtige nur bezüglich eines Teiles der dem Datenzugriff unterliegenden Daten seine Mitwirkung verweigert, indem er etwa dem Außenprüfer die Zugriffsberechtigung auf diese Daten in seinem Datenverarbeitungssystem nicht erteilt oder bestimmte Daten nicht auf den zur Überlassung bereitgestellten Datenträger überspielt. Deswegen sind die Möglichkeiten, die sich der Finanzverwaltung zur Durchsetzung ihrer Befugnisse nach § 147 Abs. 6 AO bieten, im Folgenden aufzuzeigen.

1. Zwangsmaßnahmen

Die Finanzverwaltung teilt dem Steuerpflichtigen das Ergebnis ihrer Ermessensausübung bezüglich der Auswahl der Prüfungsmethode mit und legt dabei fest, ob und gegebenenfalls welche Formen des Datenzugriffs bei der Außenprüfung angewendet werden sollen. Dies geschieht regelmäßig bereits in der Prüfungsanordnung. Diese Mitteilung erfüllt damit alle Voraussetzungen eines Verwaltungsakts gem. § 118 AO, da er die Mitwirkungspflichten des Steuerpflichtigen im Rahmen der Außenprüfung konkretisiert.[578] Weil dieser Verwaltungsakt auf Handlung (Herausgabe, Auswertung) bzw. Duldung (des Zugriffs) gerichtet ist, eröffnet sich für die Finanzverwaltung bei einer Mitwirkungsverweigerung regelmäßig der Weg, die Mitwirkung mit Zwangsmitteln im Sinne der § 328 ff. AO durchzusetzen. Neben dem Zwangsgeld nach § 329 AO ist hier anders als bei den Pflichtverletzungen im Vorfeld der Außenprüfung als ultima ratio auch der unmittelbare Zwang als Zwangsmittel denkbar. So kann sich die Finanzverwaltung den Zugang zum Datenverarbeitungssystem des Steuerpflichtigen oder den maschinell auswertbaren Datenträger selbst im Wege der Amts-

578 Vgl. D.VI.

hilfe (§ 111 AO) durch die Polizeibehörden verschaffen lassen. Beim mittelbaren Datenzugriff ist eine Ersatzvornahme möglich, allerdings käme sie nur bei exotischen Datenverarbeitungssystemen in Betracht, weil ansonsten nur die Wahl des unmittelbaren Datenzugriffs bzw. der Datenträgerüberlassung verhältnismäßig wäre.[579] Da die Art des Datenzugriffs im pflichtgemäßen Ermessen der Finanzverwaltung steht, kann der Steuerpflichtige das Zwangsmittel nicht dadurch umgehen, dass er der Finanzbehörde statt der geforderten Zugriffsart eine andere Zugriffsmethode anbietet (z. B. Datenträgerüberlassung statt unmittelbaren Datenzugriff).

2. Schätzung

Die Möglichkeit Zwangsmittel anzuwenden schließt die Schätzungsbefugnis nicht aus, vielmehr sind beide Maßnahmen unterschiedlicher Zielsetzung gleichgeordnet.[580] Anders als bei Zwangsmitteln, die die Durchsetzung des Verwaltungsaktes bezwecken sollen, besteht das Ziel der Schätzung darin, die nicht mit Sicherheit aufklärbaren Besteuerungsgrundlagen mit einer größtmöglichen Wahrscheinlichkeit festzustellen und damit der Wahrheit möglichst nahe zu kommen.[581] Inwieweit eine Schätzungsbefugnis gegeben ist, richtet sich nach den bereits dargestellten Maßstäben, so dass darauf abzustellen ist, ob durch die Mitwirkungsverweigerung überhaupt kein Zugang zur Buchführung des Steuerpflichtigen gestattet wird bzw. digitale Geschäftsvorfälle einen Datenzugriff erfordern.[582]

3. Sonstige Folgen

Eine bußgeldrechtliche Ahndung kommt bei der Verweigerung des Datenzugriffs nicht in Betracht. Die Regelung des § 379 AO stellt auf den Buchungsvorgang und nicht auf deren Nachprüfungsmöglichkeiten ab. Die Vorschrift des § 381 AO setzt einen Verstoß gegen ein Verbrauchsteuergesetz bzw. eine dazu erlassende Rechtsverordnung voraus. Steuervergünstigungen können auch nicht aufgrund der Datenzugriffsverweigerung versagt werden, sondern nach den bereits dargestellten Grundsätzen besteht diese Möglichkeit nur, wenn und weil keine entsprechenden Unterlagen geliefert werden. Auch die Gewerbeuntersagung scheidet als Maßnahme aus, denn im Hinblick auf den mit einer Gewerbeuntersagung verbundenen Eingriff in die Berufsfreiheit ist die Möglichkeit der

579 Vgl. D.III.2.

580 Frotscher, in: Schwarz, § 162 AO Tz. 13 (4/2008); Seer, in: Tipke/Kruse, § 162 AO Tz. 13 (August 2006).

581 Seer, in: Tipke/Kruse, § 162 AO Tz. 13 (August 2006).

582 Siehe bereits G.I.2.b).

Zwangsmittelanwendung vorrangig, so dass es an der Erforderlichkeit i. S. des § 35 GewO fehlt.

4. Verzögerungsgeld

Im Rahmen des Jahressteuergesetzes 2009 hat der Gesetzgeber durch § 146 Abs. 2b AO ein Verzögerungsgeld von 2.500 Euro bis 250.000 Euro für die Fälle eingeführt, dass der Steuerpflichtige seinen Rückverlagerungs- und Mitteilungspflichten bei der Verlagerung seiner elektronischen Buchführung ins Ausland, der Pflicht zur Erteilung von Auskünften oder Vorlage angeforderter Unterlagen im Sinne des § 200 Abs. 1 AO oder insbesondere der Aufforderung zur Einräumung des Datenzugriffs nach § 147 Abs. 6 AO im Rahmen einer Außenprüfung nicht innerhalb einer ihm gegenüber bestimmten angemessenen Frist nachkommt.

a) Zweck und Rechtsnatur

Ein Grund für die Einführung des Verzögerungsgelds waren die bisher aufgezeigten Schwächen bei der Sanktionierung von Mitwirkungspflichtverletzungen im Zusammenhang mit dem Datenzugriff. Insbesondere mit der gleichzeitig durch das Jahressteuergesetz 2009 eröffneten Möglichkeit der Verlagerung der elektronischen Buchführung ins Ausland sollte der Steuerpflichtige hierdurch zur zeitnahen Mitwirkung angehalten werden.[583] Das Verzögerungsgeld ist gem. § 3 Abs. 4 AO eine steuerliche Nebenleistung. Zwar bestehen Ähnlichkeiten mit dem Zwangsgeld, der Unterschied zum Zwangsgeld ist aber darin zu sehen, dass die Mitwirkung letztlich durch das Verzögerungsgeld nicht nur durchgesetzt werden soll. Daher muss die verletzte Mitwirkungspflicht auch nicht mehr rechtlich oder tatsächlich möglich sein[584], um das Verzögerungsgeld festzusetzen. Vielmehr soll ein Anreiz geschaffen werden, rechtzeitig und ausreichend dafür Sorge zu treffen, sich pflichtgemäß verhalten zu können. Dieser Unterschied zeigt sich insbesondere in der Tatsache, dass die Sanktion gerade im Hinblick auf die Möglichkeit der Verlagerung der elektronischen Buchführung ins Ausland im Sinne des § 146 Abs. 2a AO[585] geschaffen wurde und die Befürchtung des Gesetzgebers dahin ging, dass die Finanzverwaltung aufgrund völkerrechtlicher Restriktionen gehindert sein könnte, den Datenzugriff durchzuführen.[586] Gerade diese rechtliche Unmöglichkeit sollte durch das Verzögerungsgeld sanktioniert werden, auch wenn sich der Gesetzgeber aus Gleichbehandlungs-

583 BT-Drucks. 16/10189, S. 81.
584 Hierzu G.I.2.d).
585 Vgl. F.V.
586 BT-Drucks. 16/10189, S. 81; siehe auch F.V.

grundsätzen[587] letztlich dazu entschlossen hat, die Sanktion nicht nur auf die Fälle der Auslandsverlagerung zu beschränken. Das Verzögerungsgeld hat daher präventiven und repressiven Charakter. Es ist ein Druckmittel eigener Art zur Sicherung einer ordnungsgemäßen Außenprüfung und weder Geldbuße noch Geldstrafe.

b) Tatbestand

aa) Rückverlagerung und Mitteilung nach § 146 Abs. 2a AO

Teilt der Steuerpflichtige der Finanzverwaltung nicht mit, dass bei einer Verlagerung der elektronischen Buchführung ins Ausland die bereits erteilte Zustimmung des ausländischen Staates zum Datenzugriff der deutschen Finanzbehörde wieder entzogen wurde oder dass er den ausländischen Standort der elektronischen Buchführung verändert hat, kann die Finanzverwaltung ein Verzögerungsgeld festsetzen. Gleiches gilt für den Fall, dass der Steuerpflichtige dem Verlangen der Finanzbehörde nicht rechtzeitig nachkommt, die elektronische Buchführung wieder ins Inland zu verlagern. Das Verzögerungsgeld wird dabei regelmäßig erst im Rahmen einer Außenprüfung festgesetzt werden, weil die Finanzverwaltung erst dann Kenntnis davon erlangen wird, dass die Mitteilungspflichten nach § 146 Abs. 2a S. 4 AO verletzt wurden oder die Voraussetzungen für ein Rückverlagerungsverlangen nach § 146 Abs. 2a S. 6 AO vorliegen. Hinsichtlich der Mitteilungspflichtverletzung wird allerdings an eine Mitwirkungspflichtverletzung angeknüpft, die regelmäßig vor der Außenprüfung stattgefunden hat.

bb) Einräumung des Datenzugriffs, Auskunfts- und Vorlagepflichten

Ein Verzögerungsgeld kann ferner festgesetzt werden, wenn der Steuerpflichtige seinen Auskunfts- und Vorlagepflichten während der Außenprüfung nicht nachkommt. Die Vorlagepflicht betrifft dabei nicht nur Unterlagen, die auf Datenträgern aufbewahrt werden, sondern auch Unterlagen in Papierform. Da aber auch die Nichteinräumung des Datenzugriffs mit einem Verzögerungsgeld sanktioniert werden kann, hat der Gesetzgeber für Mitwirkungspflichtverletzungen im Zusammenhang mit dem Datenzugriff eine nunmehr effektive Sanktion geschaffen, die die bisher aufgezeigten Lücken schließt. Dabei kann es unentschieden bleiben, ob unter „Einräumung des Datenzugriffs nach § 147 Abs. 6“ nur die Pflichten im engeren Sinne nach § 147 Abs. 6 AO gemeint sind. Denn spätestens im Zusammenspiel mit der Vorlagepflichtverletzung umfasst die Sanktionsmöglichkeit auch Mitwirkungspflichtverletzungen, die im Vorfeld des einzuräumenden Datenzugriffs im Rahmen einer Außenprüfung stattgefunden haben. Denn

587 BT-Drucks. 16/10189, S. 81.

wenn die Unterlagen nicht maschinell auswertbar aufbewahrt werden und deswegen nicht vorgelegt werden können, dann kann auf diese Unterlagen kein Datenzugriff eingeräumt werden. Dass der Gesetzgeber ein so weites Verständnis wohl auch im Sinn hatte, lässt sich daher aus der Systematik der Norm erschließen. Nicht nur die fehlende Einräumung des Datenzugriffs im engeren Sinne kann folglich mit einem Verzögerungsgeld belegt werden, sondern bereits die fehlende Datenzugriffsmöglichkeit auf einzelne vorlagepflichtige Unterlagen im Sinne des § 200 Abs. 1 AO. Dies zeigt deutlich, dass es dem Gesetzgeber nicht nur um die Einräumung des Datenzugriffs als solchen, sondern insbesondere auch um den Zugriff auf die einzelnen Daten im Rahmen einer Außenprüfung geht.

cc) Angemessene Frist

Da der Datenzugriff grundsätzlich gem. § 146 Abs. 5 S. 2 und 3 AO unverzüglich zu ermöglichen ist, muss die angemessene Frist zur Einräumung des Datenzugriffs bzw. zur Vorlage von auswertungsfähigen Daten nicht lang bemessen sein und sollte im Rahmen der Verhältnismäßigkeit nach den Erfordernissen der jeweiligen Außenprüfung im Einzelfall bestimmt werden. Hierbei sind die Hinderungsgründe für die Erfüllung der Mitwirkung zu berücksichtigen, wobei nur dann eine längere Frist in Betracht kommt, wenn plötzliche unvorhersehbare Gründe auftreten und nicht wenn sich der Steuerpflichtige aus Gleichgültigkeit bisher nicht um die Verwirklichung eines Datenzugriffs gekümmert hat. Bei der Rückverlagerungsaufforderung gem. § 146 Abs. 2a S. 6 AO wird die Finanzverwaltung insbesondere die technische Umsetzung bei der Fristbemessung berücksichtigen müssen. Die Angemessenheit der Frist ist ein unbestimmter Rechtsbegriff, bei der Bemessung steht der Finanzverwaltung kein Beurteilungsspielraum zu. Die Setzung einer unangemessenen Frist führt zur Rechtswidrigkeit des Verzögerungsgeldes.

Nach dem Wortlaut gilt die Fristsetzung auch bei einer Verletzung der Mitteilungspflicht nach § 146 Abs. 2a S. 4 AO. Dies scheint zwar nicht zweckmäßig zu sein, denn der Steuerpflichtige sollte dazu angehalten werden, von sich aus eine Änderung im Sinne des § 146 Abs. 2a S. 3 Nr. 1 und 2 anzuzeigen und nicht erst nach Aufforderung durch die Finanzverwaltung. Wenn aber erst eine Frist gesetzt werden muss, bleibt es letztlich ungeahndet, dass der Steuerpflichtige nicht von sich aus die Mitteilung gemacht hat. Allerdings ist der Wortlaut eindeutig, so dass für eine einschränkende Auslegung kein Platz ist.

dd) Auslandsverlagerung ohne Zustimmung

Ein Verzögerungsgeld kommt auch in Betracht, wenn der Steuerpflichtige seine Buchführung - und zwar auch die in Papierform - ins Ausland verlagert, ohne dass dies die Finanzbehörde bewilligt hätte. Es kommt dabei nicht darauf an, dass die Rückverlagerung unverzüglich möglich ist, vielmehr kann ein weiteres Verzögerungsgeld festgesetzt werden, wenn die Rückverlagerung nicht innerhalb einer angemessen Frist erfolgt.

ee) Verschulden

Anders als etwa beim Verspätungszuschlag gem. § 152 AO ist nach dem Wortlaut der Norm nicht ausdrücklich von der Festsetzung eines Verzögerungsgeldes abzusehen, wenn die Pflichtverletzung entschuldbar erscheint. Es reicht vielmehr die objektive Pflichtverletzung. Da das Verzögerungsgeld keine strafähnliche Sanktion, sondern ein Druckmittel eigener Art mit präventivem und represssivem Charakter ist, ist ein Verschulden auch nicht durch das Rechtsstaatsprinzip gefordert.[588] Allerdings ist das Verschulden auf der Rechtsfolgenseite im Rahmen des Ermessens zu berücksichtigen. Fehlendes Verschulden wird dabei regelmäßig zu einer Ermessensreduktion auf Null führen und die Festsetzung eines Verzögerungsgeldes ausschließen. Dabei ist aber zu berücksichtigen, dass der Steuerpflichtige nicht erst bei Bekanntgabe einer Prüfungsanordnung Vorbereitungen für einen Datenzugriff zu treffen hat, sondern dass die Verpflichtung zur Ermöglichung des Datenzugriffs ihm permanent auferlegt ist, auch wenn sie ihn konkret erst im Rahmen einer Außenprüfung trifft.

c) Rechtsfolge: Ermessen

Liegen die behandelten Tatbestandsmerkmale vor, kann die Finanzbehörde ein Verzögerungsgeld von 2.500 Euro bis 250.000 Euro festsetzen. Ob und eventuell in welcher Höhe eine Festsetzung erfolgt, liegt dabei in ihrem pflichtgemäßen Ermessen. Die Finanzverwaltung hat damit in jedem Einzelfall eine Entscheidung zu treffen, die den besonderen Gegebenheiten gerecht wird. Wie bereits gezeigt, kann bei fehlendem Verschulden eine Ermessensreduktion auf Null vorliegen. Im Rahmen des Ermessens ist zu berücksichtigen, in welchem Umfang der Datenzugriff nicht ermöglicht wurde und insbesondere in welchem Maße hierdurch die Nachprüfbarkeit der Unterlagen im Rahmen der Außenprüfung leidet. Bei dieser Frage hat die Finanzverwaltung den Grundsatz der Verhältnismäßigkeit zu wahren. Kann der Nachweis, der durch den geforderten Datenzugriff erbracht werden sollte, ebenso eindeutig auf anderem Wege erbracht werden, ohne dass eine zeitliche Verzögerung der Außenprüfung oder ein Aufklärungsdefizit eintritt, ist dies auch bei der Bemessung der Höhe des Verzögerungsgeldes zu berücksichtigen. Allerdings muss die Festsetzung nicht ganz unterbleiben, sofern zumindest die Aufforderung zur Einräumung des Daten-

---

588 Vgl. zu diesem Erfordernis BVerfG, Beschluss v. 25.10.1966, 2 BvR 506/63, BVerfGE 20, 323, 331.

zugriffs oder zur Vorlage der Unterlagen selbst verhältnismäßig war.[589] Neben der Dauer der Fristüberschreitung muss sich auch die Wirtschaftskraft des Steuerpflichtigen auf die Bemessung des Verzögerungsgeldes auswirken, da ansonsten der Zweck als Druckmittel nicht erreicht werden kann.

5. Anwendung des § 148 AO

Es wurde bereits erörtert, dass § 148 AO die Möglichkeit eröffnet, Erleichterungen für die im Vorfeld vom Steuerpflichtigen mit Blick auf das Datenzugriffsrecht der Finanzverwaltung zu erfüllenden Pflichten zu bewilligen.[590] Nach § 148 S. 2 AO ist eine Bewilligung auch rückwirkend möglich. Fraglich ist deshalb, ob § 148 AO auch noch im Rahmen der Außenprüfung greift und damit das Recht auf den Datenzugriff im Sinne des § 147 Abs. 6 AO beschränken kann. Die Befugnisnorm des § 147 Abs. 6 AO ist jedoch selbst eine Ermessensvorschrift und steht damit unter dem „Einzelfallvorbehalt der Angemessenheit". Deswegen bedarf es insoweit keiner Reduktion einer abstrakt-generellen Pflicht, die § 148 AO für gebundene Entscheidungen im Einzelfall eröffnen soll.[591] Liegt eine Härte im Sinne des § 148 AO vor, hat die Finanzverwaltung diesen Umstand damit bereits bei ihrem doppelten Ermessen[592], d. h. bei den Ermessensentscheidungen, ob sie überhaupt eine digitale Außenprüfung durchführt bzw. - sollte sie sich für eine digitale Außenprüfung entscheiden - welche der drei Zugriffsformen sie wählt, zu treffen. Für eine Anwendung des § 148 AO ist kein Platz.

---

589 Ausführlich hierzu I

590 Dazu G.I.5.

591 Zutreffend Drüen, in: Tipke/Kruse, § 148 AO Tz. 1a (April 2007).

592 Siehe D.V.

H. Auswertungsmöglichkeiten durch den Datenzugriff

Im Folgenden soll ein Überblick über die Auswertungsmöglichkeiten gegeben werden, die sich einem Außenprüfer durch die Datenzugriffsbefugnisse nach § 147 Abs. 6 AO eröffnen. Dabei gehen die nachfolgenden Ausführungen von den Analysemöglichkeiten aus, die die Prüfungssoftware „IDEA“ von Audicon bietet, die von der Finanzbehörde bei der Datenträgerüberlassung zur Datenanalyse verwendet wird. Beim unmittelbaren und mittelbaren Datenzugriff hängen die Auswertungsmöglichkeiten von dem vom Steuerpflichtigen verwendeten Datenverarbeitungssystem ab, so dass die Analyse im Einzelfall umfangreicher oder eingeschränkter sein kann.

Die Prüfsoftware „IDEA“ ist keine speziell für die Finanzverwaltung entwickelte Software. Sie wurde vor ca. 20 Jahren vom kanadischen Rechnungshof entwickelt und diente in der Folge insbesondere Revisoren, Wirtschaftsprüfern und Controllern in über 40 Ländern als Softwarelösung für den Import, die Analyse und das Reporting großer Datenmengen.[593] Im Zuge der Normierung der Datenzugriffsregelungen hat die Finanzverwaltung auch ihre Außenprüfer mit dieser Software ausgestattet[594]. Im Jahre 2006 hat die Finanzverwaltung zusätzlich Lizenzen von AIS TaxAudit erworben. Hierbei handelt es sich um ein auf IDEA basierendes Programm, das insbesondere zahlreiche vorgefertigte Prüfmakros enthält, die nach den Erfahrungen der ersten vier Jahre des Datenzugriffs entwickelt wurden, so dass anhand vordefinierter Prüfungsfelder eine standardisierte Prüfung vollzogen werden kann. Die Stärke der Software liegt insbesondere in der Verarbeitung von Massendaten.[595] Während z. B. Microsoft Excel, das auch als Werkzeug für den Datenzugriff eingesetzt wird, nur maximal 65535 Datensätze verarbeiten kann, gibt es bei IDEA keine softwareseitigen Begrenzungen hinsichtlich der Größe der zu bearbeitenden Daten. Die Hilfe von Computern bei der Außenprüfung ist dabei nicht neu, vor allem Microsoft Excel wurde bereits vor Einführung des Datenzugriffs von vielen Außenprüfern umfänglich zur Analyse benutzt. Dadurch dass die digitalen Daten des Steuerpflichtigen durch die Datenzugriffsregelungen dem Prüfer nun aber selbst zur Verfügung stehen, entfällt für ihn die bei konventionellen Prüfungen vor der Neuregelung oft praktizierte manuelle Übernahme von Werten aus der Buchführung in die Analysesoftware (z. B. Microsoft Excel), um bestimmte Kalkulationen durchführen zu können. Dabei war er meist schon aus zeitlichen Gründen auf eine Stichproben-

593 Vgl. Fleischmann, BBK Fach 27, S. 2255, 2263.

594 Die Finanzverwaltung hat 14.000 Lizenzen erworben, vgl. Schmid, Datenzugriff der Finanzverwaltung 2005, S. 72.

595 Vgl. Burchert, INF 2002, S. 677, 678.

auswahl beschränkt. Durch die Überlassung der Daten wird damit insbesondere eine automatisierte Überprüfung auf breiterem Datenmaterial eröffnet.

I. Datenanalyse

1. Wichtige Analysetools

Mit Hilfe der Funktion „Feldstatistik“ kann der Außenprüfer eine Anfangsanalyse für die vom Steuerpflichtigen überlassenen und nach IDEA importierten Daten durchführen, um so einen ersten Eindruck über die vorliegenden Daten zu gewinnen. Für die einzelnen numerischen Datenfelder[596] können etwa der kleinste und größte Wert oder der Durchschnittswert ausgeworfen werden, um so außergewöhnliche Werte schnell ausfindig zu machen. Außerdem kann sich der Außenprüfer einen Überblick darüber verschaffen, wie viele Datensätze in einem Feld vorhanden sind. Durch die Funktion „Indizierung“ können Daten zur leichteren und schnelleren Übersicht nach bestimmten Kriterien (z.B. absteigend) sortiert werden. Bestimmte Felder können aufsummiert werden, um Gruppensummen zu bilden; so kann beispielsweise bei einer importierten Debitorendatei berechnet werden, wie viel Umsatz mit einem bestimmten Kunden erzielt wurde. Es ist auch möglich, den Datenfeldern zusätzliche Rechenfelder anzuhängen, um Kalkulationen - z. B. eine Vorsteuerverprobung (Überprüfung schlüsselgesteuerter Buchungen) - durchzuführen. Mit Hilfe der automatischen Lückenanalyse können Lücken in einer bestimmten Reihenfolge aufgespürt werden, so dass fehlende Rechnungsnummern oder Datumswerte in einer Datei mit Verkäufen aufgefunden werden können. Das Pendant bildet die Mehrfachbelegungsanalyse, hier wird automatisch nach mehrfachen Einträgen geforscht, so dass z. B. doppelte Rechnungsnummern, mehrfach gezahlte Beträge oder einzelne Buchungen unter doppelten Buchungen gefunden werden können. Die Altersstrukturanalyse erlaubt eine Datei nach Datumsangaben zu gruppieren. Typisches Anwendungsgebiet ist eine Offene-Posten-Datei, hier kann der Prüfer leicht erfahren, wie viele Positionen über 30, 60 oder gar 90 Tage alt sind. Eine Datenschichtung ermöglicht, die Daten nach einem bestimmten Merkmal in Untermengen einzuordnen, um so etwa zu einer besseren Stichprobenauswahl zu gelangen.

---

596 Datenfelder enthalten alle Daten, die eine bestimmte Eigenschaft erfüllen, z. B. die Kundennummern, Verkaufspreise, Steuerschlüssel. Werden die Daten einer Datenbank als Tabelle dargestellt, dann entspricht ein Datenfeld einer Tabellenspalte. Ein Datensatz enthält typischerweise mehrere Datenfelder, die sich in der Struktur und Beschaffenheit in jedem weiteren Datensatz derselben Datei wiederholen. In einer Tabelle entspricht ein Datensatz einer Tabellenzeile.

2. Datenzugriffsgestützte Prüffelder

Werden die Daten des Steuerpflichtigen nach IDEA importiert, können beispielsweise[597] folgende Prüffelder mit wenigen Arbeitsschritten[598] und somit wenig Zeitaufwand abgearbeitet werden:

- Aufstellung aller Wirtschaftsgüter, deren Abschreibungsbeginn mit dem Tag des Zugangs um eine auszuwählende Anzahl Tage abweicht
- Ermittlung der unzutreffend im Veranlagungszeitraum als Aufwand verbuchten Geschäftsvorfälle, in dem die Geschäftsvorfälle aufgestellt werden, bei denen das Belegdatum nicht unter den zu prüfenden Veranlagungszeitraum fällt
- Aufstellung aller Arbeitnehmer, die mehrfach (gleiche Bankverbindung, gleicher Name, gleiche Anschrift, gleiche Geburtsdaten) in der Lohnbuchhaltung geführt werden.
- Ermittlung von Eingangsrechnungen, bei denen in unzutreffender Weise ein Vorsteuerabzug im Voranmeldungszeitraum geltend gemacht wurde (Sollversteuerung) durch Aufstellung von Eingangsrechnungen, deren Belegdatum im nachfolgenden Anmeldungszeitraum liegt
- Ermittlung von Eingangsrechnungen mit unzutreffendem Vorsteuerabzug
- Kontrolle der saisonalen Verteilung der Umsätze und Warenbestände
- Sichtung der nichtabzugsfähigen Aufwendungen, insbesondere der Geschenke über 40 Euro
- Ermittlung von Arbeitstagen ohne Verkaufserlöse und Abgleich mit den Öffnungszeiten
- Abgleich der Lieferantendaten mit den Daten der Mitarbeiter, um festzustellen, ob durch Scheingeschäfte eine Lohnsteuerumgehung beabsichtigt ist
- Vergleich der Bestandsmengen aus der Lagerbuchführung mit den Ausgangsrechnungen, zur Aufdeckung von Scheinrechnungen, etwa weil die Lagerbuchführung zu keinem Zeitpunkt einen ausreichenden Bestand an den „gelieferten" Waren ausgewiesen hat
- Anzeige aller Artikel mit den dazugehörigen Preisen und Kunden zwecks Überprüfung von unternehmensinternen Verrechnungspreisen

Die einzelnen Analysemöglichkeiten, die IDEA über die in AIS TaxAudit enthaltenen Prüfungsmakros hinaus bietet, hängen speziell von der Kreativität des Außenprüfers und von seinem Know-how im Umgang mit dieser Software ab.

---

597 Beispiele teilweise Fleischmann, BBK Fach 27, S. 2255, 2265 und Burchert, LSW Gruppe 17, S. 81, 90 ff. entnommen, dort sind auch weitere Beispiele aufgeführt.

598 Teilweise sind diese Prüffelder auch bereits als Prüfungsmakro in AIS TaxAudit enthalten.

Die Software kann den Sachverstand des Prüfers nicht ersetzen, sondern ihn nur bei seiner Prüfung unterstützen.

II. Statistische Testverfahren

Bisher nutzte die Außenprüfung zur Überprüfung der Vollständigkeit der in der Buchführung enthaltenen Sachverhalte als mathematische Methoden insbesondere die Kalkulation oder die Zeitreihenanalyse. Der so genannte externe Betriebsvergleich wird dabei z. B. durch einen Vergleich der in der Buchführung dokumentierten Gewinnaufschlagsätze mit Erfahrungssätzen der Branche aus den amtlichen Richtsatzsammlungen durchgeführt. Beim so genannten internen Betriebsvergleich kommt es zum Vergleich mehrerer Jahre desselben Betriebs oder durch die Hochrechnung einer repräsentativen Auswahl einzelner Transaktionen des Betriebs erreicht der Prüfer eine mathematische Summenprüfung.[599] Durch Einführung des Datenzugriffs sind nun auch statistische Testverfahren bei der Betriebsprüfung praktisch relevant geworden[600], da hier für ein signifikantes Ergebnis eine größere Datenmenge erforderlich ist. Dabei ist insbesondere die Ziffernanalyse nach dem Benfordschen Gesetz im Zusammenhang mit dem Chi-Quadrat-Test ($\chi 2$-Test) in den Blickpunkt gerückt, mit denen Manipulationen in der Buchführung aufgedeckt werden können. Dabei liegt grundsätzlich die Überlegung zugrunde, dass manipulierte Datensätze andere Eigenschaften als die „natürlichen“ Daten aufweisen.[601]

1. Benford-Gesetz

Den wohl berühmtesten Einsatz hatte das Benford-Gesetz bei der Aufdeckung von Manipulationen bei Enron und Worldcom. Das nach dem amerikanischen Physiker Frank Benford[602] benannte Gesetz beschreibt eine fundamentale Gesetzmäßigkeit der Verteilung von Ziffern in Datensätzen beruhend auf der mathematischen Zahlentheorie. Es besagt, dass das Dezimalzahlensystem zu unterschiedlichen Wahrscheinlichkeiten der einzelnen Ziffern an den verschiedenen Stellen einer Zahl führt. Je niedriger der zahlenmäßige Wert einer Ziffernsequenz definierter Länge an einer definierten Stelle einer Zahl ist, umso wahrscheinlicher ist dabei ihr Auftreten. Dabei ist es falsch, das Gesetz lediglich auf die Verteilung der Ziffern der ersten beiden Stellen von Zahlen zu beziehen[603],

---

599 Wähnert/Kuballa, BBK Fach 27, S. 2285, 2286.

600 Vgl. hierzu Schneider, INF 2004, S. 677, 679.

601 Watrin/Struffert, DB 2006, S. 1748.

602 Die Gesetzmäßigkeit wurde bereits 1881 von dem Astronomen Newcomb entdeckt, geriet aber in Vergessenheit und wurde erst 1938 von Benford wiederentdeckt und publiziert.

603 So aber Blenkers, StBp 2003, S. 262.

vielmehr macht das Gesetz eine Aussage über beliebig lange Ziffernstrukturen.[604] Allerdings nähert sich die theoretische Häufigkeitsverteilung einer Gleichverteilung, je größer die untersuchte Stelle einer Zahl ist. So treten die Ziffern „1“ und „2“ mit fast 50%iger Wahrscheinlichkeit an der ersten Stelle einer Zahl auf, aber ab der vierten Stelle einer Zahl tritt jede Ziffer annähernd mit der gleichen Wahrscheinlichkeit auf:[605]

Abb. 4: Benford-Verteilung der ersten vier Stellen

	Stelle			
Ziffer	1	2	3	4
0		0,1197	0,1018	0,1002
1	0,3010	0,1139	0,1014	0,1001
2	0,1761	0,1088	0,1010	0,1001
3	0,1249	0,1043	0,1006	0,1001
4	0,0969	0,1003	0,1002	0,1000
5	0,0792	0,0967	0,0998	0,1000
6	0,0670	0,0934	0,0994	0,0999
7	0,0580	0,0904	0,0990	0,0999
8	0,0512	0,0876	0,0986	0,0999
9	0,0458	0,0850	0,0983	0,0998

Bei der Prüfung von Zahlen stehen damit grundsätzlich zwei Alternativen zur Verfügung: Entweder können die erste oder die ersten beiden Stellen auf Ungleichverteilung oder eine hintere Stelle auf Gleichverteilung untersucht werden.[606] Eine Untersuchung auf Manipulation der Buchführung macht sich dabei zu nutze, dass die manipulierten Datensätze nicht die theoretische Ziffernhäufigkeit nach dem Benford-Gesetz aufweisen. Bei der Durchführung einer Datenanalyse nach dem Benford-Gesetz ist aber zu beachten, dass die Basishypothese, die prüfungsgegenständlichen Rohdaten würden dem Benford-Gesetz folgen, erfüllt ist. Dafür darf zumindest kein Verstoß gegen die folgenden Bedingungen vorliegen:[607]

---

604 Mochty, Wpg. 2002, S. 725, 727; Watrin/Struffert, DB 2006, S. 1748.

605 Tabelle Watrin/Struffert, DB 2006, S. 1748, 1749 entnommen.

606 Watrin/Struffert, DB 2006, S. 1748, 1749.

607 Vgl. Mochty, Wpg. 2002, S. 725, 734.

- Es darf keine konstruierte Datenauswahl erfolgen. Um die Ziffernfolge nicht zu verzerren, sollten entweder der komplette Datenbestand oder eine Zufallsstichprobe ausgewählt werden
- Je größer der Daten- und Stichprobenumfang, desto besser ist die zu erwartende Annäherung der relativen Zahlenhäufigkeit an das Benford-Gesetz
- Die Rohdaten sollten keiner inhärenten Unter- oder Obergrenze unterliegen und frei von psychologischen Schwellenwerten und Barrieren zustande gekommen sein
- Die Daten sollten keine zugeordneten Zahlen wie z. B. Telefonnummern oder Postleitzahlen sein
- Bei den Daten sollte es sich nicht um statistische Größen wie Mittelwerte handeln und sie müssen in der gleichen Maßeinheit erfasst sein

2. Chi-Quadrat-Anpassungstest

Der Chi-Quadrat-Anpassungstest ist kein isoliertes Prüfungsverfahren das neben das Benford-Gesetz tritt.[608] Es ist vielmehr eine statistische Methode, bei der empirisch beobachtete mit theoretisch erwarteten Häufigkeiten (z. B. nach dem Benford-Gesetz) verglichen werden.[609] Mit Hilfe des Chi-Quadrat-Anpassungstests kann also kontrolliert werden, ob die Annahme einer Wahrscheinlichkeitsverteilung (sog. Nullhypothese) von Daten zutrifft. Der von Karl Peason im Jahr 1900 entwickelte Chi-Quadrat-Anpassungstest prüft, wie zufällig Zahlenmengen entstanden sind, anhand der aufsummierten, quadrierten, relativen Abweichung der einzelnen Daten vom Erwartungswert.[610] Am Ende des Tests lassen sich die sonst nur recht subjektiv und damit ungenau wahrnehmbaren Abweichungen, etwa eines Datenbestandes vom Benford-Profil, sicher in „signifikant“ und „nicht signifikant“ auftrennen.[611] Dabei ist im Voraus festzulegen, welche Fehlerwahrscheinlichkeit bei der Durchführung des Tests in Kauf genommen werden kann. Üblich ist dabei ein Signifikanzniveau von 0,05 oder 0,01.[612] Ein nicht signifikantes Ergebnis belegt dabei noch nicht, dass die Nullhypothese richtig ist, sondern nur, dass die Annahme des Gegenteils der Nullhypothese (sog. Alternativhypothese) mit einer über das Signifikanzniveau hinausgehenden Irrtumswahrscheinlichkeit verbunden ist.[613]

---

608 Watrin/Struffert, DB 2006, S. 1748, 1749.

609 Marx, SteuerStud 2004, S. 536; Watrin/Struffert, DB 2006, S. 1748, 1749; andere Anpassungstests sind z. B. Kolmogrov-Smirnov-Anpassungstest oder Distortion-Factor-(DF)-Modell, vgl. Mochty, Wpg. 2002, S. 725, 731.

610 Wähnert/Kuballa, DBK Fach 27, S. 2285, 2289.

611 Sosna, StBp 2000, S. 41, 43.

612 So Watrin/Struffert, DB 2006, S. 1748.

613 Vgl. Watrin/Struffert, DB 2006, S. 1748, 1750.

3. Risiken des Einsatzes bei steuerlichen Prüfungen

Auch wenn der Einzug empirischer Methoden in der Außenprüfung zu begrüßen ist, da sie vielfach gut geeignet sind, Prüfungserkenntnisse wissenschaftlich zu untermauern und damit die Entscheidung abzusichern[614], birgt der Einsatz Risiken, wenn er schematisch erfolgt. Die Risiken, die ein unreflektierter Einsatz des Benfordschen Gesetzes in Kombination mit dem Chi-Quadrat-Anpassungstest mit sich bringt, können dabei von zwei Seiten betrachtet werden. Zum einen können falsche Ergebnisse und daher die irrige Annahme von Manipulationen infolge einer leichtfertigen und mechanischen Anwendung des Verfahrens durch ungeschulte Betriebsprüfer entstehen. Der zugrunde gelegte Datenbestand ist zunächst darauf zu untersuchen, ob die Basishypothese, dass die Rohdaten sich entsprechend dem Benford-Gesetz verhalten, überhaupt angenommen werden darf.[615] Ursachen für die Verletzung der Benford-Eigenschaft können beispielsweise eine spezielle Preispolitik oder normierte Packungsgrößen sein.[616] Verfälschungen würden auch auftreten, wenn Daten in einem bestimmten Intervall liegen. *Schneider* führt folgende Beispiele an: „Würden die Betankungsvorgänge von Dienstwagen überprüft, ist kaum mit einer „1“ als erster Ziffer zu rechnen, wird die Literzahl doch selten zwischen 10 und 19 oder über 100 Litern liegen. Umgekehrt steht bei den Übernachtungskosten mit Hotelpreisen zwischen 100 und 200 Euro überdurchschnittlich die „1“ am Beginn. Bei monatlichen Gehaltszahlungen wird die „1“ wiederum nur selten am Anfang stehen.“[617] Diese Probleme lassen sich durch eine vorhergehende Sichtung des Datenbestandes - durchgeführt durch einen geschulten Außenprüfer – im Hinblick auf seine Zusammensetzung im Einzelfall umgehen.[618] Aufgrund der vorliegenden Datenqualität ist dann auch zu entscheiden, welche Stellen der Ziffern zu untersuchen sind. Zudem ist zu beachten, dass genügend Datenmaterial vorliegt.

Das FG Münster spricht davon, dass diese Methode eine hohe Anzahl von Werten erfordert, die zum Teil mit 3000, mindestens aber mit 500 angegeben wird.[619] Schließlich weist *Mochty* zu Recht daraufhin, dass sich die Erwartungsbildung über das Benford-Gesetz lediglich auf formale Aspekte der prüfungsgegenständlichen Daten bezieht, so dass die Ziffernhäufigkeitsprüfung nur Ergän-

---

614 So auch Watrin/Struffert, DB 2006, S. 1748, 1750.

615 Kritisch zur Allgemeingültigkeit des Benford-Gesetzes Mochty, Wpg. 2002, S. 725, 733.

616 Mochty, Wpg. 2002, S. 725, 734 empfiehlt in solchen Fällen eine firmenspezifische Ziffernhäufigkeitsverteilung als Soll-Verteilung einer Ziffernhäufigkeitsverteilung zugrunde zu legen.

617 Schneider, INF 2004, 677, 680.

618 Die Prüfung der Anwendungsvoraussetzungen im Einzelfall betonen auch Watrin/Struffert, DB 2006, S. 1748, 1750.

619 FG Münster, Beschluss v. 14.8.2003, 8V 2651/03, EFG 2004, 9.

zung und nicht Ersatz für kausalanalytische Prüfungshandlungen sein kann.[620] Dies gilt umso mehr, als durch den Wahrscheinlichkeitstest die Größenordnung von Abweichungen nicht angezeigt werden kann, so dass hierdurch eine Kalkulation nicht abgelöst werden kann.[621]

Auf der anderen Seite ist es denkbar, dass sich auch mögliche Manipulatoren das Benford-Gesetz zu nutze machen, wenn der Einsatz dieser Methode lediglich schematisch erfolgt. So könnten sie der Manipulation nicht mehr ihre „Lieblingszahlen" zugrunde legen, sondern sich bei der Wahl an das Benford-Gesetz halten. Ein bewusstes Gegenspiel gegen eine Prüfungsstrategie nach dem Benfordschen-Gesetz erfordert allerdings komplexe kombinatorische Fähigkeiten. Zwar ist sie im Computerzeitalter nicht schlechterdings unmöglich, würde sich aber in den praxisrelevanten Fällen als außerordentlich aufwendig erweisen.[622] Die Attraktivität einer solchen Anpassung der Manipulationen dürfte deswegen gering sein, da eine Manipulation, die dem Benford-Gesetz genügen würde, so umfangreich ausfallen müsste, dass das Risiko einer Aufdeckung dadurch allein schon wieder steigen würde.[623] So gesehen dient die Möglichkeit des Einsatzes der empirischen Methode nach dem Benford-Gesetz in Kombination mit dem Chi-Quadrat-Test durch die Außenprüfer eher auch als präventive Maßnahme zum Schutz vor möglichen Manipulationsversuchen durch den Steuerpflichtigen.[624]

4. Die neuen empirischen Prüfungsmethoden im Lichte der finanzgerichtlichen Rechtsprechung

Zuerst beschäftigte sich das FG Münster im Rahmen eines Aussetzungsverfahrens mit dem Chi-Quadrat-Anpassungstest und der Ziffernanalyse nach dem Benford-Gesetz.[625] Die Außenprüfung hatte die neuen Methoden auf die Kasseneinnahmen eines Gastwirts angewandt und mit der gefundenen Abweichung eine Schätzung begründet. Allerdings trugen auch die Ergebnisse eines Zeitreihenvergleichs und ein nicht aufgeklärter Anstieg des Rohgewinns die Abweisung des Aussetzungsantrags im summarischen Verfahren durch das Gericht. Trotzdem legt der Beschluss nahe, dass das FG Münster bereits die Ergebnisse des Chi-Quadrat-Anpassungstests für sich allein als Grund für die Verwerfung der Buchführung und damit als alleinige Auslöser der Schätzungsbefugnis ausreichen lassen würde. Das FG Münster führt in seinem Beschluss aus, dass „al-

620 Mochty, Wpg. 2002, S. 725, 736.
621 Wähnert/Kuballa, BBK Fach 27, S. 2285, 2287.
622 Mochty, Wpg. 2002, S. 725, 729.
623 Schneider, INF 2004, 677, 680.
624 Mochty, Wpg. 2002, S. 725, 729.
625 FG Münster, Beschluss v. 5.12.2002, 8 V 5774/02, BeckRS 2002 26018703.

lein die Ergebnisse des Chi^2-Tests zeigen, dass die Kasseneinahmen [...] offensichtlich nicht zutreffend aufgezeichnet wurden." Zudem ordnet das Gericht die Abweichungen von der erwarteten Ziffernverteilung als „nicht unerheblichen Mangel" ein.

In seinem nächsten Aussetzungsbeschluss zu den neuen Methoden schränkt derselbe Senat des FG Münster diese weite Auffassung wieder ein, dazu führt er aus:[626] „Auch zwingt der Chi-Quadrat-Test nicht zu dem Ergebnis, dass Einnahmeaufzeichnungen manipuliert worden seien. Nach Angaben der Fahndung sollen die Chi-Test-Werte nur eine 95 %-ige Wahrscheinlichkeit hierfür geben. Selbst Befürworter derartiger Analysemethoden betonen jedoch ausdrücklich, dass es sich bei dem Verfahren nur um ein Analyseverfahren handelt, das keinen Beweis im juristischen Sinne, sondern Anhaltspunkte für mögliche Unregelmäßigkeiten liefern kann. Auch erfordert diese Methode eine hohe Anzahl von Werten, die zum Teil mit 3.000, mindestens aber mit 500 angeben wird, während im Streitfall nur 217 Werte in die Analyse einbezogen wurden [...]. Es bestehen daher bereits erhebliche Zweifel, ob die genannte 95 %-ige Wahrscheinlichkeit mit der nach § 96 Abs. 1 FGO erforderlichen Gewissheit für die hier notwendige Überzeugung der Steuerhinterziehung durch Einnahmemanipulationen gleichgesetzt werden kann. [...] Darüber hinaus ist zu berücksichtigen, dass, wie ausgeführt, ein Chi-Quadrat-Test - anders als die Vermögenszuwachs- und Geldverkehrsrechnung - keine von der Rechtsprechung anerkannte Methode darstellt, eine Einnahmemanipulation sicher zu belegen. Sie erscheint damit bei summarischer Prüfung auch nicht geeignet, die Ordnungsmäßigkeit einer Buchführung zu verwerfen, [...]. Der Chi-Quadrat-Test kann daher [...] eine Vermögenszuwachs- oder Geldverkehrsrechnung oder eine andere sichere Kalkulations- oder Verprobungsmethode mit hoher Wahrscheinlichkeit nicht ersetzen."

In einem weiteren Beschluss des FG Münster blieb auch der 6. Senat dieser engeren Auffassung treu.[627] Das Gericht führt aus, dass das Ergebnis eines Chi-Quadrat-Anpassungstests lediglich als Indiz für eine Manipulation (hier: Einnahmeaufzeichnungen) zu werten ist, das im vorliegenden Fall den Verdacht unvollständiger, gegebenenfalls manipulierter Aufzeichnungen aufgrund einer nur buchmäßig geführten Kasse erhärten kann. Bei seiner Entscheidung zog das FG Münster auch noch das Ergebnis des angewandten Zeit-Reihen-Vergleichs heran, so dass aus diesem Beschluss deutlich wird, dass es den Chi-Quadrat-Anpassungstest nur als Teil eines Indizienstraußes ansieht, der aber für sich allein keinen Beweis für eine Manipulation bietet. Deswegen schließt der 8. Senat des FG Münster in seinem Beschluss vom 19.8.2004 den Chi-Quadrat-Anpassungstest erst gar nicht in seine Beweiswürdigung mit ein, sondern lässt es

---

626 FG Münster, Beschluss v. 14.8.2003, 8 V 2651/03, EFG 2004, 9, 10f.
627 FG Münster, Beschluss v. 10.11.2003, 6 V 4562/03, EFG 2004, 236, 237.

ausdrücklich dahinstehen, ob dessen Ergebnisse ebenfalls zeigen, dass die Kassenführung ordnungswidrig ist, da die Kassenführung bereits aus anderen Gründen den Anforderungen nicht genüge und schon deswegen eine Verwerfung der Buchführung mit der Folge der Schätzungsbefugnis gerechtfertigt sei.[628]

Das FG Hamburg sieht in einem Urteil vom 24.6.2005 die anderweitig festgestellte „Fehlerhaftigkeit der Buchhaltung [...] zusätzlich durch die Anwendung des Chi-Quadrat-Tests bestätigt.“[629] Auch diese knappe Feststellung, die nicht weiter ausgeführt wird, lässt den Schluss zu, dass das Finanzgericht in dem neuen Prüfungsverfahren lediglich ein zusätzliches Indiz für die Ordnungswidrigkeit der Buchführung erblickt, das für sich allein aber nicht ausreicht, die sachliche Richtigkeit einer formell ordnungsgemäßen Buchführung zu widerlegen.

Schließlich hat das FG Münster das Benford-Gesetz im Zusammenhang mit dem Chi-Quadrat-Anpassungstest sogar selbst bei der Kontrolle eines Fahrtenbuchs angewandt.[630] Nach Auffassung des Gerichts stütze der Chi-Quadrat-Anpassungstest die Einschätzung der Lohnsteueraußenprüfung, dass das gefertigte Fahrtenbuch wegen diverser Mängel (keine zeitnahe Aufzeichnung, Fehlen notwendiger Angaben, enthaltene Widersprüche) die Nutzung des Betriebs-Kfz nicht zutreffend wiedergegeben habe. Methodisch ist die Durchführung des Tests im letztgenannten Urteil des FG Münster jedoch fraglich. Das Gericht testete die erste Stelle vor dem Komma auf Gleichverteilung. Dabei liegt nach dem Benford-Gesetz erst ab der vierten Stelle eine annähernde Gleichverteilung vor.[631] Um eine Gleichverteilung als Nullhypothese zugrunde zulegen, hätten also Fahrten von mindestens jeweils 1000 km vorliegen müssen. Diese Voraussetzung wird kaum bestanden haben, so dass auf eine Ungleichverteilung nach Maßgabe des Benford-Gesetzes hätte gestestet werden müssen.[632] Zu begrüßen ist es dagegen, dass das FG beachtet hat, dass Mehrfachfahrten, wie z. B. Fahrten zwischen Wohnung und Arbeitsstätte, bei der Untersuchung nicht berücksichtigt wurden, weil die konstanten Fahrten die Ziffernhäufigkeit erheblich beeinflusst hätten. Die übrig gebliebenen 434 Fahrten befinden sich allerdings dann auch am unteren Spektrum des erforderlichen Datenbestandes.

Der BFH hat sich bisher mit der Beweiskraft des Benford-Gesetzes in Kombination mit dem Chi-Quadrat-Anpassungstest nicht auseinandergesetzt. In einem Nichtzulassungsbeschluss vom 14.8.2006 hat das Gericht nur ausgeführt, dass die Vorinstanz nicht gegen seine Sachaufklärungspflicht verstößt, wenn es von „mathematischen Methoden der Belegprüfung wie dem Benford-Test und dem

628 FG Münster, Beschluss v. 19.8.2004, 8 V 3055/04, EFG 2004, 1810, 1811.

629 FG Hamburg, Beschluss v. 24.6.2005, I 153/04, BeckRS 2005 26018614.

630 FG Münster, Urteil v. 7.12.2005, 1K 6384/03, EFG 2006, 652.

631 Siehe H.II.1.

632 Vgl. Watrin/Struffert, DB 2006, S. 1748, 1750.

Chi -Quadrat-Test keinen Gebrauch gemacht habe."[633] Das aber indiziert, dass es den mathematischen Methoden auch keine Beweiskraft – hier für die Richtigkeit der gemachten Fahrtenbuchangaben - zukommen lassen will.

Die dargestellten Entscheidungen der Gerichte weisen den richtigen Weg im Umgang mit den durch den Datenzugriff vermehrt angewendeten mathematischen Prüfungsmethoden. Zwar schien der 8. Senat des FG Münster zunächst das Ergebnis der Prüfungsmethode nach dem Benford-Gesetz in Kombination mit dem Chi-Quadrat-Anpassungstest für eine Verwerfung der Buchführung ausreichen lassen zu wollen.[634] Diese weite Auffassung hat der Senat aber bereits in seiner nächsten Entscheidung hierzu zurückgefahren und festgestellt, dass derartige Analyseverfahren keinen Beweis im juristischen Sinne, sondern lediglich Anhaltspunkte für mögliche Unregelmäßigkeiten liefern können.[635] Auch die weiteren Entscheidungen der Finanzgerichte[636] lassen dem Prüfverfahren nach dem Benford-Gesetz in Kombination mit dem Chi-Quadrat-Anpassungstest nur eine Indizwirkung zukommen, so dass es für sich alleine eben keine Beweiskraft ausstrahlt. Die neuen Methoden sind vielmehr nur im Zusammenspiel mit weiteren Erkenntnismitteln geeignet, die Richtigkeitsvermutung einer formell ordnungsmäßigen Buchführung zu widerlegen.[637] Von gesicherten Tatsachenfeststellungen ausgehende statistische Wahrscheinlichkeitsrechnungen gehören zwar zu den Mitteln der logischen Schlussfolgerung, welche dem Tatrichter grundsätzlich ebenso offenstehen wie andere mathematische Methoden.[638] So kann im Zivilprozess der Beweis der Vaterschaft mit Hilfe einer biostatistischen Wahrscheinlichkeitsrechnung geführt werden, welche sich auf die bei den Beteiligten vorhandenen Blutmerkmale stützt.[639] Ebenso ist im Strafverfahren anerkannt, dass der Richter ein erbkundliches Gutachten nicht als unbrauchbares Erkenntnismittel ablehnen darf, weil es auch auf Grundsätzen der Wahrscheinlichkeitsrechnung beruht.[640] Statistische Berechnungen sind ferner in die Bestimmung der Grenze der allgemeinen Fahruntüchtigkeit eingeflossen[641] und haben maßgebendes Gewicht für die Rückrechnung der Blutalkoholkonzentration aus einer Blutprobe oder aus einer festgestellten Trinkmenge auf den

---

633 BFH, Beschluss v. 14.8.2006, VI B 152/03, BFH/NV 2006, 2281, 2282.

634 FG Münster, Beschluss v. 5.12.2002, 8 V 5774/02, BeckRS 2002 26018703.

635 FG Münster, Beschluss v. 14.8.2003, 8 V 2651/03, EFG 2004, 9.

636 FG Münster, Beschluss v. 10.11.2003, 6 V 4562/03, EFG 2004, 236; FG Hamburg 24.6.2005, Az.: I 153/04, BeckRS 2005 26018614; FG Münster, Urteil v. 7.12.2005, 1K 6384/03, EFG 2006, 652

637 So auch Seer, in: Tipke/Kruse, § 162 AO Tz. 60 (August 2006).

638 BGH, Urteil v. 14.12.1989, 4 StR 419/89, BGHSt 36, 320, 325 ff.

639 BGH, Urteil v. 6.6.1973, IV Z R 164/71, BGHZ 61, 165, 172; BGH, Urteil v. 18.3.1987, IVb ZR 21/86, NJW 1987, 2296.

640 BGH, Urteil v. 16.6.1953, 1 StR 809/52, BGHSt 5, 34, 35.

641 BGH, Beschluss v. 9.12.1966, 4 StR 119/66, BGHSt 21, 157, 160.

Tatzeitwert.[642] Das Prüfverfahren nach dem Benford-Gesetz in Kombination mit dem Chi-Quadrat-Anpassungstest fußt aber nicht auf gesicherten Tatsachenfeststellungen, sondern basiert auf der Basisprämisse, dass die Rohdaten der Benford-Verteilung unterliegen. Die Mathematik hat jedoch noch nicht umfassend die notwendigen und hinreichenden Bedingungen geklärt, unter denen das Benford-Phänomen auftritt[643] und stellt damit noch keine ausreichende sichere Basis dar, um in dem Analyseverfahren einen Beweis im juristischen Sinne zu erblicken. Zudem zeigt insbesondere das Urteil des FG Münster vom 7.12.2005[644], dass die Gerichte die Anwendung des Benford-Gesetzes in Kombination mit dem Chi-Quadrat-Anpassungstest nicht schematisch abnicken dürfen, sondern dass insbesondere auch auf die Zusammensetzung des zugrunde gelegten Datenbestandes ein Augenmerk zu werfen ist.

642 Hierzu Gerchow/Heifer/Schewe/Schwerd/Zink, Blutalkohol 1985, S. 77.
643 Mochty, Wpg. 2002, S. 725, 733 f.
644 FG Münster, Urteil v. 7.12.2005, 1K 6384/03, EFG 2006, 652.

I. Verfassungsmäßigkeit des Datenzugriffs

Die Verfassungsmäßigkeit der Datenzugriffsregelung war bereits im Rahmen der Beratungen zum Steuerbereinigungsgesetz ein heikles Thema. Aufgrund der anhaltenden verfassungsrechtlichen Kritik des Deutschen Steuerberaterverbandes, dass in der geplanten Regelung eine unangemessene Ausweitung der Zugriffsmöglichkeiten der Finanzverwaltung in die Sphäre des Steuerbürgers zu sehen sei, konnte die geplante Änderung der Abgabenordnung den Vermittlungsausschuss nicht unbeschadet passieren und wurde komplett aus dem Reformpaket gestrichen.[645]

Aber auch bei den Beratungen zum Steuersenkungsgesetz wurde die Verfassungsmäßigkeit der Neuregelung thematisiert. Im Auftrag des Verbands der Chemischen Industrie (VCI) legte *Arndt* im Frühjahr 2000 ein Rechtsgutachten vor, in dem er zu dem Schluss der teilweisen Verfassungswidrigkeit der sich im Gesetzgebungsverfahren befindlichen Datenzugriffsregelung kam, weil nach seiner Auffassung die Datenzugriffsbefugnisse zu weit gingen und sich nicht an die vom Bundesverfassungsgericht vorgegebenen verfassungsrechtlichen Grenzen für einen Eingriff in den Datenschutz hielten. Sein unterbreiteter Alternativvorschlag hatte folgenden Wortlaut:[646]

> » 1. § 146 Abs. 5 Satz 2 und 3 wird durch die folgenden Sätze ersetzt:
>
> „Bei der Führung der Bücher und der sonst erforderlichen Aufzeichnungen auf Datenträgern muss insbesondere sichergestellt sein, dass während der Dauer der Aufbewahrungsfrist die Daten jederzeit verfügbar sind und unverzüglich *auf Verlangen der Finanzbehörden auch elektronisch* lesbar gemacht werden können."
>
> 2. § 147 wird wie folgt geändert:
>
> a) Absatz 2 Satz 1 Nr. 2 wird wie folgt gefasst:
>
> „2. während der Dauer der Aufbewahrungsfrist jederzeit verfügbar sind und auf Verlangen der Finanzbehörden unverzüglich auch elektronisch lesbar gemacht werden können."
>
> b) In Absatz 5 Satz 1 erster Halbsatz werden das Wort „nur" gestrichen und die Wörter „vorlegen kann" durch das Wort „vorlegt" ersetzt.
>
> c) Folgender Absatz 6 wird angefügt:
>
> „(6) Sind die Unterlagen nach Absatz 1 mit Hilfe eines Datenverarbeitungssystems erstellt worden, hat die Finanzbehörde im Rahmen einer Außenprüfung das Recht, Einsicht in diese gespeicherten Daten zu nehmen. Der Steuerpflichtige hat auf Verlangen der Finanzbehörden die Daten hierzu unverzüglich elektronisch lesbar zu machen. Zum Nachweis der ordnungsgemäßen Funktionsweise des Datenverarbei-

---

645 Deutscher Steuerberaterverband, Stbg 2000, S. 2, 3.

646 Vgl. Arndt, S. 87

tungssystems hat der Steuerpflichtige eine Gesamtdokumentation des Systems zu erstellen und aufzubewahren. Die Kosten trägt der Steuerpflichtige."

3. § 200 Abs. 1 Satz 2 wird wie folgt gefasst:

„Er hat insbesondere Auskünfte zu erteilen, Aufzeichnungen, Bücher, Geschäftspapiere und andere Urkunden zur Einsicht und Prüfung vorzulegen, die zum Verständnis der Aufzeichnungen erforderlichen Erläuterungen zu geben *und die Finanzbehörde bei Ausübung ihrer Befugnisse nach § 147 Abs. 6 zu unterstützen.*" «

Anders als *Arndt* hatte jedoch der Rechtsausschuss des Deutschen Bundestages in seinem Mitberatungsvotum keine verfassungsmäßigen und rechtsförmlichen Bedenken erhoben[647] und die Datenzugriffsregelung wurde unverändert Gesetz.

Auch in der Folgezeit wurden verfassungsrechtliche Bedenken laut. Eine intensive verfassungsrechtliche Auseinandersetzung mit der neuen Datenzugriffsregelung haben *Kerssenbrock/Riedel/Strunk* abgeliefert.[648] Auch sie kommen – aufbauend auf dem Gutachten von *Arndt* – zu einer weitgehenden Verfassungswidrigkeit der Datenzugriffsregelungen. Ihre Ansicht basiert dabei insbesondere auf einem (zu) weiten Verständnis vom Datenzugriffsumfang[649], so dass sie beim unmittelbaren Datenzugriff Verstöße gegen Art. 2 Abs. 1 GG in der Ausprägung als Grundrecht auf informationelle Selbstbestimmung sowie die Berufsfreiheit (Art. 12 Abs. 1 GG) und die Eigentumsfreiheit (Art. 14 GG) erblicken, weil er zwar geeignet, aber nur eingeschränkt erforderlich und vor allem wegen der hohen Kostenlast für die betroffenen Unternehmen unzumutbar sei.[650] Für den mittelbaren Datenzugriff (§ 147 Abs. 6 Satz 2 Fall 1 AO)[651] und die Datenträgerüberlassung (§ 147 Abs. 6 Satz 2 Fall 2 AO) erkennen sie die Erforderlichkeit nur bei digitalen Unterlagen, wie die elektronischen Abrechnungen für die Umsatzsteuer (vgl. § 14 Abs. 1 Satz 2 2. Alt. i. V. m. Abs. 3 UStG), an. Zudem vermissen sie bei der Datenträgerüberlassung wegen des Übergangs der Herrschaft über die Daten gesetzliche Regelungen zur Begrenzung der Gefahren eines Missbrauchs und zur Löschung oder Rückgabe der Datenträger.[652] Während eine verfassungswidrige Rückwirkung der Pflicht zur Gewähr der maschinellen Auswertbarkeit (§ 147 Abs. 2 Nr. 2 AO) im Wege der verfassungskonformen Auslegung vermeidbar und insoweit nur eine dies klarstellende Gesetzesänderung wünschenswert sei[653], verletze § 147 Abs. 6 AO in mehrfacher Hinsicht das Verfassungsrecht, so dass das Gesetz einer Korrektur bedürfe.[654]

---

647 Vgl. BT-Drucks. 14/3366, S. 115 f.
648 Kerssenbrock/Riedel/Strunk, DB Beilage 9/2002, S. 1 ff.
649 Siehe hierzu kritisch bereits D.III.1.
650 Kerssenbrock/Riedel/Strunk, DB Beilage 9/2002, S. 1, 17 f.
651 Kerssenbrock/Riedel/Strunk, DB Beilage 9/2002, S. 1, 18 ff., 21 f.
652 Kerssenbrock/Riedel/Strunk, DB Beilage 9/2002, S. 1, 22 f.
653 Kerssenbrock/Riedel/Strunk, DB Beilage 9/2002, S. 1, 23 f.
654 So explizit Kerssenbrock/Riedel/Strunk, DB Beilage 9/2002, S. 1, 2.

Zuletzt hat sich *Drüen* mit der Verfassungsmäßigkeit des Datenzugriffs ausführlich auseinandergesetzt.[655] Anders als *Arndt* und *Kerssenbrock/Riedel/Strunk* hält er die Datenzugriffsregelungen nicht für verfassungswidrig. Zwar sieht er den Datenzugriff als Informationseingriff, der in den Schutzbereich des Grundrechts auf Datenschutz eingreift, dieser Grundrechtseingriff sei aber durch das Recht des Steuerstaates auf Informationsteilhabe zur Gewähr eines gleichmäßigen Belastungserfolges gerechtfertigt. Da die Vorschrift des § 147 Abs. 6 AO der Finanzverwaltung einen Ermessensspielraum eröffne, überzeuge es nicht, das Gesetz wegen des Verstoßes gegen den Grundsatz der Verhältnismäßigkeit als verfassungswidrig zu bezeichnen. Denn durch die Eröffnung des Ermessensrahmens kann der Außenprüfer eine verhältnismäßige Maßnahme im Einzelfall treffen, ein Verstoß hiergegen kann die konkret-individuelle Maßnahme als verfassungswidrig darstellen, aber nicht das abstrakt-generelle Gesetz. Das *Drüen* damit den Kern der Frage nach der Verfassungswidrigkeit getroffen hat, soll durch die folgenden Ausführungen belegt werden.

I. Grundrecht auf Datenschutz

Im Volkszählungsurteil hat das BVerfG erstmals ein Recht auf informationelle Selbstbestimmung anerkannt, das der Erste Senat als besondere Ausgestaltung des Grundrechts auf freie Entfaltung der Persönlichkeit gem. Art. 2 Abs. 1 i. V. m. Art 1 Abs. 1 GG entwickelte. Dieses Grundrecht sollte den Einzelnen gegen die unbegrenzte Erhebung, Speicherung, Verwendung und Weitergabe seiner persönlichen Daten schützen.[656] Aufbauend auf das Volkszählungsurteil spricht der Zweite Senat des BVerfG in seinem Urteil zum Flick-Untersuchungsausschuss[657] und zum Zinsurteil[658] in diesem Zusammenhang von „grundrechtlichem Datenschutz", der durch Art. 2 Abs. 1 in Verbindung mit Art. 1 Abs. 1 und Art. 14 GG, gegebenenfalls in Verbindung mit Art. 19 Abs. 3 GG geboten ist und verweist dabei auf den Schutzumfang, den das Gericht bereits im Volkszählungsurteil definiert hat. „Informationelle Selbstbestimmung" und „grundrechtlicher Datenschutz" sind also zwischen den beiden Senaten nur begriffliche Unterscheidungen ein und derselben grundrechtlichen Gewährleistung.[659]

---

655 Drüen, StuW 2003, 205 ff.

656 Vgl. BVerfG, Urteil v. 15.12.1983, 1 BvR 209, 269, 362, 420, 440, 484/83, BVerfGE 65, 1.

657 BVerfG, Urteil v. 17.7.1984, 2 BvE 11, 15/83, BVerfGE 67, 100, 143.

658 BVerfG, Urteil v. 27.6.1991, 2 BvR 1493/89, BVerfGE 84, 239, 279.

659 So auch Duttge, Der Staat 36 (1997), S. 281, 291.

1. Schutzbereich

a) Sachlicher Schutzbereich

Auch wenn der grundrechtliche Datenschutz in seinem Anwendungsbereich nicht auf die spezifischen Gefahren der modernen Datenverarbeitung beschränkt ist[660], so ist die Entwicklung des Grundrechts im Volkszählungsurteil maßgeblich von den „Bedingungen der modernen Datenverarbeitung“ geprägt.[661] Die grundrechtliche Gewährleistung soll dem Einzelnen zum einen Schutz gegen unbegrenzte Erhebung, Speicherung, Verwendung und Weitergabe seiner persönlichen Daten zukommen lassen. Zum anderen soll die Befugnis des Einzelnen gewährleistet werden, grundsätzlich selbst über die Preisgabe und Verwendung seiner persönlichen Daten zu bestimmen.[662] Ausgangspunkt für das BVerfG ist das allgemeine Persönlichkeitsrecht aus Art. 2 Abs. 1 i. V. m. Art. 1 Abs. 1 GG.[663] Die freie Selbstbestimmung bei der Entfaltung der Persönlichkeit werde gefährdet durch die Bedingungen der modernen Datenverarbeitung. Wer nicht wisse oder beeinflussen könne, welche Informationen bezüglich seines Verhaltens gespeichert und vorrätig gehalten werden, werde aus Vorsicht sein Verhalten anpassen. Dies beeinträchtige nicht nur die individuelle Handlungsfreiheit, sondern auch das Gemeinwohl, da ein freiheitlich demokratisches Gemeinwesen der selbstbestimmten Mitwirkung seiner Bürger bedürfe. Mit diesem Recht wären eine Gesellschaftsordnung und eine diese ermöglichende Rechtsordnung nicht vereinbar, in der der Bürger nicht mehr wissen könne, wer was, wann und bei welcher Gelegenheit über ihn weiß. Dadurch, dass das BVerfG aber dem Einzelnen nicht nur einen grundrechtlichen Schutz gewähren will, sondern ihm vielmehr auch die Verfügungsbefugnis über alle ihn betreffenden Informationen zukommen lässt, wird dem Einzelnen letztlich ein eigentumsähnliches subjektives Informationsverfügungsrecht zugebilligt und damit die ursprüngliche Verknüpfung mit dem „Quellrecht“[664] des allgemeinen Persönlichkeitsrechts durchschnitten.[665] Vor diesem Hintergrund erscheint es folgerichtig, wenn der Zweite Senat ein eigenständiges „Recht auf Datenschutz“ postuliert

---

660 BVerfG, Beschluss v. 9.3.1988, 1 BvL 49/86, BVerfGE 78, 77, 84.

661 Vgl. die Einleitung des ersten Leitsatzes von BVerfG, Urteil v. 15.12.1983, 1 BvR 209, 269, 362, 420, 440, 484/83, BVerfGE 65, 1.

662 Erster Leitsatz BVerfG, Urteil v. 15.12.1983, 1 BvR 209, 269, 362, 420, 440, 484/83, BVerfGE 65, 1.

663 BVerfG, Urteil v. 15.12.1983, 1 BvR 209, 269, 362, 420, 440, 484/83, BVerfGE 65, 1, 41.

664 Rogall, Informationseingriff und Gesetzesvorbehalt im Strafprozessrecht, S. 47.

665 So plastisch Duttge, Der Staat 36 (1997), S. 281, 292.

und als Rechtsgrundlage auch auf Art. 14 GG abstellt.[666] Im Verhältnis des Bürgers zum Staat hat das Grundrecht auf Datenschutz weniger mit der eigentlichen Persönlichkeitsentfaltung, als mit der allgemeinen Handlungsfreiheit in dem Aspekt, sich weder direkt noch indirekt befragen und ausforschen zu lassen, zu tun.[667] Das Recht auf Datenschutz erfüllt insgesamt eine präventive Funktion, Ansatzpunkt ist insofern nicht die Schädigung, sondern die Gefährdung.[668]

Zur Bestimmung des Schutzbereiches kommt der Frage, ob die Daten, damit sie unter dem Schutz des Grundgesetz stehen, eine bestimmte Qualität erreichen müssen, entscheidende Bedeutung zu. Im Volkszählungsurteil hat das BVerfG ausgeführt, dass das Urteil keinen Anlass zur erschöpfenden Erörterung des Grundrechts gebe, sondern nur Aussagen über die Tragweite dieses Rechts für Eingriffe, durch welche der Staat die Angabe personenbezogener Daten vom Bürger verlange, erfordere.[669] Dabei stellen personenbezogene Daten Einzelangaben über persönliche oder sachliche Verhältnisse einer bestimmten oder bestimmbaren Person dar.[670] Im Urteil zum Flick-Untersuchungsausschuss präzisiert das BVerfG den Inhalt auf Angaben, die Einblicke in die persönlichen Verhältnisse, die persönliche Lebensführung und in die beruflichen, betrieblichen, unternehmerischen oder sonstigen wirtschaftlichen Verhältnisse liefern, soweit sie individualisiert oder individualisierbar sind.[671]

Im Zinsurteil lässt es der Zweite Senat des BVerfG allerdings ausdrücklich „dahinstehen, ob der Informationszugriff auf privates Finanzkapital und seine Erträge als Vorgang des marktoffenbaren Erwerbs ohne besonderen persönlichkeitsgeprägten Gehalt überhaupt vom Gewährleistungsinhalt des verfassungsrechtlichen Datenschutzes erfasst wird".[672] Auch der BFH scheint erwerbswirtschaftliche und damit marktoffene Vorgänge nicht in den Schutzbereich fallen lassen zu wollen.[673] *Kirchhof*, der als Berichterstatter maßgeblich am Zinsurteil

---

666 So auch Duttge, Der Staat 36 (1997), S. 281, 292 mit Verweis auf BVerfG, Urteil v. 17.7.1984, 2 BvE 11, 15/83, BVerfGE 67, 100, 143; BVerfG, Urteil v. 27.6.1991, 2 BvR 1493/89, BVerfGE 84, 239, 279 und BVerfG, Beschluss v. 13.12.1994, 2 BvR 894/94, NJW 1995, 2839, 2840.

667 Schlink, Der Staat 25 (1986), S. 233, 248.

668 Vgl. Simitis, in: Simitis^6, § 1 BDSG Tz. 79.

669 BVerfG, Urteil v. 15.12.1983, 1 BvR 209, 269, 362, 420, 440, 484/83, BVerfGE 65, 1, 44 f.

670 BVerfG, Urteil v. 15.12.1983, 1 BvR 209, 269, 362, 420, 440, 484/83, BVerfGE 65, 1, 42.

671 BVerfG, Urteil v. 17.7.1984, 2 BvE 11, 15/83, BVerfGE 67, 100, 142.

672 BVerfG, Urteil v. 27.6.1991, 2 BvR 1493/89, BVerfGE 84, 239, 280.

673 BFH, Urteil v. 4.10.2006, VIII R 53/04, BStBl. II 2007, 227, 234; der BFH verweist allerdings auf das Zinsurteil, ohne anzumerken, dass das BVerfG diese Frage dahingestellt gelassen hat und eben nicht die marktoffenen Vorgänge explizit aus dem Schutzbereich eliminiert hat.

mitgewirkt hat, führt zum Negativkriterium der marktoffenen Vorgänge aus, dass Marktvorgänge, die auf Sichtbarkeit und allgemeinen Zugang angelegt sind, in der Regel den Schutzbereich des Grundrechts auf Datenschutz nicht berühren. Der Staat zwingt dann nicht zum Offenbaren des bisher Unsichtbaren, sondern beteiligt sich – als Teil des Marktes – an dem von den Betroffenen gewollten Beobachten. Dadurch werde kein Zugang zu privaten Vorgängen und Kenntnissen beansprucht, vielmehr werde staatliches Beobachten auch zur staatlichen Kenntnisnahme genutzt.[674]

Fraglich ist, ob das Negativkriterium der „marktoffenbaren Vorgänge" anzuerkennen ist. Dabei ist es schon befremdlich, dass das durch die Wirtschaftsgrundrechte (Art. 12, 14 GG) geschützte erwerbswirtschaftliche Verhalten den Schutzbereich des Grundrechts auf Datenschutz einschränken soll, ohne dass eine Kollisionslage vorliegt. *Drüen* ist zuzustimmen, wenn er anmerkt, dass aus der Suche des Steuerpflichtigen nach der Aufmerksamkeit des Marktes nicht folgt, dass er das Resultat seiner Marktteilnahme preisgeben will.[675] Zudem ist mit dem Offenbaren eines Ausschnitts aus seinem erwerbswirtschaftlichen Leben gegenüber einzelnen Marktteilnehmern nicht das Offenbaren der gesamten erwerbswirtschaftlichen Betätigung verknüpft. Der einzelne Marktteilnehmer wird sich aufgrund des marktoffenbaren Verhaltens ihm gegenüber kein Gesamtbild von dem marktoffenbaren Verhalten seines Gegenübers verschaffen können. Diese Gefährdungslage besteht aber, wenn der Staat ohne besondere Rechtfertigung diese Daten erheben dürfte. Aus der reinen Ausübung der Wirtschaftsgrundrechte darf auch nicht geschlossen werden, dass darin ein Verzicht auf den grundrechtlichen Datenschutz liegt. Eine Differenzierung danach, inwieweit der Staat in die Privatsphäre vordringt oder eben nicht, ist für die Reichweite des Schutzbereichs grundsätzlich unbedeutend, sondern kann erst auf Rechtfertigungsebene eine Rolle spielen. Das Negativkriterium der „marktoffenbaren Vorgänge" fügt sich daher nicht in die Rechtsprechung des BVerfG zum Grundrecht auf Datenschutz ein. Das BVerfG stellt im Volkszählungsurteil selbst fest, dass es unter den Bedingungen der automatischen Datenverarbeitung keine belanglosen Daten mehr gebe und dass nicht nur intime Vorgänge abgeschirmt werden sollen. Vielmehr bieten die Verknüpfungs- und Verarbeitungsmöglichkeiten der Informationstechnologie Möglichkeiten, die den für sich gesehen belanglosen Daten einen neuen Stellenwert zukommen lassen können, so dass bereits diese Gefährdungslage ausreichend ist. Erst mit Blick auf die Verwendungs- und Verknüpfungsmöglichkeiten will das BVerfG auf Rechtfertigungsebene Beschränkungen des Grundrechts dulden[676] und ausdrücklich fest-

---

674 Kirchhof, Steueranspruch und Informationseingriff, in: Festschrift Tipke, S. 27, 34 f.

675 Drüen, StuW 2003, S. 205, 211.

676 BVerfG, Urteil v. 15.12.1983, 1 BvR 209, 269, 362, 420, 440, 484/83, BVerfGE 65, 1, 45.

gestellt, dass auch Informationen, die bei isolierter Betrachtung keine besondere Persönlichkeitsrelevanz besitzen, in den Schutzbereich einbezogen sind, aber aufgrund der geringen Persönlichkeitsrelevanz keine gesteigerte Intensität des Grundrechtseingriffs erkennbar ist.[677] Folglich ist ein Negativkriterium, das bereits den Schutzbereich einengt, nicht anzuerkennen, so dass Daten lediglich personenbezogen sein müssen, um in den Schutzbereich des grundrechtlichen Datenschutzes zu fallen.

b) Persönlicher Schutzbereich

Das Grundrecht auf Datenschutz ist kein Deutschenrecht, sondern schützt auch Ausländer. Unterschiedlich beurteilt wird dagegen, ob juristische Personen sich auf das Grundrecht berufen können. Teilweise wird die Anwendung auf juristische Personen mit Blick auf die Mitprägung des Grundrechts auf Datenschutz durch Art. 1 Abs. 1 GG abgelehnt, weil diesen Würde im Sinne des obersten Wertes des Grundgesetzes nicht zufällt.[678] Das BVerfG hatte sich bisher nicht ausdrücklich dazu geäußert.[679] Im Volkszählungsurteil hat das Gericht sich zur Bestimmung des Begriffs der personenbezogenen Daten auf die Definition des Bundesdatenschutzgesetzes bezogen.[680] Während dort aber der Schutzgegenstand auf die personenbezogenen Daten *natürlicher* Personen beschränkt ist, übernimmt das BVerfG diese Einschränkung nicht, sondern definiert personenbezogene Daten als Einzelangaben über die persönlichen und sachlichen Verhältnisse einer bestimmten oder bestimmbaren Person.[681] Im Hinblick auf das allgemeinen Persönlichkeitsrecht hat es diese Frage sogar ausdrücklich offen gelassen und lediglich einschränkend ausgeführt, dass jedenfalls dort, wo der Grundrechtsschutz an Eigenschaften, Äußerungsformen oder Beziehungen anknüpft, die nur natürlichen Personen wesenseigen sind, eine Erstreckung auf juristische Personen als bloße Zweckgebilde der Rechtsordnung nicht in Betracht komme.[682] Auf der anderen Seite hat das BVerfG aber im Urteil zum Flick-Untersuchungsausschuss[683] und im Zinsurteil[684] angedeutet, dass es das Grundrecht auf Datenschutz über Art. 19 Abs. 3 GG auch juristischen Personen zugute

677 BVerfG, Urteil v. 13.6.2007, 1 BvR 1550/03, 2357/04, 603/05, DStRE 2007, S. 1196, 1205.

678 Kunig, in: v. Münch/Kunig, Art. 2 GG Tz. 39; Schmitt-Glaeser, in: Isensee/Kirchhof, HdbStR VI, § 129 Tz. 88.

679 Vgl. BVerfG, Beschluss v. 9.10.2002, 1 BvR 1611/96, 805/98, BVerfGE 106, 28, 42.

680 BVerfG, Urteil v. 15.12.1983, 1 BvR 209, 269, 362, 420, 440, 484/83, BVerfGE 65, 1, 42.

681 Vgl. Arndt, S. 18

682 BVerfG, Beschluss v. 26.2.1997, 1 BvR 2172/96, BVerfGE 95, 220, 242.

683 BVerfG, Urteil v. 17.7.1984, 2 BvE 11, 15/83, BVerfGE 67, 100, 143.

684 BVerfG, Urteil v. 27.6.1991, 2 BvR 1493/89, BVerfGE 84, 239, 279.

kommen lassen will, wenn es darauf verweist, dass der grundrechtliche Datenschutz durch Art. 2 Abs. 1 in Verbindung mit Art. 1 Abs. 1 und Art. 14 GG, gegebenenfalls in Verbindung mit Art. 19 Abs. 3 GG geboten ist. Auch im Beschluss vom 12.4.2005 klingt diese Tendenz an, allerdings bleibt bei den Ausführungen des Gerichts das Verhältnis von Art. 2 Abs. 1 GG, der laut BVerfG nicht nur den Kernbereich der Persönlichkeit schützt, sondern auch jedes menschliche Verhalten erfasst und dabei den Schutz auf natürliche und juristische Personen sowie Personenmehrheiten erstreckt, auf der einen Seite und Art. 2 Abs. 1 GG i. V. m. Art. 1 Abs. 1 GG auf der anderen Seite im Dunkeln. In einem neueren Urteil vom 13. Juni 2007 zum Kontenabrufverfahren hat das BVerfG nun endgültig Stellung bezogen und die Einbeziehung juristischer Personen in den Schutzbereich des Grundrechts grundsätzlich anerkannt, wenn die juristische Person einer Gefährdung ihrer spezifischen Freiheitsausübung ausgesetzt ist.[685]

Bei der Untersuchung der Frage, ob auch juristische Personen in den persönlichen Schutzbereich des Grundrechts auf Datenschutz fallen, ist als Ausgangspunkt Art. 19 Abs. 3 GG zu wählen. Art. 19 Abs. 3 GG setzt voraus, dass das Grundrecht auf Datenschutz seinem Wesen nach auf juristische Personen anwendbar ist, damit der Schutzbereich des Grundrechts sich auch auf diese erstreckt. Der explizite Bezug zur Menschenwürde bei der Begründung des Grundrechts auf Datenschutz könnte deswegen gegen eine Anwendbarkeit sprechen. Allerdings weisen alle Grundrechte einen Bezug zur Menschenwürde auf. Denn die Menschenwürde ist oberster Wert des Grundgesetzes und tragendes Konstitutionsprinzip im System der Grundrechte.[686] Andere Grundrechte formen die Menschenwürde weiter aus, auch sie haben einen Schutzbereich, der sich mit der Menschenwürde teilweise deckt.[687] Dieser Menschenwürdebezug allein kann deswegen die Anwendbarkeit des Art. 19 Abs. 3 GG nicht ausschließen, soll diese Norm nicht leer laufen, vielmehr überwindet Art. 19 Abs. 3 GG als Grundrechtserstreckungsnorm[688] den Widerspruch zwischen dem Menschenwürdebezug der Grundrechte und der Grundrechtsträgerschaft juristischer Personen.[689]

Arndt stützt sich auf die „grundrechtstypische Gefährdungslage“ und bejaht die Anwendbarkeit auf juristische Personen, weil sie sich in einer Lage befänden,

---

685 BVerfG, Urteil v. 13.6.2007, 1 BvR 1550/03, 2357/04, 603/05, DStRE 2007, S. 1196, 1206.

686 BVerfG, Urteil v. 16.1.1957, 1 BvR 253/56, BVerfGE 6, 32, 36; BVerfG, Urteil v. 21.6.1977, 1 BvL 14/76, BVerfGE 45, 187, 227; BVerfG, Beschluss v. 20.10.1992, 1 BvR 698/89, BVerfGE 87, 209, 228.

687 Vgl. Pieroth/Schlink, Grundrechte, Rn. 352.

688 Stern, Staatsrecht III/1, S. 1079.

689 Wilms/Roth, JuS 2004, S. 577, 578.

die der einer natürlichen Person, die gegenüber dem freiheitsgefährdenden Staat den Schutz der Grundrechte genießt, vergleichbar ist.[690]

Drüen begründet die Erstreckung, indem er sich von dem im Hinblick auf juristische Personen irritierenden Begriff des Schutzes der „Privatsphäre" löst und der juristischen Person eine Binnensphäre zukommen lässt, die dem staatlichen Zugriff entzogen ist.[691]

Bei der Lösung ist zu beachten, dass nach Art. 19 Abs. 3 GG nicht das ganze Grundrecht seinem Wesen nach auf juristische Personen anwendbar sein muss, sondern die Erstreckung sich auch nur auf einzelne Teilbereiche eines Grundrechts beschränken kann.[692] Der Wortlaut des Art. 19 Abs. 3 GG spricht nur von ihrer Geltung, „soweit" sie ihrem Wesen nach auf juristische Personen anwendbar sind. Im Volkszählungsurteil hat sich das BVerfG, jedenfalls soweit es um den Schutz von Informationen vor einer automatischen Datenverarbeitung geht, von der Sphärentheorie, die im Rahmen des allgemeinen Persönlichkeitsrechts unterschiedliche Schutzbedürftigkeiten und Eingriffsresistenzen für Intim-, Privat- und Sozialsphäre aufstellt, verabschiedet.[693] Weil aus der Verarbeitung und Verknüpfung ein für sich belangloses Datum einen neuen Stellenwert bekommen kann, gibt es kein belangloses Datum mehr.[694] Deswegen ist es irreführend für die Ablehnung der Grundrechtserstreckung darauf abzustellen, dass die juristische Person weder Intim- noch Privatsphäre hat. Vielmehr muss es ausreichen, dass auch juristische Personen Daten haben, die sie nicht ohne Rechtfertigung staatlichen Stellen offenbaren wollen. Das Volkszählungsurteil wird nicht zuletzt wegen des Verkündungsdatums am 15.12.1983 als Schutz gegen die von George Orwell in seinem Roman „1984" gezeichnete Dystopie gesehen.[695] Das BVerfG wollte schon den Anschein eines Überwachungsstaates im Keim ersticken. Die Erhebung, Speicherung, Verwendung oder Weitergabe von Informationen (= Daten), die individualisiert oder individualisierbar sind, darf nur aufgrund einer besonderen Rechtfertigung geschehen. Dieser Schutz soll dazu dienen, die Entscheidungsfreiheit über vorzunehmende Handlungen einschließlich der Möglichkeit, sich auch entsprechend dieser Entscheidung tatsächlich zu verhalten, zu bewahren. Diese Freiheit kann gehemmt sein, wenn in bestimmten Bereichen individualisierbare Informationen der sozialen Umwelt bekannt sind und das Wissen möglicher Kommunikationspartner nicht abgeschätzt werden

---

690 Arndt, S. 16 f.

691 Drüen, StuW 2003, S. 205, 213, mit Verweis auf Stern, Staatsrecht III/1, S. 1128.

692 Wilms/Roth, JuS 2004, S. 577, 578.

693 Vogelgesang, Grundrecht auf informationelle Selbstbestimmung?, S. 64 f.

694 BVerfG, Urteil v. 15.12.1983, 1 BvR 209, 269, 362, 420, 440, 484/83, BVerfGE 65, 1, 45.

695 Vgl. nur Krause, JuS 1984, S. 268, 270.

kann.[696] Damit sind also bereits Daten der Sozialsphäre vom Grundrecht auf Datenschutz geschützt. Die Sozialsphäre umfasst dabei die selbst gewählten Beziehungen zur Umwelt. Das berufliche Umfeld[697] und die gewerbliche Betätigung[698] gehören zur Sozialsphäre, so dass auch einer juristischen Person eine Sozialsphäre nicht abzusprechen ist. Wenn eine juristische Person aber eine Sozialsphäre besitzt und die Sozialsphäre auch in den Schutzbereich des Grundrechts auf Datenschutz fällt, dann ist das Grundrecht seinem Wesen nach zumindest in diesem Teilbereich auch auf juristische Personen anwendbar, wenn die wirtschaftliche Verhaltensfreiheit[699] der juristischen Person gefährdet ist.

2. Eingriff in den Schutzbereich

Die Datenzugriffsregelungen erlauben den Zugriff auf Daten, die Unterlagen i. S. des § 147 Abs. 1 AO bilden. Damit werden Daten für die steuerliche Außenprüfung beschafft und somit auch Daten erhoben (vgl. § 3 Abs. 3 BDSG). Fraglich ist, inwieweit diese Daten personenbezogen sind, d. h. inwieweit es sich um individualisierte oder individualisierbare Daten handelt. Die Unterlagen i. S. § 147 Abs. 1 AO enthalten Informationen über die beruflichen, betrieblichen, unternehmerischen oder sonstigen wirtschaftlichen Verhältnisse des Steuerpflichtigen oder von Dritten (z. B. Arbeitnehmern oder Debitoren). Diese Daten lassen sich auch diesem bestimmten Steuerpflichtigen oder auch dem Dritten zuordnen und werden nicht anonymisiert, sondern individualisiert erhoben. Diese umfangreiche Kenntnismöglichkeit der wirtschaftlichen Daten eines Unternehmens, ist auch geeignet, die wirtschaftliche Verhaltensfreiheit zu beeinflussen. Die Datenzugriffsbefugnis greift daher in den Schutzbereich des Grundrechts auf Datenschutz ein.

3. Rechtfertigung des Eingriffs

Das Grundrecht auf Datenschutz wird nicht schrankenlos gewährleistet. Es besteht kein Recht im Sinne einer absoluten uneinschränkbaren Herrschaft über die persönlichen Daten.[700] Das Grundrecht darf vielmehr im überwiegenden Interesse der Allgemeinheit und unter Beachtung des Grundsatzes der Verhältnismäßigkeit durch Gesetz oder aufgrund eines Gesetzes eingeschränkt werden. Wo-

696 Vgl. BVerfG, Urteil v. 15.12.1983, 1 BvR 209, 269, 362, 420, 440, 484/83, BVerfGE 65, 1, 42 f.

697 BVerfG, Beschluss v. 17.12.2002, 1 BvR755/99, NJW 2003, 1109.

698 OLG Stuttgart, Urteil vom 01.10.2003, 4 U 114/03, NJOZ 2003, 3198, 3199.

699 So BVerfG, Urteil v. 13.6.2007, 1 BvR 1550/03, 2357/04, 603/05, DStRE 2007, S. 1196, 1207.

700 Vgl. BVerfG, Urteil v. 15.12.1983, 1 BvR 209, 269, 362, 420, 440, 484/83, BVerfGE 65, 1, 43 f.

bei die Einschränkung nicht weitergehen darf, als das zum Schutz öffentlicher Interessen unerlässlich ist.[701] Aus der (verfassungsgemäßen) gesetzlichen Grundlage müssen sich die Voraussetzungen und der Umfang der Beschränkungen klar und erkennbar ergeben, damit sie dem rechtsstaatlichen Gebot der Normenklarheit entspricht (sog. bereichsspezifische Regelung).[702]

a) Überwiegendes Allgemeininteresse im Hinblick auf die Datenzugriffsbefugnis

Nach dem BVerfG begründet sich der Steueranspruch des Staates „aus dem Umstand, dass der Betroffene am staatlichen Leben teilnimmt, ihm insbesondere Schutz, Ordnung und Leistungen der staatlichen Gemeinschaft zugute kommen. Deshalb darf ihm ein Anteil an den finanziellen Lasten zur Aufrechterhaltung des staatlichen Lebens auferlegt werden. Die Bemessung dieses Lastenanteils nach Maßstäben verhältnismäßiger Gleichheit erfordert die Angabe von Daten, die eine solche Gleichheit der Besteuerung ermöglichen. Von hier aus rechtfertigen sich - vorbehaltlich ihrer näheren Ausgestaltung anhand der aufgezeigten verfassungsrechtlichen Maßstäbe - Offenbarungspflichten der Steuerpflichtigen.“[703] Damit entwickelt das BVerfG ein am Äquivalenzgedanken orientiertes Bild, nach dem der Teilhabe des Bürgers an den Staatsleistungen die Teilhabe des Staates am Bürger gegenübersteht.[704] Wenn das BVerfG verlangt, dass im Veranlagungsverfahren das Deklarationsprinzip der Ergänzung durch das Verifikationsprinzip bedarf[705], dann verlangt es zwingend, dass der Steuerstaat Teilhaber der Steuerdaten seiner Steuerbürger wird.[706] Die sorgfältige Abwägung zwischen dem Datenerhebungsinteresse des Steuerstaates und den Erhebungskonsequenzen für den Steuerbürger fällt somit regelmäßig zugunsten des Steuerstaates aus. *Drüen* erkennt deswegen zurecht, dass das Grundrecht auf Datenschutz nicht nur unter dem im Volkszählungsurteil angedeuteten Sozialvorbehalt[707] steht, sondern auch unter einem Steuervorbehalt, so dass ein Eingriff gerechtfertigt ist, soweit er für die Durchführung der Besteuerung – insbesondere im Hinblick auf die Verifikation steuerlicher Vorgänge – relevant ist.[708] Soweit

---

701 BVerfG, Urteil v. 27.6.1991, 2 BvR 1493/89, BVerfGE 84, 239, 279 f.

702 BVerfG, Urteil v. 15.12.1983, 1 BvR 209, 269, 362, 420, 440, 484/83, BVerfGE 65, 1, 44.

703 BVerfG, Urteil v. 17.7.1984, 2 BvE 11, 15/83, BVerfGE 67, 100, 143; BVerfG, Urteil v. 27.6.1991, 2 BvR 1493/89, BVerfGE 84, 239, 280.

704 So Drüen, StuW 2003, S. 205, 214.

705 Ausdrücklich BVerfG, Urteil v. 27.6.1991, 2 BvR 1493/89, BVerfGE 84, 239, 273.

706 Plakativ Drüen, StuW 2003, S. 205, 214; ebenso Arndt, S. 25.

707 BVerfG, Urteil v. 15.12.1983, 1 BvR 209, 269, 362, 420, 440, 484/83, BVerfGE 65, 1, 43 f., 46.

708 Drüen, StuW 2003, S. 205, 214.

Drüen weiter ausführt, dass die steuerliche Außenprüfung als Mittel der Verifikation angesichts fortschreitender Automatisierung der Informationsverarbeitung den technischen Realitäten angepasst werden muss, damit „das Verfahrensrecht den Stand der Verfahrenstechnik widerspiegelt“[709], wird deutlich, dass die Datenzugriffsbefugnis lediglich eine Modernisierung der konventionellen Buchprüfung ist und damit grundsätzlich keiner weiteren Eingriffsrechtfertigung bedarf als diese. Deswegen war die Einführung der Datenzugriffsregelungen nicht verfassungsrechtlich zwingend[710], sondern allenfalls aus Effizienzgründen geboten. Die Datenzugriffsregelungen merzen kein strukturelles Vollzugsdefizit aus, weil bei der konventionellen Außenprüfung kein gegenläufiges, gesetzliches Kontrollhindernis besteht.[711] Trotzdem liegen die Datenzugriffsregelungen im Allgemeininteresse, denn eine effektive Teilhabe an den Steuerdaten erfordert Waffengleichheit zwischen Steuerstaat und Steuerbürger. Nur wenn sich der Steuerstaat der Mittel bedienen kann, die auch der Steuerbürger nutzt, ist eine Verifikation gewährleistet, die den richtigen Pfad zwischen Verwaltungseffizienz und Verwaltungsökonomie einschlägt. Letztlich kommt es aber auch nicht darauf an, ob der Gesetzgeber handeln *musste*, sondern nur, ob er im überwiegenden Allgemeininteresse handeln *durfte*.[712] Das ist bei der Erhebung von Steuerdaten regelmäßig der Fall, weil ihre Erhebung aufgrund der geforderten steuerlichen Belastungsgleichheit öffentlich legitimiert ist.[713]

b) Schranken-Schranken

Das BVerfG hat ausdrücklich darauf verwiesen, dass die Rechtfertigung des Eingriffs durch ein im Allgemeininteresse liegendes Gesetz nur dann verfassungsgemäß ist, wenn das Gesetz der Normenklarheit entspricht und verhältnismäßig ist.[714] Damit hat es nur noch einmal deutlich gemacht, dass die Schranken-Schranken, die für alle normierten Grundrechte gelten, auch auf das nicht ausdrücklich geregelte Grundrecht auf Datenschutz Anwendung finden.

aa) Gebot der Normenklarheit

Allgemein betrachtet, verlangt das Gebot der Normenklarheit die rechtsstaatliche Klarheit und Bestimmtheit des den Grundrechtseingriff rechtfertigenden Ge-

---

709 Drüen, StuW 2003, S. 205, 214.

710 So aber Burchert, INF 2001, S. 230, 234; ders., INF 2002, S. 263, 265; wohl auch Schmitz, StBp 2002, S. 189.

711 Drüen, in: Tipke/Kruse, § 147 AO Tz. 69 (April 2007).

712 Vgl. Drüen, Stuw 2003, S. 205, 214.

713 vgl. auch BVerfG, Urteil v. 13.6.2007, 1 BvR 1550/03, 2357/04, 603/05, DStRE 2007, S. 1196, 1204.

714 BVerfG, Urteil v. 15.12.1983, 1 BvR 209, 269, 362, 420, 440, 484/83, BVerfGE 65, 1, 44; BVerfG, Urteil v. 27.6.1991, 2 BvR 1493/89, BVerfGE 84, 239, 279 f.

setzes. Das Gebot ist Ausfluss des Rechtsstaatsprinzips nach Art. 20 Abs. 3 GG. Es stellt dabei auf die Perspektive des Einzelnen ab. Er soll vorhersehen und berechnen können, was das Gesetz von ihm verlangt und welche Befugnisse es dem Staat gewährt. Die Anforderungen an die Bestimmtheit und Klarheit der Norm dienen insbesondere auch dazu, die Verwaltung zu binden und ihr Verhalten nach Inhalt, Zweck und Ausmaß zu begrenzen.[715] Für den Bereich des Grundrechts auf Datenschutz bedeutet dies, dass Eingriffe nur aufgrund solcher Regelungen erfolgen dürfen, aus denen sich der Umfang und der Zweck der Datenerhebung und die Verwendung der erhobenen Daten hinreichend deutlich entnehmen lassen.[716] Dabei ist ein Gesetz bereits hinreichend bestimmt, wenn sein Zweck aus dem Gesetzestext in Verbindung mit den Materialien deutlich wird.[717] Dafür reicht es aus, wenn sich der Gesetzeszweck aus dem Zusammenhang ergibt, in dem der Text des Gesetzes zu dem zu regelnden Lebensbereich steht.[718]

Insofern bestehen hinsichtlich der Datenzugriffsregelungen keine Bedenken. Bereits der Wortlaut der Norm lässt hinreichend deutlich erkennen, welche Daten dem Datenzugriff unterliegen, dass dies aus Gründen der steuerlichen Kontrolle geschieht und dass die Verwendung der erhobenen Daten auf die Zwecke der Außenprüfung beschränkt ist.[719] Dass dem Datenzugriffsumfang letztlich ein unbestimmter Rechtsbegriff zugrunde liegt, stört dieses Ergebnis nicht. Verfassungsrechtlich ist nicht zu beanstanden, dass der Gesetzgeber unbestimmte Rechtsbegriffe verwendet.[720] Diese Begriffe sind auslegungsfähig und genügen den rechtsstaatlichen Grundsätzen der Normenklarheit.[721] Maßgebend für die Auslegung einer Norm ist der sich aus dem Wortlaut des Gesetzes und dem

---

715 BVerfG, Urteil v. 13.6.2007, 1 BvR 1550/03, 2357/04, 603/05, DStRE 2007, S. 1196, 1201.

716 Vgl. BVerfG, Urteil v. 15.12.1983, 1 BvR 209, 269, 362, 420, 440, 484/83, BVerfGE 65, 1, 44.

717 BVerfG, Bescluss v. 16.7.1969, 1 BvL 19/63, BVerfGE 27, 1, 8; BVerfG, Urteil v. 15.12.1983, 1 BvR 209, 269, 362, 420, 440, 484/83, BVerfGE 65, 1, 54.

718 BVerfG, Beschluss 3.11.1982, 1 BvR 210/79, BVerfGE 62, 169, 183 f.; BVerfG, Urteil v. 15.12.1983, 1 BvR 209, 269, 362, 420, 440, 484/83, BVerfGE 65, 1, 54.

719 So auch Arndt, S. 34 zum unmittelbaren und mittelbaren Datenzugriff. Andere Auffassung zur Datenträgerüberlassung Arndt, S. 38 f., da der Steuerpflichtige nicht absehen könne, was mit dem Datenträger überhaupt geschehen soll. Hinsichtlich der Datenerhebung und –verwendung ändert sich die Zweckrichtung jedoch nicht, was sich bereits aus dem Gesetzeswortlaut oder zumindest aus der gesamten Regelung des Datenzugriffs ergibt, denn die drei Zugriffsmöglichkeiten unterscheiden sich nicht in ihrem Umfang.

720 BVerfG, Urteil v. 13.6.2007, 1 BvR 1550/03, 2357/04, 603/05, DStRE 2007, S. 1196, 1202; BVerfG, Beschluss v. 12.1.1967, 1 BvR 169/63, BVerfGE 21, 73, 79.

721 BVerfG, Beschluss v. 12.10.1978, 2 BvR 154/74, BVerfGE 49, 343, 362.

Sinnzusammenhang ergebende objektivierte Wille des Gesetzgebers.[722] Nach diesen Grundsätzen ist auch der Umfang des Datenzugriffs bestimmbar.[723] Dies gilt umso mehr, als der Gesetzgeber im Gesetzgebungsverfahren deutlich gemacht hat, dass eine Erweiterung oder Verschärfung des Prüfungsumfangs durch die Einführung des Datenzugriffs nicht beabsichtigt ist.[724] Die Reglung enthält zudem eine hinreichend präzise Umgrenzung des Verwendungszwecks der betroffenen Informationen, so dass das verfassungsrechtliche Gebot der Zweckbindung der erhobenen Information nicht missachtet wird.[725] Die Daten dürfen nur im Rahmen einer Außenprüfung erhoben und ausgewertet werden. Die Regelungen des Datenzugriffs verstoßen folglich nicht gegen das Gebot der Normklarheit.[726]

bb) Verhältnismäßigkeitsgrundsatz

Die Datenzugriffsermächtigung muss nach den vom BVerfG im Volkszählungsurteil aufgestellten Regeln auch dem Verhältnismäßigkeitsgrundsatz genügen. An diesem Punkt setzen diejenigen an, die den Datenzugriff für verfassungswidrig halten.

(1) Auffassung von Arndt[727]

Arndt zweifelt zwar im Hinblick auf den unmittelbaren und mittelbaren Datenzugriff nicht an der Geeignetheit - also der generellen Zwecktauglichkeit - einer umfassenden Zugriffsmöglichkeit auf das Datenverarbeitungssystem eines Steuerpflichtigen zum Zweck der steuerlichen Kontrolle, sofern sie sich nicht lediglich als geplante Regelung zur Kontrolle nur des elektronischen Handels entpuppt. Er kann jedoch nicht erkennen, weshalb die Überprüfbarkeit der papierlosen Buchführungswerke nicht auch weiterhin mit den bisherigen Methoden gewährleistet werden kann. Die bisherigen Methoden hätten sich als ausreichend zur Prüfung auch EDV-gestützter Buchführungen erwiesen, griffen aber deutlich weniger intensiv in das Grundrecht auf Datenschutz ein, da eine systematische und unbegrenzte Auswertung der Daten ausgeschlossen sei. Daher fehle es an der Wahl des mildesten Mittels, so dass die Norm aus seiner Sicht nicht erforderlich ist. Zudem müsse das Grundrecht auf Datenschutz nur soweit zurücktre-

---

722 BVerfG, Beschluss v. 16.12.1981, 1 BvR 898, 1132, 1150, 1333, 1181/79, 83, 416/80, 1117/79 u. 603/80, BVerfGE 59, 128, 153.

723 Hierzu E.III.

724 BT-Drucks. 14/5598.

725 Hierzu BVerfG, Urteil v. 13.6.2007, 1 BvR 1550/03, 2357/04, 603/05, DStRE 2007, S. 1196, 1201.

726 So auch Arndt, S. 34; Drüen, StuW 2003, S. 205, 215; einschränkend Kerssenbrock/Riedel/Strunk, DB Beilage 9/2002, S. 1, 9 ff., 15, 18 f., die allerdings den Wortlaut der Regelungen verfremdend sezieren, vgl. hierzu bereits kritisch D.III.

727 Arndt, S. 25 ff., 36 ff.

ten, soweit es der absolut geringstmögliche Eingriff zur Sicherung der Gleichmäßigkeit der Besteuerung erfordere. Diese Grenze sei überschritten, da die Kontrolle der Besteuerung ohne weiteres auch auf Grundlage des bisher geltenden Rechts gewährleistet sei, so dass die Datenzugriffsregelungen nicht der Angemessenheit genügen.

Im Hinblick auf die Datenträgerüberlassung verneint *Arndt* bereits die Geeignetheit für den Fall, dass die Datenträger extern überprüft werden sollen. Aus seiner Sicht ist eine Übertragung der Daten auf Datenträger nicht geeignet zur steuerlichen Kontrolle, da die Datenträger aus technischen Gesichtspunkten nur mit Hilfe der Unternehmens-EDV bearbeitet werden können. Selbst wenn es möglich sein sollte, das Datenmaterial so zu konvertieren, dass es auf handelsüblichen Rechnern ausgelesen werden kann, wäre die Datenträgerüberlassung jedenfalls – ebenso wie für den Fall, dass der Datenträger im Unternehmen selbst geprüft werden soll - nicht erforderlich. Eine Prüfung der EDV-gestützten Buchführung sei bereits durch einen Nur-Lesezugriff auf die Unternehmens-EDV und die Gesamtdokumentation der EDV zweifelsfrei und umfassend zu gewährleisten, so dass nicht erkennbar sei, welche zusätzlichen Vorteile die Prüfung der Daten außerhalb der Räume des Unternehmens bieten soll.

(2) Auffassung von Kerssenbrock/Riedel/Strunk[728]

Nach der Auffassung von *Kerssenbrock/Riedel/Strunk* ist die Pflicht, Einsicht[729] in alle Daten gewähren zu müssen, zwar geeignet, aber weder für umsatz- und lohnsteuerliche, noch für sonstige ertragsteuerliche Zwecke erforderlich und darüber hinaus wegen der hohen Kosten von Berechtigungskonzepten sowie wegen der Unsicherheit hinsichtlich der tatsächlichen Vornahme einer Außenprüfung beim Steuerpflichtigen unzumutbar.

Die Pflicht, der Finanzverwaltung die Prüfung von Unterlagen im Sinne des § 147 Abs. 1 AO unter Nutzung der eigenen Datenverarbeitungsanlage zu ermöglichen, sei zwar geeignet, aber nur für umsatzsteuerliche und lohnsteuerliche Prüfungen, nicht aber für zeitlich nachgelagerte Außenprüfungen erforderlich und wegen der hohen Kosten von Berechtigungskonzepten in der Regel, jedenfalls im Ertragsteuerbereich, nicht über den bisher üblichen Umfang eines indirekten Datenzugriffs hinaus zumutbar.

Die Pflicht, einen Direkt-Zugriff für die Einsichtnahme in Daten und Prüfung von Unterlagen einzurichten und aufrecht zu erhalten, sei zwar geeignet, die Erforderlichkeit beschränkt sich aber nach der Ansicht von *Kerssenbrock/Riedel/Strunk* auf wenige umsatzsteuerliche Sachverhalte und sei wegen des gerin-

---

728 Kerssenbrock/Riedel/Strunk, DB Beilage 9/2002, S. 1 ff.

729 Siehe bereits zur ungeeigneten Sezierung des unmittelbaren Datenzugriffs durch Kerssenbrock/Riedel/Strunk D.III.

gen informationellen Mehrwerts einerseits und wegen der sehr aufwendigen Organisations- und Schutzmaßnahmen, die auf Seiten des Steuerpflichtigen zur nach Steuerrelevanz getrennten Daten- und Dokumentenspeicherung, für Berechtigungskonzepte und die Erhaltung veralteter Hard- und Software notwendig würden, nicht zumutbar.

Der mittelbare Datenzugriff sei zwar geeignet, aber in dem normierten Umfang nicht erforderlich, weil nur steuerlich relevante Daten der maschinellen Auswertung unterliegen dürfen. Sofern und soweit die Pflicht auf steuerlich relevante Daten beschränkt werden könne, sei deren maschinelle Auswertung nur bei digitalen Umsatzsteuerbelegen erforderlich. Im Übrigen könne die Erforderlichkeit nur bejaht werden, wenn sie zu einer erheblichen Steigerung der Effizienz der Außenprüfung führe. Der mittelbare Datenzugriff sei aber letztlich wegen der hohen Kosten der Einrichtung von Berechtigungskonzepten, der unternehmensweiten Reorganisation der Datenablage zur Trennung steuerrelevanter und nicht steuerrelevanter Daten sowie der Aufbewahrung der Daten in der Datenverarbeitungsanlage in der Regel nicht zumutbar.

Die Datenträgerüberlassung sei zwar geeignet, ihre Erforderlichkeit beschränke sich aber auf Fälle, in denen digitale Unterlagen nicht anders als auf einem Datenträger zu Prüfungszwecken dargestellt werden können. Die zeitlich unbeschränkte Pflicht zur Aufrechterhaltung der Verarbeitungsfähigkeit der Daten verursache jedoch unzumutbare Kosten.

(3) Gegenauffassung von Drüen[730]

Drüen stellt darauf ab, dass es sich bei der Befugnisnorm des Datenzugriffs (§ 147 Abs. 6 AO) um eine (doppelte) Ermessensvorschrift[731] handelt, deswegen sei eine doppelte Kontrolle der Verhältnismäßigkeit erforderlich. Der „Erstprüfung" des Gesetzes, die sich auf eine abstrakt-generelle Sicht des Gesetzgebers beschränke, habe notwendig eine konkrete Verhältnismäßigkeitsprüfung der konkreten Verwaltungshandlung nachzufolgen. Bei der Prüfung des Gesetzes komme es daher nur auf die abstrakt-generelle Geeignetheit und Erforderlichkeit an, wobei es dem Gesetzgeber gestattet ist, auf den Normalfall abzustellen, so dass atypische Belastungen im Einzelfall nicht zur Unverhältnismäßigkeit der Norm führen. Aufgrund der unterschiedlichen Maßstäbe gelange man nicht zu einer Duplikation der Verhältnismäßigkeitskontrolle, sondern im Ergebnis läge die Brisanz der Verhältnismäßigkeitsprüfung in der Einzelfallkontrolle. Folglich stehe der Weg zum BVerfG für eine abstrakt-generelle Überprüfung des Gesetzes nicht offen, solange die Finanzbehörde im Einzelfall eine verhältnismäßige Maßnahme treffen könne. Die abstrakt-generelle Prüfung der Verfassungsmä-

730 Drüen, Stuw 2003, S. 205, 216 ff.
731 Hierzu bereits D. V.

ßigkeit fällt nach *Drüen* aber zugunsten der Datenzugriffsregelung aus, denn aus abstrakt-genereller Sicht sind nicht alle ins Ermessen der Finanzverwaltung gestellten Maßnahmen in der Hinsicht unverhältnismäßig, dass in keinem denkbaren Fall eine verfassungskonforme Maßnahme angeordnet werden könnte.

(4) Stellungnahme

Der Auffassung von *Drüen* ist zuzustimmen. Gesetze sind abstrakt-generelle Regelungen, daher kann sich auch die Verhältnismäßigkeitsprüfung nur auf abstrakt-genereller Ebene vollziehen, so dass als Kontrollmaßstab nur angesehen werden kann, ob im typischen von der Rechtsnorm geregelten Fall eine verhältnismäßige Regelung getroffen wurde.[732] Bei einer generalisierenden Regelung sind Härten im Einzelfall als unvermeidlich hinzunehmen[733] und wegen der Typisierungsfunktion des Gesetzes im Hinblick auf den Verhältnismäßigkeitsgrundsatz auch unbedenklich.[734] Die Ansichten, die bereits zur Unverhältnismäßigkeit und damit zur Verfassungswidrigkeit der Befugnisnorm des § 147 Abs. 6 AO kommen, übersehen die Konsequenzen, die aus der Ausgestaltung der Datenzugriffsregelung als Ermessensnorm folgen. Wenn der Gesetzgeber der Finanzverwaltung doppeltes Ermessen einräumt, damit sie auf einer ersten Stufe auswählen kann, ob im Einzelfall die digitale Außenprüfung in Betracht kommt oder ob weiterhin eine konventionelle Außenprüfung angeordnet werden soll und auf einer zweiten Stufe gegebenenfalls bei Wahl der digitalen Variante noch zwischen den verschiedenen Datenzugriffsformen aussuchen kann, dann hat der Gesetzgeber die Wahl des verhältnismäßigen Eingriffs im konkreten Einzelfall in die Hände der Finanzverwaltung als Exekutivorgan gelegt. Damit hat der Gesetzgeber eine Regelung geschaffen, die auch für atypische Fälle einen Härteausgleich schafft, weil die Finanzverwaltung gegebenenfalls im Einzelfall auch auf die digitale Außenprüfung verzichten kann und weiterhin eine konventionelle Außenprüfung durchführen kann. Als Ermessensvorschrift ist der Verhältnismäßigkeitsgedanke selbst in der Datenzugriffsregelung inkorporiert.[735] Wenn die Finanzverwaltung im konkreten Einzelfall eine unverhältnismäßige Wahl trifft, ist dies nicht mehr dem Gesetz anzulasten.

Betrachtet man deswegen das Gesetz auf der abstrakt-generellen Ebene, kann das Gesetz nur als verfassungswidrig eingestuft werden, wenn die Ermächtigung keinem legitimen Zweck dient oder aus abstrakt-genereller Sicht keine verhältnismäßige Maßnahme aufgrund dieser Ermächtigung von der Finanzbehörde

---

732 Jakobs, Der Grundsatz der Verhältnismäßigkeit, S. 139.

733 BVerfG, Urteil v. 13.2.1964, 1 BvL 17/61, 1 BvR 494/60, 128/61, BVerfGE 17, 232, 245.

734 Jakobs, Der Grundsatz der Verhältnismäßigkeit, S. 140.

735 Jakobs, Der Grundsatz der Verhältnismäßigkeit, S. 148 f.

getroffen werden kann.[736] Der legitime Zweck liegt in der Herstellung von Waffengleichheit zwischen Steuerstaat und Steuerbürger sowie in der Anpassung der Prüfungsbedingungen an die moderne Wirklichkeit.[737] Der Grundsatz der Verhältnismäßigkeit setzt hier der Beurteilungs- und Entschließungsfreiheit des Gesetzgebers nur äußerste Grenzen[738], die hier mit Blick auf die effektive Teilhabe an den Steuerdaten nicht überschritten ist.[739] Und da die Finanzverwaltung auch immer die Möglichkeit hat, auf den Datenzugriff komplett zu verzichten und eine konventionelle Außenprüfung durchzuführen, ist die Vorschrift auch nicht so gestrickt, dass sie der Finanzverwaltung keine verhältnismäßige Maßnahme im Einzelfall ermöglicht. Denn die Geeignetheit der Vorschrift, d. h. die Förderung des gewünschten Erfolgs[740], steht außer Frage. Die vom Gesetzgeber eingesetzten Mittel sind auf abstrakt-genereller Ebene zumindest nicht völlig ungeeignet[741], Waffengleichheit herzustellen und die Außenprüfung zu modernisieren. Die Erforderlichkeit ist gegeben, wenn der Gesetzgeber nicht ein anderes, gleich wirksames aber das Grundrecht nicht oder doch weniger fühlbar einschränkendes Mittel hätte wählen können.[742] An dieser Stelle schlägt dann wieder entscheidend durch, dass der Gesetzgeber sich für eine Ermessensvorschrift entschieden hat, die auch die Möglichkeit eröffnet, ganz auf den Datenzugriff zu verzichten und somit auf abstrakt-genereller Ebene das mildeste Mittel in Form des völligen Verzichts bereits in sich trägt. Auf die besonderen Umstände des Einzelfalls kommt es für die Frage der Verfassungsmäßigkeit des Gesetzes dann nicht mehr an. Die von den Kritikern vorgebrachten besonderen Begebenheiten wie Nichtteilnahme am E-Commerce[743], Neuanschaffung des Datenverarbeitungssystems, Release-Wechsel von Softwareherstellern, Änderungen des Datenverarbeitungssystems durch Verschmelzungen, Kauf sowie Verkauf eines Unternehmens[744] oder ähnliche Ereignisse, die Auswirkungen auf die Art des Datenzugriffs haben können, sind auf dieser Ebene auszublenden und der Verwaltungskontrolle im konkreten Einzelfall zu überantworten.[745] Weil der Gesetzgeber die Vielfalt der Anwendungskonstellationen nicht vorhersehen kann, steht dabei auch die Angemessenheit einer Maßnahme stets unter dem Einzel-

736 Drüen, Stuw 2003, S. 205, 218.

737 Vgl. I.I.3.a).

738 BVerfG, Beschluss v. 16.3.1971, 1 BvR 52, 665, 667, 754/66, BVerfGE 30, 292, 316.

739 Hierzu bereits I.I.3.a).

740 BVerfG, Beschluss v. 16.3.1971, 1 BvR 52, 665, 667, 754/66, BVerfGE 30, 292, 316.

741 Das reicht für das Förderungsziel bereits aus, eine Volleignung ist nicht erforderlich, vgl. Stern, Staatsrecht, Bd. III/2, § 84 II 2, S. 776 m.w.N.

742 BVerfG, Beschluss v. 18.12.1967, 1 BvL 5, 14/64 u. 5, 11, 12/65, BVerfGE 25, 1, 18; BVerfG, Beschluss v. 16.3.1971, 1 BvR 52, 665, 667, 754/66, BVerfGE 30, 292, 316.

743 Vgl. Arndt, S. 27.

744 Kerssenbrock/Riedel/Strunk, DB Beilage 9/2002, S. 15.

745 Drüen, Stuw 2003, S. 205, 219.

fallvorbehalt und kann deswegen nicht abstrakt generell beurteilt werden.[746] Im Ergebnis ist damit die Datenzugriffsregelung auch verhältnismäßig.

c) Organisatorische und verfahrensrechtliche Vorkehrungen

aa) Allgemeines

Im Volkszählungsurteil hat das BVerfG den Gesetzgeber verpflichtet auch organisatorische und verfahrensrechtliche Regelungen zu treffen, um der Gefahr der Verletzung des Grundrechts auf Datenschutz – insbesondere mit Blick auf die automatische Datenverarbeitung - entgegenzuwirken.[747] Damit hat es das Grundrecht durch eine Schutzpflicht abgesichert.[748] Unter den Begriff der verfahrensrechtlichen Schutzvorschriften fasst das BVerfG neben den Aufklärungs- und Auskunftspflichten auch Löschungs- bzw. Rückgabepflichten sowie mit Blick auf die Rechtswegsgarantie des Art. 19 Abs. 4 GG ferner Protokollierungspflichten bezüglich erhobener und gespeicherter Daten.[749] Diese organisatorischen und verfahrensrechtlichen Vorkehrungen können höchstens hinsichtlich der Aufklärungs- und Auskunftspflichten durch die §§ 199 Abs. 2 und 202 AO als getroffen bezeichnet werden[750], im Übrigen fehlen ausdrückliche Regelungen in der Abgabenordnung.[751] Fraglich ist, inwieweit diese Unvollständigkeit der Abgabenordnung die Frage der Verfassungsmäßigkeit der Datenzugriffsregelung beeinflusst. Dabei stellt das BVerfG fest, dass der Gesetzgeber nicht alles regeln müsse, sondern nur dafür sorgen müsse, dass das Notwendige geschehe[752], auch wenn das Gericht im Volkszählungsurteil selbst den Verfahrensschutz bis in alle Einzelheiten festgelegt hat.[753]

Wenn aber die Schutzvorschriften nicht explizit in der bereichsspezifischen Regelung angeordnet sein müssen, könnten hier auch die Vorschriften der Datenschutzgesetze subsidiär eingreifen. Der BFH führt zwar in einem Urteil vom 8. Februar 1994 aus, dass mit den Regelungen über das Steuergeheimnis nach

746 Zutreffend Schulze-Fielitz, in: Dreier, Art. 20 GG (Rechtsstaat) Tz. 173; zustimmend auch Drüen, Stuw 2003, S. 205, 219.

747 BVerfG, Urteil v. 15.12.1983, 1 BvR 209, 269, 362, 420, 440, 484/83, BVerfGE 65, 1, 44.

748 Vogelgesang, Grundrecht auf informationelle Selbstbestimmung?, S. 78.

749 BVerfG, Urteil v. 15.12.1983, 1 BvR 209, 269, 362, 420, 440, 484/83, BVerfGE 65, 1, 59 f., 70.

750 So Arndt, S. 34, 39.

751 Arndt, S. 34, 39; Drüen StuW 2003, S. 205, 215; Kerssenbrock/Riedel/Strunk, DB Beilage 9/2002, S. 15.

752 BVerfG, Urteil v. 15.12.1983, 1 BvR 209, 269, 362, 420, 440, 484/83, BVerfGE 65, 1, 59.

753 BVerfG, Urteil v. 15.12.1983, 1 BvR 209, 269, 362, 420, 440, 484/83, BVerfGE 65, 1, 59 f., 70.

§ 30 AO für das Steuerrecht bereits vor Erlass datenschutzrechtlicher Normen organisatorische und verfahrensrechtliche Vorkehrungen getroffen worden sind, die der Schutzrichtung der späteren Datenschutzgesetze entsprächen und deswegen der Schutz des in § 30 AO geregelten Steuergeheimnisses als gesetzliche Geheimhaltungsvorschrift den Regelungen der Datenschutzgesetze vorgehe.[754] Damit hat der Gesetzgeber zwar durch die gesetzliche Ausgestaltung des Steuergeheimnisses hinreichende Sicherheitsvorkehrungen gegen eine missbräuchliche Verwendung der Daten geschaffen, die auch die besonderen Gefährdungen der automatisierten Datenverarbeitung berücksichtigen.[755] Die Datenschutzgesetze sind indes anwendbar, soweit der Anwendungsbereich des § 30 AO nicht eröffnet ist.[756] Dies soll zumindest dann gelten, wenn der Gesetzgeber nicht absichtsvoll eine Regelung unterlassen hat.[757] Dies ist aber hier nicht der Fall, im Gesetzgebungsverfahren wurde vielmehr ausdrücklich die Anwendbarkeit der Datenschutzgesetze anerkannt.[758] Damit entfalten die Datenschutzgesetze eine lückenfüllende Ergänzungsfunktion[759] und können die notwendigen organisatorischen und verfahrensrechtlichen Vorkehrungen übernehmen. Dabei werden in den meisten Fällen die Landesdatenschutzgesetze diese Auffüllfunktion antreten, da sich ihr Anwendungsbereich auf die Erhebung, Verarbeitung und Nutzung der Daten durch eine Landesbehörde und damit auch auf die Landesfinanzverwaltung erstreckt (vgl. § 1 Abs. 2 Nr. 2 BDSG). Nur soweit die Bundesfinanzverwaltung handelt oder die Landesdatenschutzgesetze keine eigenen Regelungen enthalten, ist auf das Bundesdatenschutzgesetz zurückzugreifen.[760]

Während das nach § 355 StGB strafbewehrte Steuergeheimnis des § 30 AO die Geheimhaltung der offenbarten Daten gewährleistet, ergänzen § 20 BDSG und die entsprechenden Regelungen der Landesdatenschutzgesetze den Datenschutz um Löschungspflichten der Finanzverwaltung, wenn die Daten nicht mehr erforderlich sind, d. h. bei Bestandskraft der aufgrund der Außenprüfung ergangenen Steuerbescheide.[761] Über die Datenschutzgesetze sind auch Regelungen über die Datensicherheit zu beachten. So hat die Finanzverwaltung z. B. gem. § 9

754 BFH, Urteil v. 8.2.1994, VII R 88/92, BStBl. II 1994, 552, 553 f.

755 BVerfG, Urteil v. 27.6.1991, 2 BvR 1493/89, BVerfGE 84, 239, 281.

756 BFH, Urteil v. 30.7.2003, VII R 45/02, BFH/NV 2003, 1459, 1460; FG Köln, Urteil v. 18.12.1997, 2 K 382/96, EFG 1998, 963, 964; Alber, in: Hübschmann/Hepp/Spitaler, § 30 AO Tz. 16 (Oktober 2002); Drüen, in: Tipke/Kruse, § 30 AO Tz. 5 (März 2004).

757 BFH, Beschluss v. 6.2003, VII B 138/01 BStBl. II 2003, 790, 793; kritisch Drüen, in: Tipke/Kruse, § 30 AO Tz. 5a (März 2004).

758 Siehe BT-Drucks. 14/3366, S. 115.

759 Gola/Schomerus[9], § 1 BDSG Tz. 24.

760 Vgl. Dammann, in: Simitis[6], § 1 BDSG Tz. 125

761 Auch im BMF-Schreibens zu den Grundsätzen zum Datenzugriff und zur Prüfung digitaler Unterlagen (GDPdU), BMF v. 16.7.2001 – IV D 2 – S 0316 – 136/01, BStBl. I 2001, S. 415, 416 findet sich die Löschungsanweisung.

BDSG i. V. m. der Anlage zu § 9 S. 1 BDSG die innerbehördliche Organisation so zu gestalten, dass ein unzulässiger Umgang mit den personenbezogenen Daten verhindert wird und die Integrität sowie Verfügbarkeit der Daten und die zu deren Verarbeitung eingesetzten technischen Einrichtungen erhalten bleiben.[762]

Teilweise wird kritisch angemerkt, dass die Datensicherheit zumindest im Rahmen der Datenerhebung beim unmittelbaren Datenzugriff dem Steuerpflichtigen aufgebürdet wird, weil er durch eigene technische Maßnahmen Vorsorge gegen einen unberechtigten Zugriff auf nicht dem Datenzugriff unterliegenden Daten in seinem Datenverarbeitungssystem treffen muss, es aber grundsätzlich keine Pflicht zum Selbstschutz vor staatlichen Eingriffen gibt.[763] Dabei ist allerdings zu beachten, dass diese Vorsorge nur eine Obliegenheit[764] des Steuerpflichtigen und Ausfluss seiner Offenbarungspflicht ist. Da die Daten aus seiner Sphäre stammen, hat er die Erstqualifikation zu treffen, was eine Abgrenzung von den Daten, die nicht dem Datenzugriff unterliegen, erfordert. Ohne diese Vorarbeit des Steuerpflichtigen wäre der Eingriff der Finanzverwaltung intensiver, da dann etwa erst durch eine erste Sichtung der gesamten Daten durch einen anderen Amtsträger als den Außenprüfer[765] entschieden werden könnte, welche Daten erhoben werden dürften. *Drüen* erklärt diese Obliegenheit rechtsdogmatisch deswegen richtigerweise mit der Wirkung des Subsidiaritätsprinzips. Soweit der Einzelne in seinem Bereich Freiheit vom Staat reklamiert, muss er zur Abgrenzung dieser Sphäre Pflichten erfüllen, damit der Staat nicht in den beanspruchten Freiheitsraum eindringen muss.[766] Im Hinblick auf den Datenschutz ist es Teil jeder Offenbarungspflicht, nicht mehr preiszugeben, als verlangt wird. Der Finanzverwaltung kann daher die Verwertung „aufgedrängter" Informationen nur aufgrund eines Verwertungsverbots verwehrt sein.[767]

bb) Protokollierungspflicht

Im Schrifttum wird teilweise gefordert, dass die Finanzverwaltung gemäß den Vorschriften über die Datensicherung in den Datenschutzgesetzen die Daten-

---

762 Vgl. hierzu Ernestus, in: Simitis^{6}, § 9 BDSG Tz. 2.

763 Kerssenbrock/Riedel/Strunk, DB Beilage 9/2002, S. 14; Kerssenbrock/Riedel/Strunk, StB 2002, S. 263, 264.

764 So auch FG Hamburg, Urteil v. 13.11.2006, 2 K 198/05, DStRE 2007, 441, 443; Eller, Elektronische Rechnungsstellung und digitale Betriebsprüfung, Rn. 125.

765 Im sog. Tagebuch-Beschluss haben ein solches Verfahren selbst die vier Richter als zulässig erachtet, die tagebuchartige Aufzeichnungen dem absolut geschützten Bereich privater Lebensgestaltung zugerechnet haben, so dass sie über diese erste Sichtung hinaus dem staatlichen Zugriff entzogen bleiben (vgl. BVerfG, Beschluss v. 14.9.1989, 2 BvR 1062/87, BVerfGE 80, 367, 380 f.).

766 Drüen, Stuw 2003, S. 205, 216.

767 Vgl. hierzu K.

auswertungen zu protokollieren habe.[768] Während die Kontrollmöglichkeit durch den Steuerpflichtigen beim mittelbaren Datenzugriff in der Natur der Sache liegt[769] und beim unmittelbaren Datenzugriff durch eigene technische Vorkehrungen[770] des Steuerpflichtigen gewährleistet werden kann, findet in der Praxis der Außenprüfung eine solche Protokollierung bei der Datenträgerüberlassung offiziell nicht statt, auch wenn die von der Finanzverwaltung eingesetzte Prüfsoftware „IDEA" grundsätzlich diese Möglichkeit bietet.[771]

Eine Protokollierungspflicht über die durchgeführten Auswertungen ist dabei allerdings auch nicht mit Blick auf die Datenschutzgesetze geboten.[772] Die Auswertung der dem Datenzugriff unterliegenden Daten stellt lediglich eine Nutzung der Daten im Sinne des § 3 Abs. 5 BDSG dar, da es sich um eine Verwendung der Daten handelt, ohne dass es zu einer Verarbeitung i. S. des § 3 Abs. 4 BDSG (Speichern, Verändern, Übermitteln, Sperren und Löschen) kommt. Ein solches Nutzen der Daten fällt aber nicht unter die Eingabekontrolle im Sinne der Nr. 5 der Anlage zu § 9 S. 1 BDSG, die die Protokollierungspflichten enthält. Zwar ist die im Gesetzgebungsverfahren vom Bundesbeauftragten für Datenschutz geforderte Normierung einer Protokollierungspflicht vom Finanzausschuss mit dem Hinweis abgelehnt worden, dass § 9 BDSG i. V. m. der Anlage zu diesem Gesetz diese Funktion erfülle.[773] Doch allein die gesetzgeberische Intention kann keine Protokollierungspflicht begründen, wenn § 9 BDSG diese Pflicht nicht für den Datenzugriff der Finanzverwaltung vorsieht. Protokollierungspflichten sind aber nur für die Fälle der Eingabe, Veränderung oder Entfernung (vgl. Nr. 5 der Anlage zu § 9 S. 1 BDSG) vorgesehen. Da aber beim Datenzugriff keine neuen Daten eingegeben werden müssen und die zur Verfügung gestellten Daten auch nicht verändert oder entfernt werden dürfen, fehlt es an den Voraussetzungen der Nr. 5 der Anlage zu § 9 S. 1 BDSG. In dieser Fehleinschätzung des Gesetzgebers dürfte auch der Grund dafür liegen, dass der Bun-

---

768 So wohl Kromer, DStR 2001, S. 1017, 1018.

769 Auch Carlé, KÖSDI 2001, S. 13106, 13114 rät beim mittelbaren Datenzugriff zur Protokollierung durch den Steuerpflichtigen.

770 Siehe hierzu Carlé, KÖSDI 2001, S. 13106, 13114; Käbisch, Datenzugriff und digitale Unterlagen, Teil 5/6.6, S. 34 f. (Dezember 2001); Schmitz, StBp 2002, S. 189, 192; Stahl, KÖSDI 2005, S. 14532, 14534.

771 Vgl. zur Protokollierungsmöglichkeit bei der von der Finanzverwaltung eingesetzten Auswertungssoftware „IDEA" Burchert, INF 2002, S. 677, 679; Schmitz, StBp 2002, S. 221; Burkhard, DStZ 2003, S. 112, 115 meint, dass der Steuerpflichtige auch bei der Datenträgerüberlassung ein Protokollierungsprogramm aufspielen kann, das die Verprobungsmethoden und Programmschritte aufzeichnet. Da die Daten aber von IDEA übernommen werden, wird es technisch nicht möglich sein, dass der Steuerpflichtige ein eigenes Protokollierungsprogramm aufspielt.

772 So auch im Ergebnis Hantzsch, Hefte zur Internationalen Besteuerung (138), S. 16; Panek, Die steuerliche Außenprüfung, S. 272 Fn. 1387.

773 BT-Drucks. 14/3366, S. 115.

desbeauftragte für Datenschutz, trotz der Ablehnung im Gesetzgebungsverfahren, noch einmal seine Forderung, eine Verpflichtung zur Protokollierung des Datenzugriffs zu statuieren, im Zuge des beabsichtigten BMF-Schreibens zu den Grundsätzen zum Datenzugriff[774] wiederholt hat.[775] Trotzdem wurde auch hier keine Protokollierungspflicht der Finanzverwaltung festgelegt, so dass eine solche Pflicht weder aus dem Gesetz noch aufgrund einer Verwaltungsanweisung besteht.[776] Letztlich muss auch der Versuch, die Pflicht aufgrund einer analogen Anwendung der Nr. 5 der Anlage zu § 9 S. 1 BDSG zu begründen, scheitern. Selbst wenn man noch geneigt ist, aufgrund des dargestellten Gesetzgebungsverfahrens, eine planwidrige Regelungslücke anzunehmen, fehlt es hier an der für eine Analogie notwendigen gleichgerichteten Interessenlage. Während durch die Nr. 5 der Anlage zu § 9 S. 1 BDSG im Wege einer präventiven Maßnahme unbefugte Aktionen verhindert werden sollen[777], würde eine Protokollierung im Rahmen des Datenzugriffs lediglich dem Zweck dienen, dass der Steuerpflichtige die Auswertungen der Finanzbehörde nachvollziehen und überprüfen kann. Dieser Zweck ist aber nicht durch das Datenschutzgesetz gedeckt, weil die Daten des Steuerpflichtigen unberührt bleiben, so dass eine Analogie nicht in Betracht kommt.

cc) Datensammlung

Umstritten ist, ob die Finanzverwaltung berechtigt ist, mit den Daten, die sie im Rahmen des Datenzugriffs erhält, eine Datensammlung aufzubauen, um für Richtsatzsammlungen, Verrechnungspreise, Branchenkennzahlen oder ähnliche Sachverhalte Vergleichsdaten bereitzuhalten.

Nach einer Ansicht darf insbesondere die Datenträgerüberlassung nicht als trojanisches Pferd missbraucht werden, da der Datenzugriff nicht der umfassenden unternehmensübergreifenden Überwachung diene, sondern nur der Rationalisierung der einzelnen Außenprüfung. Nach dieser Auffassung verbietet sich der Aufbau einer Datensammlung aus Daten, die im Rahmen des Datenzugriffs überlassen wurden.[778]

Die vorzugswürdigere Auffassung sieht die Möglichkeit des Aufbaus einer Datensammlung dagegen als gegeben an. Auch wenn sich diese Befugnis nicht aus den Vorschriften über den Datenzugriff selbst ergibt, so lässt sich die Erlaubnis aus § 88a AO ableiten. Denn diese Norm stellt klar, dass die Finanzverwaltung

---

774 BMF BStBl. I 2001, 415.

775 BT-Drucks. 14/5727, S. 4.

776 Siehe auch Hantzsch, Hefte zur Internationalen Besteuerung (138), S. 16.

777 Vgl. Ernestus, in: Simitis[6], § 9 BDSG Tz. 129.

778 Carlé, KÖSDI 2001, S. 13106, 13112; Drüen, , in: Tipke/Kruse, § 147 AO Tz. 81 (April 2007); Panek, Die steuerliche Außenprüfung, S. 126 Fn. 652; Trzaskalik, in: Hübschmann/Hepp/Spitaler, § 147 AO Tz. 46 (März 2003).

zur Erfüllung ihrer Aufgaben Daten nicht nur für ein konkretes Verwaltungsverfahren, sondern auch für Zwecke künftiger Verfahren im Sinne des § 30 Abs. 2 AO sammeln und verwenden darf.[779] Da § 88a AO aber nicht zur Erhebung von Daten ermächtigt[780], ist eine Datensammlung auch immer abhängig von einer Vorschrift, die die Erhebung gewährleistet. Eine solche Vorschrift stellt die Befugnis zur Datenträgerüberlassung gem. § 147 Abs. 6 S. 2 2. Alt. dar. Denn Datenerhebung bedeutet nach der Legaldefinition des § 3 Abs. 3 BDSG das Beschaffen von Daten über den Betroffenen. Diese Beschaffungsmöglichkeit ist durch den Datenzugriff eröffnet. Da § 88a AO lediglich abstrakte Datensammlungen ermöglicht und auch die Erfüllung des Datenschutzes[781] berücksichtigt werden muss, dürfen die Daten allerdings nur in anonymisierter Form in der Datensammlung gespeichert und verwertet werden.[782]

4. Subsidiarität des Grundrechts auf Gewährleistung der Vertraulichkeit und Integrität informationstechnischer Systeme

Mit Urteil vom 27. Februar 2008 hat das Bundesverfassungsgericht eine weitere Ausgestaltung des allgemeinen Persönlichkeitsrechts vorgenommen und das Grundrecht auf Gewährleistung der Vertraulichkeit und Integrität informationstechnischer Systeme geformt.[783] In dem Urteil ging es um die Frage der Verfassungsmäßigkeit von Online-Durchsuchungen, bei denen durch Infiltration informationstechnischer Systeme die Möglichkeit geschaffen werden sollte, deren Nutzung zu überwachen, die Speichermedien durchzusehen oder gar das Zielsystem fernzusteuern. Das Bundesverfassungsgericht sah diese Maßnahmen nicht hinreichend durch die Grundrechte aus Art. 10, Art. 13 sowie durch das Recht auf Datenschutz geschützt, es hat aber auch ausdrücklich klargestellt, dass das neue Grundrecht nur subsidiär in den Fällen eröffnet ist, in denen die vorgenannten Grundrechte nicht greifen.

In Abgrenzung zum Recht auf Datenschutz soll das Grundrecht auf Gewährleistung der Vertraulichkeit und Integrität informationstechnischer Systeme vor in-

---

779 Vgl. BT-Drucks. 12/5940, S. 24.

780 Seer, in: Tipke/Kruse, § 88a AO Tz. 3 (Oktober 2008).

781 Vgl. BVerfG, Urteil v. 13.6.2007, 1 BvR 1550/03, 2357/04, 603/05, DStRE 2007, S. 1196, 1201.

782 So auch Burchert, INF 2002, S. 677, 678; Kuhfus, in: Kühn/v. Wedelstädt[18], § 147 AO Tz. 30; Ritzrow, in: Pump/Leibner, § 147 AO Tz. 45 (Juni 2002); Stahl, KÖSDI 2005, S. 14532, 14537; vgl auch BFH, Urteil v. 17.10.2001, I R 103/00, BStBl. II 2004, 171, 175.

783 BVerfG, Urteil v. 27.2.2008, 1 BvR 370/07, http://www.bverfg.de/entscheidungen/rs20080227_1bvr037007.html.

tensiveren Eingriffen schützen, da nach Ansicht des Bundesverfassungsgerichts das Grundrecht auf Datenschutz Persönlichkeitsgefährdungen nicht vollständig Rechnung trägt, die sich daraus ergeben, dass der Einzelne zu seiner Persönlichkeitsentfaltung auf die Nutzung informationstechnischer Systeme angewiesen ist und dabei dem System persönliche Daten anvertraut oder schon allein durch dessen Nutzung zwangsläufig liefert.[784] Diese Schutzgrenze ist aber beim Datenzugriff der Finanzverwaltung noch nicht überschritten. Die Befugnisse, die der Finanzverwaltung hierdurch vermittelt werden, sind nicht darauf gerichtet, auf das informationstechnische System insgesamt, sondern lediglich auf bestimmte dort gespeicherte Daten zuzugreifen[785] und dabei zudem auf einen Datenbestand, der auch in seiner Gesamtheit nicht dazu geeignet ist, den Kernbereich privater Lebensführung zu verletzen. Aufgrund der vom Bundesverfassungsgericht verordneten Subsidiarität ist daher das Grundrecht auf Gewährleistung der Vertraulichkeit und Integrität informationstechnischer Systeme vom Datenzugriff der Finanzverwaltung nicht betroffen.

II. Berufsfreiheit

Die Berufsfreiheit des Art. 12 Abs. 1 GG gewährleistet die Freiheit der beruflichen Betätigung. Der Schutz dieses Grundrechts ist einerseits umfassend angelegt, wie die ausdrückliche Erwähnung von Berufswahl, Wahl von Ausbildungsstätte und Arbeitsplatz sowie Berufsausübung zeigt. Andererseits schützt es aber nur vor solchen Beeinträchtigungen, die gerade auf die berufliche Betätigung bezogen sind. Es genügt also nicht, dass eine Rechtsnorm oder ihre Anwendung unter bestimmten Umständen Rückwirkungen auf die Berufstätigkeit entfaltet. Art. 12 Abs. 1 GG erstreckt seine Schutzwirkung nur auf solche Normen, die sich entweder unmittelbar auf die Berufstätigkeit beziehen oder die zumindest eine objektiv berufsregelnde Tendenz haben.[786] Eine Regelung mit Berufsbezug umfasst verbindliche Vorgaben für das Ob und Wie einer beruflichen Tätigkeit. Als eine solche Regelung kann der Datenzugriff eingeordnet werden, denn hierdurch entstehen aufgrund der Berufsausübung Pflichten, die zu befolgen sind und sanktioniert werden können. Die Datenzugriffsregelungen legen dem Da-

---

784 Zu berichtigten Kritik, ob aus einer besonderen Intensität des Eingriffs auf eine Lücke im Schutzbereich des Grundrechts auf Datenschutz geschlossen werden darf oder ob diese Fragen nicht im Rahmen der Verhältnismäßigkeitsprüfung hätte angesiedelt werden können: Eifert, NVwZ 2008, S. 521.

785 Diese Abgrenzung nimmt auch das Bundesverfassungsgericht explizit vor, vgl. BVerfG, Urteil v. 27.2.2008, 1 BvR 370/07, Absatz-Nr. (201), http://www.bverfg.de/entscheidungen/rs20080227_1bvr037007.html.

786 BVerfG, Beschluss v. 8.4.1997, 1 BvR 48/94, BVerfGE 95, 267, 302; BVerfG, Urteil v. 17.2.1998, 1 BvF 1/91, BVerfGE 97, 228, 253 f.

tenzugriffsverpflichteten[787] bestimmte Aufbewahrungs-, Vorlage- und sonstige Pflichten auf, die ihn treffen, weil seine Tätigkeit auf Erwerb gerichtet ist. Damit stehen die Pflichten im inneren Zusammenhang mit dem Beruf und sie wirken sich direkt auf die Berufsausübung aus, nicht zuletzt, weil damit zusätzliche Aufwendungen verbunden sind.

Berufsausübungsregelungen dürfen vom Gesetzgeber getroffen werden, wenn sie durch hinreichende Gründe des Gemeinwohls gerechtfertigt sind, die gewählten Mittel zur Erreichung des verfolgten Zweckes geeignet und erforderlich sind und die durch sie bewirkte Beschränkung den Betroffenen zumutbar ist.[788] Dem Gesetzgeber kommt dabei eine weite Gestaltungsfreiheit zu.[789] Die Rechtfertigung der Berufsausübungsregelung läuft damit weitestgehend parallel zur Rechtfertigung des Eingriffs in das Grundrecht auf Datenschutz.[790] Hinreichende Gründe des Gemeinwohls liegen auch hier in dem Erfordernis, dass Daten angegeben werden müssen, um eine Gleichheit der Besteuerung zu ermöglichen und das Verfahren den technischen Realitäten angepasst werden muss, damit das Verfahrensrecht dem Stand der Verfahrenstechnik entspricht und so Waffengleichheit zwischen Steuerstaat und Steuerbürger hergestellt werden kann.

Die Datenzugriffsregelungen sind auch verhältnismäßig, das gilt nicht nur aus den bereits bei der Prüfung des Grundrechts auf Datenzugriff dargelegten Gründen für die Datenzugriffsbefugnis des § 147 Abs. 6 AO[791], sondern auch für die verschärften Archivierungspflichten nach den §§ 147 Abs. 2, 146 Abs. 5 AO, auch wenn es sich hierbei nicht um Ermessensvorschriften handelt. Hier springt § 148 AO in die Bresche, um eventuelle Härten im Einzelfall auszugleichen. Damit werden atypische Belastungen aufgrund des Typisierungsspielraums des Gesetzgebers verhältnismäßig abgefedert und übermäßige Belastungen vermieden.[792] Da der Gesetzgeber im Bereich der Berufsausübungsregelungen einen erheblichen Beurteilungs- und Gestaltungsspielraum hat[793], legitimieren ausrei-

---

787 Hierzu E. II.

788 BVerfG, Beschluss v. 12.10.1977, 1 BvR 217, 216/75, BVerfGE 46, 120, 145; BVerfG, Urteil v. 1.7.1980, 1 BvR 23/75, BVerfGE 54, 224, 236; BVerfG, Beschluss v. 31.10.1984, 1 BvR 35, 356, 794/82, BVerfGE 68, 193, 218; BVerfG, Beschluss v. 15.12.1987, 1 BvR 563, 582/85, 974/86 u. 1 BvL 3/86, BVerfGE 77, 308, 332.

789 BVerfG, Urteil, 26.5.1981, 1 BvL 56, 57, 58/78, BVerfGE 57, 139, 159.

790 Siehe hierzu I.I.3; nach dem BVerfG, Urteil v. 13.6.2007, 1 BvR 1550/03, 2357/04, 603/05, DStRE 2007, S. 1196, 1207 bietet Art. 12 GG keinen über das Datenschutzgrundrecht hinausgehenden Schutz vor staatlichen informationellen Maßnahmen.

791 Auch hier aus den bereits dargelegten Gründen a. A. Arndt, S. 48; Kerssenbrock/Riedel/Strunk, DB Beilage 9/2002, S. 17, 21, 23.

792 So im Ergebnis auch Drüen StuW 2003, S. 205, 219 f.

793 BVerfG, Beschluss v. 15.12.1987, 1 BvR 563, 582/85, 974/86 u. 1 BvL 3/86, BVerfGE 77, 308, 322; BVerfG, Urteil v. 28.5.1993, 2 BvF 2/90 u. 4, 5,/92, BVerfGE 88, 203,

chende Gründe des Gemeinwohls grundsätzlich reine Berufsausübungsbeschränkungen.[794] Da die Gleichheit der Besteuerung ein Interesse von entsprechend großem Gewicht ist, ändert deswegen auch die Kostentragungspflicht nichts an der Verhältnismäßigkeit des Datenzugriffs als Berufsausübungsregelung. Der Datenzugriff verstößt damit nicht gegen die Berufsfreiheit.

III. Eigentumsfreiheit

Die Eigentumsgarantie des Art. 14 GG schützt alle vermögenswerten Rechte, die das bürgerliche Recht einem privaten Rechtsträger als Eigentum zuordnet.[795] Daten fallen daher nur dann in den Schutzbereich, wenn sie einen Vermögenswert haben. Das Bundesverfassungsgericht hat deswegen auch geistiges Eigentum anerkannt, sofern die wirtschaftliche Verwertung der geistigen Leistung im Vordergrund steht.[796] Dem Datenzugriff unterliegenden Daten kommt dagegen keine vermögenswerte Seite zu. Zwar hat das Bundesverfassungsgericht im Volkszählungsurteil auch eine gewisse Verfügungsbefugnis des Bürgers über alle ihn betreffenden Informationen angenommen, daraus lässt sich aber noch kein vom Gesetzgeber gewährtes konkretes vermögenswertes Recht ableiten.[797] Soweit *Kerssenbrock/Riedel/Strunk* annehmen, dass allein durch die Verknüpfungsmöglichkeiten die für sich genommen „wertlosen“ Daten zu Daten mit Vermögenswert werden[798], bleiben sie hierfür eine Erklärung schuldig. Auch wenn die Daten in ihrer Gesamtheit möglicherweise für einen Konkurrenten von (kriminellem) Interesse sind, kann daraus noch kein anerkannter Vermögenswert geschlossen werden. „Einfache“ Daten sind vielmehr allein durch das Grundrecht auf Datenschutz abgesichert.[799]

Der Schutzbereich der Eigentumsfreiheit ist auch nicht deswegen verletzt, weil dem Datenzugriffsverpflichteten die Kosten für den Datenzugriff auferlegt werden[800], denn Art. 14 GG schützt nur das Eigentum, aber nicht das Vermögen als solches.[801] Ein Verstoß gegen die Eigentumsgarantie kommt nur dann in Betracht, wenn die Kostentragung den Betroffenen übermäßig belasten und seine

---

262; BVerfG, Beschluss v. 19.7.2000, 1 BvR 539/96, BVerfGE 102, 197, 218; BVerfG, Urteil v. 16.3.2004, 1 BvR 1778/01, BVerfGE 110, 141, 157.

794 BVerfG, Beschluss v. 22.1.1997, 2 BvR 1915/91, BVerfGE 95, 173, 183.

795 BVerfG, Beschluss v. 19.6.1985, 1 BvL 57/79, BVerfGE 70, 191, 199.

796 BVerfG, Beschluss v. 7.7.1971, 1 BvR 765/66, BVerfGE 31, 229, 238 ff.

797 Im Ergebnis auch Arndt, S. 21.

798 Kerssenbrock/Riedel/Strunk, DB Beilage 9/2002, S. 18.

799 So auch Wilms/Roth, JuS 2004, S. 577, 580.

800 So aber Kerssenbrock/Riedel/Strunk, DB Beilage 9/2002, S. 18.

801 BVerfG, Beschluss v. 31.5.1988, 1 BvL 22/85, BVerfGE 78, 232, 243; BVerfG, Beschluss v. 12.10.1994, 1 BvL 19/90, BVerfGE 91, 207, 243; BVerfG, Beschluss v. 8.4.1997, 1 BvR 48/94, BVerfGE 95, 267, 300.

Vermögensverhältnisse grundlegend beeinträchtigen, das heißt eine erdrosselnde Wirkung ausüben würde.[802] Dies ist für den typischen Fall nicht ersichtlich und für den atypischen Fall springt wiederum § 148 AO bzw. § 147 Abs. 6 AO als Ermessensvorschrift helfend zur Seite, so dass es auch hier nicht zur erdrosselnden Wirkung kommt und eine Verletzung der Eigentumsfreiheit nicht zu erkennen ist.[803]

802 Vgl. BVerfG, Beschluss v. 17.7.1974, 1 BvR 51, 160, 285/69, 1BvL 16, 18, 26/72, BVerfGE 38, 61, 102; BVerfG, Beschluss v. 3.7.1985, 1 BvL 55/81, BVerfGE 70, 219, 230 zu Geldleistungspflichten.

803 Bereits deswegen kann auch die Konstruktion von Arndt, S. 51, der einen Verstoß gegen den vom BVerfG im Vermögenssteuerbeschluss (BVerfG, Bescluss v. 2 BvL 37/91, BVerfGE 93, 121) aufgestellten Halbteilungsgrundsatz in der Kostentragung erblickt, nicht überzeugen.

J. Ermessensentscheidungen im Rahmen des Datenzugriffs

Wie bereits an anderer Stelle[804] erörtert, fußt der Datenzugriff auf einer doppelten Ermessensentscheidung. Das Ermessen ist hinsichtlich des Ob des Datenzugriffs und gegebenenfalls hinsichtlich der Auswahl der Datenzugriffsart auszuüben. Von der pflichtgemäßen Ausübung dieses Ermessens ist auch die Verfassungsmäßigkeit des Datenzugriffs abhängig, denn die Verhältnismäßigkeit des Datenzugriffs im Einzelfall wurde der Finanzverwaltung aufgebürdet.[805] Das Ermessen stellt sich somit als „verfassungsrechtliches Ventil für die Einzelfallgerechtigkeit“[806] dar, denn das Ermessen eröffnet der Verwaltung keine willkürliche Entscheidungsfreiheit, sondern ermöglicht der Verwaltung nur eine normativ begründete, eingegrenzte und dirigierte Rechtsfolgenbestimmung.[807] Deswegen hat die Finanzbehörde gem. § 5 AO ihr Ermessen entsprechend dem Zweck der Ermächtigung auszuüben und die gesetzlichen Grenzen des Ermessens einzuhalten. Wenn sich die Finanzbehörde nicht an diese rechtlichen Bindungen hält, handelt sie ermessensfehlerhaft und damit rechtswidrig. Die Finanzgerichte können die Beachtung dieser Ermessens(rechts)bindungen überprüfen.

I. Zweck der Ermächtigung

Zweck der Ermächtigung ist aber nicht nur die Herstellung der verfassungsrechtlich gebotenen Einzelfallgerechtigkeit, sondern auch die Steigerung der Verwaltungseffizienz. Damit ist der Datenzugriff zugleich „Kehrseite der unternehmerischen Wahlfreiheit des Buchführungssystems.“[808] Wenn der Gesetzgeber keine bestimmte Technik für die Führung der Bücher und Aufzeichnung vorschreibt, sondern nur mit den Ordnungsvorschriften der §§ 145, 146 AO lediglich Leitlinien für die Ordnungsmäßigkeit aufstellt, dann werden Außenprüfer in der Prüfungswirklichkeit mit unterschiedlichsten Buchführungssystemen konfrontiert, die mittlerweile nur noch selten mit der in der Abgabenordnung 1977 zugrunde liegenden papierenen Buchführung übereinstimmen, sondern vielmehr auf komplexen datenverarbeitungsgestützten Buchführungen beruhen. Diese durch den Gesetzgeber ermöglichte Vielfalt der Buchführungssysteme bedarf einer flexibel ausgestalteten Überprüfungsmöglichkeit, deren detaillierte gesetzliche Determi-

---

804 Vgl. D.V.

805 Hierzu bereits I.I.3.b)bb)(4)

806 So plastisch Loeser, System des Verwaltungsrechts, Bd. 1, S. 491.

807 Ossenbühl, Verwaltungsvorschriften und Grundgesetz, S. 371; ders., DÖV 1976, S. 462, 465.

808 Drüen, StuW 2003, S. 365, 367.

nierung den Gesetzgeber überfordern und zur fortwährenden Gesetzesanpassung zwingen würde. Als anpassungsfähiges Instrument dient damit die Ermessensvorschrift einer effizienten und sachgerechten Erfüllung der Prüfungsaufgaben, die nach den Vorstellungen des Gesetzgebers auch zu einer verkürzten Prüfungsdauer und damit letztlich zu einer Entlastung von Unternehmern und Finanzverwaltung führen soll.[809] Diesem Ziel der Entlastung ist bei der Ermessensausübung besonderes Augenmerk zu widmen, weil die beabsichtigte Entlastungswirkung erst die scheinbar konträren Zwecke der Herstellung eines verhältnismäßigen Eingriffs und der Steigerung der Verwaltungseffizienz verbindet, indem innerhalb der vom Zweck vorgegeben Ermessensdirektiven ein solcher Entlastungseffekt auf beiden Seiten hergestellt werden muss. In dieser eigenbestimmten Wertabwägung der konkret-individuellen Interessen- und Konfliktlage liegt Wesen und Kern der Ermessensausübung im Rahmen des Datenzugriffs.

II. Gesetzliche Grenzen des Ermessens

Damit überhaupt auf der Rechtsfolgenseite Ermessen ausgeübt werden darf, muss zunächst der Tatbestand erfüllt sein, so dass das Ermessen erst eröffnet ist, wenn die persönlichen, sachlichen und zeitlichen Voraussetzungen des Datenzugriffs vorliegen.[810] Neben dem Gesetzeszweck ergeben sich weiterhin Ermessensschranken allgemeiner Art aus den Verfassungsgrundsätzen, namentlich dem Gleichheitsgrundsatz[811] und dem Grundsatz der Verhältnismäßigkeit.

1. Gleichheitsgrundsatz

Der Gleichheitsgrundsatz verbietet der Verwaltung vergleichbare Sachverhalte unterschiedlich zu behandeln und kann zur Selbstbindung der Verwaltung führen.[812] Bezogen auf den Datenzugriff kann damit die Frage nach dem „Ob“ bzw. dem „Wie“ des Datenzugriffs nur dann ermessensfehlerfrei beantwortet werden, wenn bei Antreffen vergleichbarer Buchführungssysteme, -organisationen und -umfelder, die Antwort einheitlich ausfällt. Allerdings wird es meist an der Vergleichbarkeit fehlen, da selbst, wenn etwa das gleiche Softwaresystem benutzt wird, in den Unternehmen unterschiedlichste weitere Parameter anzutreffen sein werden, so dass sich die Frage der Ermessenfehlerhaftigkeit in die Prüfung der Verhältnismäßigkeit verlagert.

---

809 Drüen, StuW 2003, S. 365, 366 f.

810 Hierzu bereits E.

811 Vgl. BVerfG, Beschluss v. 16.2.1965, 1 BvL 15/62, BVerfGE 18, 353, 363 f.; BVerfG, Beschluss v. 26.2.1985, 2 BvR 1145/83, BVerfGE 69, 161, 169; BVerwG, Urteil v. 9.4.1987, 1 C 36.85, BVerwGE 77, 188, 192.

812 Hierzu Jarass, in: Jarass/Pieroth[10], Art. 3 GG Tz. 6, 35.

2. Grundsatz der Verhältnismäßigkeit

Bereits im Gesetzgebungsverfahren wurde die besondere Stellung des Verhältnismäßigkeitsgrundsatzes im Rahmen des Datenzugriffs erkannt. In einem Entschließungsantrag wird ausdrücklich gefordert, dass „die Finanzbehörde [...] bei Anwendung der Regelung zum Datenzugriff den Grundsatz der Verhältnismäßigkeit zu beachten“ habe.[813] Auch im BMF-Schreiben zu den Grundsätzen zum Datenzugriff und zur Prüfung digitaler Unterlagen (GDPdU) wird eigens darauf hingewiesen, dass der Verhältnismäßigkeitsgrundsatz gewahrt werden müsse.[814] Der Verhältnismäßigkeitsgrundsatz zwingt die Finanzverwaltung im Rahmen ihres Ermessens, die Form des Datenzugriffs zu wählen, die dem Zweck der Außenprüfung dient, die Prüfungsgrundsätze (§ 199 AO) wahrt und den Steuerpflichtigen am wenigsten in Hinblick auf Zeit-, Arbeitsaufwand und Kosten belastet.[815] In die eigenbestimmte Wertabwägung der konkret-individuellen Interessen- und Konfliktlage sind alle Umstände des Einzelfalls einzustellen. Dabei kann insbesondere beim mittelbaren Datenzugriff auch die Betriebsgröße und Mitarbeiterzahl eine Rolle spielen.[816] Ob diesen Kriterien jedoch überragende Bedeutung bei der Ermessensentscheidung zukommt[817], erscheint fraglich. Hinsichtlich des unmittelbaren Datenzugriffs kann die Betriebsgröße allein keine Entscheidungshilfe sein, denn auf der einen Seite könnte zwar bei einem Großbetrieb viel dafür sprechen, dass die Bereitstellung eines Computers zur Prüfung das Unternehmen nur gering belastet, auf der anderen Seite kann der unmittelbare Datenzugriff aber gerade aufgrund der anfallenden Datenmenge, der internen Verknüpfungen oder Wiedereinspeisung der Daten zu einer unzumutbaren Überbeanspruchung des Datenverarbeitungssystems führen. Im Hinblick auf den mittelbaren Datenzugriff kann die Mitarbeiterzahl zwar rechtfertigend wirken, aber trotzdem ist der mittelbare Datenzugriff im Rahmen des Auswahlermessens nur als Ausnahmevorschrift anzusehen und nur subsidiär in den Fällen anzuwenden, in denen der Steuerpflichtige exotische Analyseprogramme benutzt.[818] Somit kommt der Betriebsgröße und der Mitarbeiterzahl keine überragende Be-

---

813 BT-Drucks. 14/3366, S. 8.

814 BMF v. 16.7.2001 – IV D 2 – S 0316 – 136/01, BStBl. I 2001, S. 415, 416.

815 Drüen, StuW 2003, S. 365, 370; vgl. auch Burchert, INF S. 230, 235; Carlé, KÖSDI 2001, S. 13106, 131; Eller, Elektronische Rechnungsstellung und digitale Betriebsprüfung, Rn. 128; Hantzsch, Hefte zur Internationalen Besteuerung (138), S. 12; Schaumburg, DStR 2002, S. 829, 831; Schmitz, StBp 2002, S. 221, 222 u. S. 253, 254.

816 BMF v. 16.7.2001 – IV D 2 – S 0316 – 136/01, BStBl. I 2001, S. 415, 416; Höreth/Schiegl, BB 2001, S. 2509, 2511, Schmitz, StBp 2002, S. 221, 222; Apitz, StBp 2007, S. 152, 153.

817 So Drüen, StuW 2003, S. 365, 370; ähnlich auch Apitz, StBp 2002, S. 33, 45: „wesentliches Kriterium“.

818 Siehe bereits D.III.2.

deutung zu, sondern es ist immer im konkreten Einzelfall[819] im Wege der Abwägung zwischen der Belastungswirkung auf Seiten des Steuerpflichtigen und Effizienzwirkung bei der Finanzverwaltung die verhältnismäßige Zugriffsart zu wählen. Kann durch alle drei Varianten des Datenzugriffs der gleiche Prüfungserfolg erzielt werden, muss die Finanzverwaltung stets die Form des Datenzugriffs wählen, welche die Betriebsabläufe am wenigsten beeinträchtigt.[820]

Bei der Belastungswirkung werden regelmäßig die Kosten zu berücksichtigen sein, die dem Steuerpflichtigen entstehen.[821] Deswegen ist die Finanzverwaltung aus Verhältnismäßigkeitsgesichtspunkten gezwungen, eine andere Datenzugriffsart zu wählen bzw. ganz auf den Datenzugriff zu verzichten, wenn die Belastungswirkung überproportional zur Effizienzwirkung steigt. Allerdings können die Kosten, die dem eigentlichen Datenzugriff nach § 147 Abs. 6 AO vorgelagert sind, insbesondere die Archivierungskosten, nicht in diese Belastungsrechnung eingestellt werden. Denn diese Kosten entstehen nach der gesetzgeberischen Konzeption unabhängig von der Ermessensausübung der Finanzverwaltung im Sinne des § 147 Abs. 6 AO. Eine Kostenbelastung, die im Vorfeld durch die Aufbewahrungspflicht entsteht und eine Härte[822] mit sich bringt, kann nur durch die Bewilligung von Erleichterungen nach § 148 AO abgefedert werden.

Auch die Kumulation der Zugriffsarten untereinander oder mit der konventionellen Buchprüfung ist nur dann verhältnismäßig, wenn sie zur Zweckerreichung erforderlich ist. Das setzt auf der einen Seite voraus, dass sich die gewählten Formen sinnvoll ergänzen[823] und auf der anderen Seite die Kumulation nicht zu einer überproportionalen Belastungswirkung führt. Deswegen ist das Verlangen des Ausdruckes sämtlicher Konten neben dem Datenzugriff regelmäßig ermessensfehlerhaft[824], so dass nur der Ausdruck einzelner Konten oder der Ausdruck aller Konten statt des Datenzugriffs in Betracht kommt.[825]

Kann der Steuerpflichtige nicht in zumutbarer Weise - etwa durch Erteilung von Zugriffsberechtigungen - verhindern, dass der Außenprüfer umfangreichen Zugriff auf nicht dem Datenzugriff unterliegende Daten hat und handelt es sich hierbei im Hinblick auf das Datenschutzgrundrecht um sensible Daten, dann ist die Finanzverwaltung gehindert, den unmittelbaren Datenzugriff zu wählen.

819 So auch Drüen, StuW 2003, 365, 370.

820 Ritzrow, in: Pump/Leibner, § 147 AO Tz. 52 (Juni 2002)

821 Drüen, StuW 2003, S. 365, 370.

822 Siehe hierzu G.I.5.

823 Drüen, StuW 2003, S. 365, 370; ähnlich auch Dalmes, AO-StB 2002, S. 121, 122.

824 Burchert, INF 2001, S. 263, 266; Schaumburg, DStR 2002, S. 829, 832; Schultz-Söderlund, BB 2003, S. 1201.

825 Drüen, StuW 2003, S. 365, 370.

Der Grundsatz der Verhältnismäßigkeit hat aber nicht nur Auswirkungen auf die Datenzugriffsart, sondern spielt auch in den Datenzugriffsumfang mit hinein. So ist bereits erläutert worden, dass die grundsätzliche Möglichkeit der Zweitqualifikation von steuerrelevanten Unterlagen ihre Grenze im Verhältnismäßigkeitsgrundsatz findet, wenn trotz fehlerhafter Erstqualifikation der Sachverhalt aufgeklärt werden kann und der Finanzbehörde die Sachverhaltsaufklärung mit diesem fehlerhaft qualifizierten Beweismittel auch zumutbar ist.[826] Zu weit geht es allerdings, wenn man in zeitlicher Hinsicht aufgrund des Verhältnismäßigkeitsgrundsatzes ein „Gesetz abnehmender digitaler Kontrollmöglichkeiten auf der Zeitachse" annimmt.[827] Die (langen) Aufbewahrungsfristen sind durch das Gesetz festgelegt und nur in Ausnahmefällen kann § 148 AO eingreifen und Erleichterungen ermöglichen, wenn die Voraussetzungen der Billigkeitsvorschrift vorliegen. Liegen die Voraussetzungen nicht vor, kann auch über den Verhältnismäßigkeitsgrundsatz im Rahmen der Ermessensvorschrift des § 147 Abs. 6 AO keine Begrenzung allein auf das Zeitmoment gestützt werden.

826 Siehe hierzu E.III.1.d).
827 So Drüen, StuW 2003, S. 365, 373 f.

K. Exzessiver Datenzugriff

Der Datenzugriff gem. § 147 Abs. 6 AO ist nur im Rahmen einer Außenprüfung möglich und darf nur auf Daten von maschinell auswertbaren Unterlagen im Sinne des § 147 Abs. 1 AO bzw. auf die Ersatzunterlagen bei einer zulässigen Zweitqualifikation[828] erfolgen. Der zeitliche und sachliche Umfang der Außenprüfung bestimmt sich gem. § 196 AO nach der Prüfungsanordnung.[829] Im Folgenden wird untersucht, welche rechtlichen Folgen sich ergeben, wenn der Außenprüfer auf Daten zugreift, die nicht in den durch die ordnungsgemäße Prüfungsanordnung vorgegebenen sachlichen und zeitlichen Bereich fallen oder ein Zugriff auf Daten erfolgt, die nicht zu einer Unterlage im Sinne des § 147 Abs. 1 AO gehören. Solche Fälle sind insbesondere in folgenden Konstellationen denkbar:

- Der Außenprüfer hat beim unmittelbaren Datenzugriff eine Zugangsberechtigung zum Datenverarbeitungssystem des Steuerpflichtigen erhalten, die ihm auch den Zugriff auf nicht dem Datenzugriff unterliegende Daten (sachlich und/oder zeitlich) erlaubt.
- Bei der Datenträgerüberlassung hat der Steuerpflichtige auch Daten aufgespielt, die sachlich und/oder zeitlich nicht dem Datenzugriff unterliegen.
- Der Außenprüfer verlangt im Rahmen des mittelbaren Datenzugriffs den Zugriff auf Daten, die sachlich und/oder zeitlich nicht dem Datenzugriff unterliegen.

Werden die Voraussetzungen des Datenzugriffs nach der Befugnisnorm des § 147 Abs. 6 AO nicht eingehalten, liegt eine rechtswidrige Prüfungshandlung vor. Dagegen kann auch nicht vorgebracht werden, dass es grundsätzlich dem Steuerpflichtigen obliegt, die Erstqualifikation der Daten vorzunehmen und er dafür zu sorgen hätte, dass die dem Datenzugriff unterliegenden Daten von den übrigen Daten getrennt sind.[830] Denn aus der Obliegenheitsverletzung[831] des Steuerpflichtigen folgt keine Erweiterung des Zugriffsrechts nach § 147 Abs. 6 AO. Zudem können durch den Datenzugriff auch die Daten Dritter und damit die Rechte Dritter tangiert sein. Der Schutz dieser Daten kann daher nicht nur

---

828 Vgl. G.I.3.c).

829 Siehe E.I.1.

830 Vgl. FG Hamburg, Urteil v. 13.11.2006, 2 K 198/05, DStRE 2007, 441, 443; FG Rheinland-Pfalz, Urteil v. 20.1.2005, 4 K 2167/04, EFG 2005, 667 mit dem richtigen Hinweis auf BT-Drucks. 14/3366, S. 125 f., wonach der Datenzugriff auf den 1. Januar 2002 verschoben wurde, um dem Kreis der einer Außenprüfung unterliegenden Steuerpflichtigen „Gelegenheit zu geben, ihre Datenverarbeitungssysteme technisch mit einer Software auszustatten, die eine Beschränkung des Zugriffs durch die Finanzverwaltung auf seine steuerlich relevanten Verhältnisse ermöglicht".

831 Vgl. I.3.c)aa).

dem Steuerpflichtigen aufgebürdet werden. Durch die Normierung des Datenzugriffs sind vielmehr auch gleichzeitig seine rechtlichen Grenzen festgelegt. Daher stellt sich die Frage, ob die rechtswidrig ermittelten Tatsachen steuerlich verwendet werden dürfen oder ob ein Verwertungsverbot greift. Im Fragen- und Antwortkatalog vertritt die Finanzverwaltung die Auffassung, dass für versehentlich überlassene Daten kein Verwertungsverbot bestehe.[832] Ob diese lapidare Antwort haltbar ist, bedarf der genaueren Analyse.

Die Rechtslage ist unübersichtlich, was daran liegt, dass ein Verwertungsverbot vom Gesetzgeber bewusst nicht kodifiziert wurde, sondern der weiteren Entwicklung durch die Rechtsprechung überlassen wurde.[833] Nach der Rechtsprechung kennt das Steuerrecht kein generelles Verwertungsverbot[834], sondern für die Frage, ob rechtswidrig ermittelte Tatsachen einem Verwertungsverbot unterliegen, ist zwischen einem materiell-rechtlichen und einem formellen Verwertungsverbot zu unterscheiden.[835] Die Unterscheidung hat Bedeutung für die Einschränkbarkeit des Verwertungsverbots.

Ein materiell-rechtliches Verwertungsverbot liegt vor, wenn die Ermittlung der Tatsachen einen verfassungsrechtlich geschützten Bereich des Steuerpflichtigen verletzt. Die so ermittelten Tatsachen sind schlechthin und ohne Ausnahme unverwertbar. Bei einem formellen Verwertungsverbot liegt hingegen nur ein Verstoß gegen Verfahrensvorschriften vor.[836] Ein solches Verwertungsverbot setzt voraus, dass die Prüfungsmaßnahme – sofern es sich um einen Verwaltungsakt handelt - erfolgreich angefochten wird oder dass bei Prüfungsmaßnahmen ohne Verwaltungsaktsqualität Rechtsschutz gegen den Steuerbescheid eingelegt wird, um die Rechtmäßigkeit der Prüfungsmaßnahme inzident zu prüfen.[837] Anders als bei einem materiellen Verwertungsverbot[838] ist der Finanzverwaltung damit aber

---

832 Vgl. I.7. der vom BMF im Internet veröffentlichten Fragen und Antworten zum Datenzugriffsrecht der Finanzverwaltung (Stand: 23. Januar 2008), abrufbar unter: http://www.bundesfinanzministerium.de, Suchwort: „GDPdU“; dieser Auffassung folgend Brembs, DSWR 2004, S. 273.

833 Vgl. Bericht des Finanzausschusses zum Entwurf einer Abgabenordnung, BT-Drucks. 7/4292, S. 25.

834 BFH, Urteil v. 23.1.2002, XI R 10, 11/01, BStBl. II 2002, 328, 329; BFH, Urteil v. 25.11.1997, VIII R 4/94, BStBl. II 1998, 461, 465.

835 BFH, Urteil v. 25.11.1997, VIII R 4/94, BStBl. II 1998, 461, 465, jeweils m. w. N.

836 BFH, Urteil v. 25.11.1997, VIII R 4/94, BStBl. II 1998, 461, 465; BFH, Urteil v. 4.10.2006, VIII R 53/04, BStBl. II 2007, 227, 233.

837 BFH, Urteil v. 25.11.1997, VIII R 4/94, BStBl. II 1998, 461, 464; BFH, Urteil v. 1.12.1992, VII R 53/92, BFH/NV 1993, 515, 516.

838 BFH, Urteil v. 4.10.2006, VIII R 53/04, BStBl. II 2007, 227, 233; BFH, Urteil v. 25.11.1997, VIII R 4/94, BStBl. II 1998, 461, 465; Söhn, in: Hübschmann/Hepp/Spitaler, § 88 AO Tz. 309 (Nov. 2003); Frotscher, in: Schwarz, § 196 AO Tz. 17a (11/2008).

nicht der Weg zu einer Wiederholungsprüfung verbaut und ein formelles Verwertungsverbot greift auch dann nicht, wenn die rechtswidrig ermittelten Tatsachen zu einem Erstbescheid[839] oder einem Änderungsbescheid nach § 164 Abs. 2 AO[840] führen.

Wie zuvor zur Frage der Verfassungsmäßigkeit des Datenzugriffs ausführlicher begründet wurde, handelt es sich bei einem Datenzugriff nach § 147 Abs. 6 AO um einen Eingriff in das Grundrecht auf Datenschutz, der zwar aufgrund der Bedürfnisse der Allgemeinheit an einer gleichmäßigen und gesetzmäßigen Besteuerung gerechtfertigt ist, aber grundsätzlich einer bereichsspezifischen Rechtsgrundlage bedarf. Die Befugnisnorm des § 147 Abs. 6 AO genügt diesen Anforderungen. Werden allerdings die gesetzlich normierten Grenzen des § 147 Abs. 6 AO durch die Finanzverwaltung überschritten, fehlt es an einer Eingriffsrechtfertigung, so dass das Grundrecht verletzt ist. Die Informationsgewinnung durch den Datenzugriff kann auch nicht nach den allgemeinen Ermittlungsbefugnissen oder Mitwirkungspflichten nach §§ 85, 88, 199 oder 200 AO gerechtfertigt sein, denn die Befugnisnorm des § 147 Abs. 6 AO limitiert gleichzeitig das Recht auf den Datenzugriff auf die gesetzlich normierten Fälle.[841] Dass der Gesetzgeber dem Datenzugriff nur in diesen Fällen ein Anwendungsfeld zugestehen will, ergibt sich bereits daraus, dass der Gesetzgeber vor der gesetzlichen Regelung einen Datenzugriff für unzulässig hielt.[842] Wenn der Regelung damit nicht nur klarstellende Bedeutung zukommt, sondern sie eine befugniserweiternde Maßnahme darstellt, bilden die Voraussetzungen des Datenzugriffs gleichzeitig die Grenzen des Datenzugriffs. Die speziellere Regelung hat die allgemeinen Vorschriften über die Informationsbeschaffung der Finanzverwaltung verdrängt und übt eine Sperrwirkung für einen Rückgriff auf die allgemeinen Rechtsgrundlagen aus. Aus diesem Grund liegt auch ein materiell-rechtliches Verwertungsverbot vor, wenn man keinen Eingriff in die das Grundrecht auf Datenschutz annehmen will, weil ein Datenzugriff außerhalb des § 147 Abs. 6 AO auch gegen den Vorbehalt des Gesetzes verstößt. Durch den Datenzugriff außerhalb des § 147 Abs. 6 AO wird damit ein verfassungsrechtlich geschützter Bereich verletzt[843], was ein materiell-rechtliches Verwertungsverbot nach sich zieht. Folge des materiell-rechtlichen Verwertungsverbots ist nicht nur die Unverwertbarkeit der durch den Verstoß ermittelten Tatsachen bei der durchgeführ-

---

839 BFH, Urteil v. 25.11.1997, VIII R 4/94, BStBl. II 1998, 461, 465; BFH, Urteil v. 10.5.1991, V R 51/90, BStBl. II 1991, 825, 826.

840 BFH, Urteil v. 4.10.2006, VIII R 53/04, BStBl. II 2007, 227, 234; BFH, Urteil v. 25.11.1997, VIII R 4/94, BStBl. II 1998, 461, 465.

841 Ebenso Panek, Die steuerliche Außenprüfung, S. 176.

842 BT-Drucks. 14/3074, S. 129 f.

843 So im Ergebnis auch Kerssenbrock/Riedel/Strunk, StB 2002, S. 263, 264; wohl auch Seer, in: Tipke/Lang[19], § 21 Tz. 181.

ten Außenprüfung, sondern die verwertungsverbotsbefangene Tatsache darf auch nicht im Rahmen einer Wiederholungsprüfung berücksichtigt werden.

Soweit der Prüfer etwa eigenmächtig Sperren im Datenverarbeitungssystem umgangen hat, um an die nicht dem Datenzugriff unterliegenden Daten zu gelangen, scheint das Verbot gerechtfertigt.[844] Allerdings beschränkt sich das Verwertungsverbot nicht nur auf die Fälle dieser Datenerschleichung.[845] Vielmehr greift es auch bei versehentlich überlassenen Daten[846], wenn der Prüfer erkannt hat, dass sie nicht der Prüfung unterliegen und trotzdem einen Datenzugriff vorgenommen hat, denn auch hier setzt er sich bewusst über seine Befugnisse nach § 147 Abs. 6 AO hinweg.[847]

Problematisch sind die Fälle, in denen der Prüfer unwissend auf nicht dem Datenzugriff unterliegende Daten zugreift und ihm auch kein Vorwurf im Hinblick auf seine Unkenntnis gemacht werden kann, weil der Grund in der Sphäre des Steuerpflichtigen liegt, etwa bei falschen Dateinamen oder fehlerhaften Ordnerstrukturen. In diesen Fällen ein absolutes Verwertungsverbot anzunehmen, erscheint ungerechtfertigt. Fraglich ist deswegen, ob hier überhaupt ein Grundrechtseingriff vorliegt. Der klassische Eingriffsbegriff ist überholt, ein Grundrechtseingriff liegt auch bei faktischen, nicht finalen, mittelbaren oder ohne Befehl und Zwang durchgeführten Maßnahmen durch hoheitliche Gewalt vor. Für die Einordnung ist vielmehr auf die Auswirkungen der Maßnahme abzustellen. Sind die Auswirkungen schwerwiegend und intensiv, ist ein Grundrechtseingriff anzunehmen.[848] Um dieses weite Eingriffsverständnis nicht ins Uferlose abgleiten zu lassen, muss die Beeinträchtigung aber zurechenbar verursacht worden sein, was dann zu bejahen ist, wenn der Grundrechtseingriff vorhersehbar war.[849] Liegt der Grund für den übermäßigen Datenzugriff damit allein in der Sphäre des Steuerpflichtigen, fehlt es bereits an einem Grundrechtseingriff und ein absolutes Verwertungsverbot scheidet aus. Der Prüfer hat aber den Datenzugriff zu unterbrechen, wenn ihm der Fehler auffällt, denn ansonsten wären ihm weitere Beeinträchtigungen zurechenbar.[850] Fehlt die Zurechenbarkeit, handelt es sich um einen so genannten Zufallsfund, der verwertet werden darf.[851]

---

844 Vgl. auch Bilsdorfer, PStR 2001, S. 76, 81; Carlé, KÖSDI 2001, S. 13106, 13111.

845 So aber Hantzsch, Hefte zur Internationalen Besteuerung (138), S. 12.

846 So ohne weitere Differenzierung Intemann/Cöster, DStR 2004, S. 1981, 1984; Panek, Die steuerliche Außenprüfung, S. 176.

847 Vgl. auch BVerfG, Beschluss v. 12.4.2005, 2 BvR 1027/02, NJW 2005, 1917, 1923.

848 BVerwG, Urteil v. 27.3.1992, 7 C 21/90, NJW 1992, 2496, 2499.

849 BVerwG, Urteil v. 7.12.1995, 3 C 23/94, NJW 1996, 3161.

850 A. A. Bruschke, StB 2002, S. 42, 44; Schmitz, StBp 2002, S. 189, 198.

851 So auch Carlé, KÖSDI 2001, S. 13106, 13111; Eller, Elektronische Rechnungsstellung und digitale Betriebsprüfung, Rn. 125.

L. Rechtsschutz

Hinsichtlich des Rechtsschutzes gegen den Datenzugriff ist zwischen der Anordnung der Finanzbehörde, ob ein Datenzugriff bzw. welche Datenzugriffsart erfolgen soll und der einzelnen Prüfungshandlung im Rahmen des Datenzugriffs zu unterscheiden.

I. Anordnung des Datenzugriffs

Die Anordnung des jeweiligen Datenzugriffs stellt einen Verwaltungsakt dar[852], der mit dem Einspruch gem. § 347 Abs. 1 Nr. 1 AO angefochten werden kann.[853] Der Einspruch ist innerhalb eines Monats nach Bekanntgabe der Datenzugriffsanordnung (§ 355 AO) schriftlich oder zur Niederschrift zu erklären (§ 357 AO). Allerdings hat der Einspruch gem. § 361 Abs. 1 AO nur einen eingeschränkten Suspensiveffekt, da er nur den Eintritt der formellen Bestandskraft, nicht aber die Vollziehung des Datenzugriffs hemmt.[854] Die Duldung des Datenzugriffs und die unmittelbar daran anknüpfenden Unterstützungspflichten nach § 200 Abs. 1 S. 2 AO sind daher trotz Einspruchs weiterhin vollziehbar und können auch zwangsweise durchgesetzt werden. Deshalb ist es zu empfehlen, einen Antrag auf Aussetzung der Vollziehung des den Datenzugriff anordnenden Verwaltungsaktes gem. § 361 Abs. 2 S. 2 AO zu stellen, um den Datenzugriff zu verhindern. Der Antrag auf Aussetzung ist dabei erfolgreich, wenn ernstliche Zweifel an der Rechtmäßigkeit des Verwaltungsaktes bestehen oder die Vollziehung für den Betroffenen eine nicht durch öffentliche Interessen gebotene unbillige Härte zur Folge hätte (§ 361 Abs. 2 S. 2 AO).[855]

Sollte der Einspruch erfolglos bleiben, ist der Finanzgerichtsweg gem. § 33 Abs. 1 Nr. 1, Abs. 2 FGO eröffnet, denn der Datenzugriff im Rahmen einer Außenprüfung hängt mit der Verwaltung von Abgaben zusammen, die durch die Finanzbehörden verwaltet werden. Richtige Klageart ist aufgrund des Verwaltungsaktscharakters der Datenzugriffsanordnung die Anfechtungsklage gemäß § 40 FGO. Auch hier ist ein Suspensiveffekt durch Klageerhebung nicht vorgesehen, so dass ein Antrag auf Aussetzung der Vollziehung gem. § 69 FGO zu empfehlen ist.[856] Dieser Antrag ist gem. § 69 Abs. 3 FGO grundsätzlich zu-

---

852 Siehe D.VI.

853 Kuhfus, in: Kühn/v. Wedelstädt[18], § 147 AO Tz. 32.

854 Vgl. allgemein Seer, in: Tipke/Lang[19], § 22 Tz. 25.

855 Sollte die Finanzverwaltung den Antrag ablehnen, kann der Antrag auch beim Finanzgericht gestellt werden, vgl. § 69 Abs. 3 FGO.

856 So auch Ditz, DStR 2004, S. 2038, 2039; Weigel, UStB 2001, S. 373, 374 empfiehlt hingegen in Verkennung der Verwaltungsaktsqualität einen Antrag auf einstweilige Anordnung.

nächst beim Finanzamt zu stellen und erst dann beim Finanzgericht zulässig, wenn der Antrag dort abgelehnt wird. Eine Ausnahme hiervon könnte lediglich dann gem. § 69 Abs. 3 S. 2 Nr. 2 FGO denkbar sein, wenn die Vollstreckung und damit der Datenzugriff durch die Finanzbehörde droht. Das ist aber nicht bereits dann der Fall, wenn die Voraussetzungen des § 254 AO vorliegen, sondern das Finanzamt muss konkrete Vorbereitungshandlungen getroffen haben, die den baldigen Datenzugriff unmittelbar bevorstehend erscheinen lassen, so dass es für den Steuerpflichtigen unzumutbar ist, noch einen Antrag an die Finanzbehörde zu stellen.[857] Das käme beispielsweise in Betracht, wenn die Finanzbehörde im Rahmen einer konventionellen Außenprüfung ankündigt, auf den Datenzugriff überzugehen und sie deswegen die unverzügliche Überlassung des Datenträgers verlangt. Ein Antrag direkt beim Gericht ist aber auch dann zulässig, wenn der Datenzugriff bereits begonnen hat und der Steuerpflichtige den weiteren Datenzugriff aufgrund der Rechtswidrigkeit der Datenzugriffsanordnung unterbinden will, denn in diesen Fällen wird die Rechtsstellung des Antragstellers durch die Vollstreckung sogar wesentlich stärker beeinträchtigt als in den Fällen, in denen eine Vollstreckung nur droht.[858]

Ohne Aussetzung der Vollziehung wird sich in der Regel das Klageverfahren vor einer gerichtlichen Entscheidung erledigt haben, da der Datenzugriff inzwischen beendet ist. Daraus folgt der Wegfall des Rechtschutzinteresses, so dass die Klage als unzulässig abgewiesen werden müsste. Die Klageabweisung kann daher nur durch Umstellung des Klageantrags auf eine Fortsetzungsfeststellungsklage vermieden werden. Das setzt aber ein Feststellungsinteresse voraus. Es genügt dabei jedes nach vernünftigen Erwägungen nach Lage des Falles anzuerkennende schutzwürdige Interesse rechtlicher, wirtschaftlicher oder ideeller Art, sofern die begehrte Feststellung geeignet ist, in einem der genannten Bereiche zu einer Verbesserung der Position des Klägers zu führen.[859] Als berechtigtes Interesse kommt in diesem Zusammenhang die Wiederholungsgefahr in Betracht, wenn etwa im Rahmen einer Anschlussprüfung zu befürchten ist, dass wiederum eine bestimmte Datenzugriffsart verlangt wird, die nach Vortrag des Klägers aufgrund unverhältnismäßiger Kosten rechtswidrig ist. Ein berechtigtes Interesse wird auch dann anerkannt, wenn die Anfechtung eines Verwaltungsak-

857 Vgl. zur Aussetzung der Vollziehung eines Grunderwerbsteuerbescheides BFH, Beschluss v. 5.6.1985, II S 3/85, BStBl. II 1985, 469, 470 und zur Aussetzung der Vollziehung eines Körperschaftsteuerbescheides BFH, Beschluss v. 11.8.2000, I S 5/00, BFH/NV 2001, 314, 315.

858 Vgl. zur Eintragung einer Sicherungshypothek BFH, Beschluss v. 29.10.1985, VII B 69/85, BStBl. II 1986, 236, 237 ff.

859 BFH, Urteil v. 2.6.1992, VII R 35/90, BFH/NV 1993, 46, 48; BFH, Urteil v. 9.11.1994, XI R 33/93, BFH/NV 1995, 621; BFH, Urteil v. 27.1.2004, VII R 54/02, BFH/NV 2004, 797, 798.

tes erforderlich ist, um ein Verwertungsverbot zu erreichen.[860] Allerdings dürfte bei einer rechtswidrigen Anordnung des Datenzugriffs gleichzeitig auch immer ein nicht gerechtfertigter Eingriff in das Grundrecht auf Datenzugriff vorliegen, so dass das Verwertungsverbot auch ohne Feststellung der Rechtswidrigkeit der Anordnung des Datenzugriffs in einem gesonderten Verfahren außerhalb der Anfechtung des Auswertungsbescheids greift. Andererseits ist deswegen auch immer ein Eingriff ideeller Art anzunehmen, da ein ungerechtfertigter Eingriff in das Recht auf Datenschutz aufgrund des Persönlichkeitsbezugs grundsätzlich ein Rehabilitationsinteresse auslöst, so dass das besondere Interesse zu bejahen ist.

II. Einzelne Prüfungshandlung

Die einzelne Prüfungshandlung im Rahmen des Datenzugriffs stellt grundsätzlich keinen Verwaltungsakt, sondern einen Realakt dar.[861] Der Rechtsschutz beschränkt sich hier auf die Anfechtung des nachfolgenden Auswertungsbescheids. Der außergerichtliche Rechtsbehelf des Einspruchs kommt mangels Verwaltungsaktsqualität ebenso wenig in Betracht wie eine Anfechtungsklage. Auch eine allgemeine Leistungsklage (§ 40 Abs. 1 3. Alt. FGO) in Form der Unterlassungsklage scheitert, da sich die Maßnahme im Rahmen des Datenzugriffs regelmäßig erledigt hat. Nur wenn zu befürchten ist, dass der Außenprüfer diese Maßnahme – etwa den Zugriff auf nicht dem Datenzugriff unterliegende Daten - wiederholt, wird eine vorbeugende Unterlassungsklage statthaft sein, das notwendige qualifizierte Rechtsschutzbedürfnis wird im Hinblick auf das Datenschutzgrundrecht regelmäßig vorliegen. In diesem Fall ist eine einstweilige Anordnung gem. § 114 FGO zu empfehlen.

Auch eine Feststellungsklage ist unzulässig. Zwar wird man das Rechtsverhältnis, dessen Nichtbestehen festgestellt werden soll, darin erblicken können, dass die Duldungspflicht des Zugriffs auf bestimmte Daten streitig ist. Der Feststellungsklage nach § 41 Abs. 1 FGO fehlt aber regelmäßig das berechtigte Feststellungsinteresse. Denn die Feststellungsklage ist subsidiär, so dass das Feststellungsinteresse fehlt, wenn der Kläger sein Recht durch Gestaltungs- oder Leistungsklage verfolgen kann oder hätte verfolgen können (§ 41 Abs. 2 S. 1 FGO). Das Interesse des Steuerpflichtigen an der Feststellung der Duldungspflicht wird aber regelmäßig nur darin bestehen, dass er eine Verwertung der ermittelten Besteuerungsgrundlagen verhindern will. Dieses Interesse kann er zwar nicht durch Anfechtung der einzelnen Prüfungshandlung im Rahmen des Datenzugriffs wahrnehmen, doch er kann sein Rechtsschutzbegehren im nachfolgenden Steuerfestsetzungsverfahren verfolgen, was für die Verneinung des Feststellungsinte-

860 Vgl. Kuhfus/Schmitz, BB 1996, S. 1468, 1470 f.

861 Siehe bereits D.VI.

resses ausreicht.[862] Bei Realakten kann ein eventuelles Verwertungsverbot im nachfolgenden Steuerfestsetzungs- oder Feststellungsverfahren inzident geltend gemacht werden, so dass es einer vorherigen Klage gegen die Prüfungshandlung im Rahmen des Datenzugriffs zu diesem Zweck nicht bedarf.[863]

862 Vgl. allgemein zu Ermittlungsmaßnahmen BFH, Urteil v. 8.4.1981, II R 47/79, BStBl. II 1981, 581, 582; BFH, Urteil v. 1.2.1973, IV R 1/72, BFH BStBl. II 1973, 533, 534; siehe auch Kuhfus/Schmitz, BB 1996, S. 1468, 1469.

863 Vgl. allgemein zu Ermittlungsmaßnahmen BFH, Urteil v. 20.2.1990, IX R 83/88, BStBl. II 1990, 789, 790; BFH, Urteil v. 27.7.1983, I R 210/79, BStBl. II 1984, 285, 286; BFH, Urteil, v. 25.3.1986, IX R 45/82, BFH/NV 1986, 713, 714; siehe auch Kuhfus/Schmitz, BB 1996, S. 1468, 1469.

Zusammenfassung

I. Nachdem die Einführung des Datenzugriffs im Gesetzgebungsverfahren zum Steuerbereinigungsgesetz gescheitert war, schaffte die Finanzverwaltung den Anschluss an moderne Prüfungsmethoden, indem sie ihre Vorstellungen von einer digitalen Außenprüfung im Steuersenkungsgesetz verwirklichen konnte. Inspiriert durch die französische Außenprüfung, ist es Ziel der Neuregelung, Waffengleichheit zwischen der Finanzverwaltung und den Steuerpflichtigen herzustellen, die sich zur Erfüllung ihrer Buch- und Aufzeichnungspflichten überwiegend datenverarbeitungsgestützter Buchführungssysteme bedienen. Aufgrund der unaufhaltsamen Verbreitung des elektronischen Geschäftsverkehrs musste die antiquierte Prüfungsmethode der Finanzverwaltung modernisiert werden und an die fortgeschrittene Wirklichkeit angepasst werden, so dass durch Praktiken, die bereits bei der Abschlussprüfung nach dem HGB seit langem zum Standard der Wirtschaftsprüfer gehören, die teilweise rein maschinell gebuchten Geschäftsvorfälle effektiv überprüft werden können. Die neuen Techniken tragen auch dem Rationalisierungsgedanke der Finanzverwaltung Rechnung, die mit der Möglichkeit des Datenzugriffs kürzere Prüfungszeiten anstrebt. Zwar hätte die Finanzverwaltung auch nach bisherigem Recht auf die Daten des Steuerpflichtigen zugreifen können, wenn der Sachverhalt nicht anders aufzuklären gewesen wäre. Nur war durch das Gesetz selbst der Ausdruck vorrangig, so dass dieses Recht gegen den Willen des Steuerpflichtigen praktisch nicht durchsetzbar war.

II. Eine Aufbewahrung in ausgedruckter Form sieht die Neuregelung nun für Unterlagen, die dem Datenzugriff unterliegen, nicht mehr vor, so dass der Datenzugriff durch den Steuerpflichtigen nicht mehr umgangen werden kann. Gleichzeitig hat der Gesetzgeber angeordnet, dass die aufbewahrten Daten „unverzüglich“ lesbar zu machen sind, hierdurch ist aber keine Verkürzung zur bisher normierten „angemessen“ Frist, innerhalb der die Lesbarmachung bisher erfolgen musste, eingetreten. Vielmehr sind wie bisher Verhältnismäßigkeitsgesichtspunkten für eine verschuldete Verzögerung entscheidend.

III. Kernstück der Datenzugriffsregelung ist die Datenzugriffsbefugnis gem. § 147 Abs. 6 AO. In dieser Norm sind die drei Datenzugriffsarten geregelt, die die Außenprüfer im Rahmen ihres doppelten Ermessens (Wahl des Datenzugriffs und der Zugriffsart) während einer Außenprüfung nutzen können und die der Steuerpflichtige gem. § 200 Abs. 1 S. 2 zu unterstützen hat:

1. Beim unmittelbaren Datenzugriff ist der Außenprüfer berechtigt die Datenverarbeitungsanlage des Steuerpflichtigen zu nutzen, um die Daten zu prüfen. Dabei darf er aber keine eigene Software aufspielen, sondern kann nur die vor-

gefundenen Analysemöglichkeiten des Steuerpflichtigen verwenden, um die Daten auszuwerten.

2. Beim mittelbaren Datenzugriff greift der Außenprüfer nicht selbst unmittelbar auf die Datenverarbeitungsanlage des Steuerpflichtigen zu, um die Daten auszuwerten, sondern er bedient sich dazu eines vom Steuerpflichtigen zu stellenden Gehilfen, der nach den Vorgaben des Außenprüfers die notwendigen Auswertungen vornimmt. Der Datenzugriff ist durch die gesetzliche Normierung allerdings Teil der Prüfungstätigkeit geworden und daher als Ganzes originäre Prüfungstätigkeit, die grundsätzlich vom Prüfer selbst durchzuführen ist und nur ausnahmsweise aufgrund der ausdrücklichen Normierung des mittelbaren Datenzugriffs vom Steuerpflichtigen zu unterstützen ist. Deswegen ist der mittelbare Datenzugriff im Rahmen des Auswahlermessens subsidiär.

3. Bei der dritten Zugriffsart „Datenträgerüberlassung" hat der Steuerpflichtige dem Außenprüfer einen Datenträger mit den Unterlagen, die dem Datenzugriff unterliegen, zu übergeben. Die Daten auf dem Datenträger kann der Außenprüfer mit der eigenen Analysesoftware auf seinem Laptop prüfen und auswerten.

IV. Die Anordnung des Datenzugriffs ist ein Verwaltungsakt, während die einzelnen Prüfungshandlungen als Realakte einzuordnen sind. Auch im Rahmen des mittelbaren Datenzugriffs sind die einzelnen Prüfungsvorgaben durch den Außenprüfer, nach denen die maschinelle Auswertung durch eine vom Steuerpflichtigen berufene Person zu erfolgen hat, als Realakte einzustufen, sofern der Außenprüfer sein Verlangen nicht erkennbar (etwa durch Wortwahl, Rechtsbehelfsbelehrung, Zwangsmittelhinweis) als eigenständige, auf bestimmte Rechtsfolgen abzielende Regelung formuliert.

V. Der Steuerpflichtige hat gem. § 147 Abs. 6 S. 3 AO die Kosten des Datenzugriffs zu tragen, wobei die beim Steuerpflichtigen entstehenden Kosten im Rahmen des Ermessens bei der Wahl des Datenzugriffs von der Finanzverwaltung zu berücksichtigen sind. Der Wortlaut des § 147 Abs. 6 S. 3 AO ist aber dahingehend teleologisch zu reduzieren, dass der Steuerpflichtige nur die Kosten zu tragen hat, die aus seiner Sphäre stammen und damit zusammenhängen, dass er sich die Vorteile eines computergestützten Buchführungssystems zu Nutze macht.

VI. Gem. § 19b EGAO sind die Datenzugriffsregelungen ab dem 1. Januar 2002 anzuwenden. Das gilt nicht nur für die Datenzugriffsbefugnisse der Finanzverwaltung, sondern auch die verschärften Aufbewahrungspflichten des Steuerpflichtigen sind erstmals für das Jahr 2002 zu beachten, so dass der Datenzugriff für Unterlagen, die vor dem 1.1.2002 aufzubewahren waren, verhindert werden kann, indem eine Aufbewahrungsform gewählt wird, die keiner maschinellen Auswertbarkeit zugänglich ist, insbesondere der Datenausdruck kommt als Aufbewahrungsform noch für diese Jahre in Betracht. Es kann vom Steuerpflichtigen nicht verlangt werden, dass er nachträglich für diese Jahre die maschinelle Auswertbarkeit der Daten herstellt.

VII. Der Datenzugriff kann nur im Rahmen einer Außenprüfung und nur durch die Finanzbehörde erfolgen. Dabei ist der zuständige Außenprüfer nicht nur berechtigt den Datenzugriff in den Geschäftsräumen des Steuerpflichtigen durchzuführen, sondern durch die Normierung der Datenträgerüberlassung hat der Gesetzgeber die Möglichkeit eröffnet, dass der Außenprüfer die Daten, die auf seinem Laptop gespeichert sind, auch aus dem Geschäftsräumen des Steuerpflichtigen entfernt und einzelne Prüfungshandlungen an einem anderen Ort vornimmt.

VIII. Den Datenzugriff müssen nur diejenigen Steuerpflichtigen dulden, die auch einer Außenprüfung unterliegen können, buchführungs- und/oder aufzeichnungspflichtig sind und aufbewahrungspflichtige Unterlagen mit Hilfe einer Datenverarbeitungssystems erstellen. Werden Bücher oder Aufzeichnungen lediglich freiwillig geführt, liegt nur dann eine Duldungspflicht vor, wenn nach dem Willen des Steuerpflichtigen diese freiwilligen Bücher oder Aufzeichnungen auch steuerlichen Zwecken dienen sollen. Die Datenzugriffsverpflichtung ist unabhängig von der Einkunftsart oder der Methode der Gewinnermittlung.

IX. Die Einführung des Datenzugriffs hat den Umfang der Unterlagen, auf die der Außenprüfer während der Außenprüfung zugreifen darf, nicht erweitert. Dem Datenzugriff unterliegen nur die Daten, die die aufzubewahrenden Unterlagen nach § 147 Abs. 1 AO bilden, soweit sie mit einem Datenverarbeitungssystem erstellt worden sind und maschinell auswertbar sind. Nach § 147 Abs. 1 Nr. 5 AO sind jedoch alle Unterlagen aufbewahrungspflichtig, die für die Besteuerung von Bedeutung sind. Durch die Verwendung dieses unbestimmten Rechtsbegriffes werden aber nicht alle Daten mit steuerlicher Relevanz in den Datenzugriff einbezogen. Aufgrund der systematischen Stellung des § 147 Abs. 1 AO muss vielmehr ein spezifischer Bezug der Daten zur Buchführungs- oder Aufzeichnungspflicht bestehen. Da die Buchführungs- und Aufzeichnungspflichten als Mitwirkungspflichten dafür Sorge tragen, dass der Sachverhalt, an den die Steuer anknüpft, aufgeklärt werden kann, muss es sich um sachverhaltserfassende Daten handeln. Dabei kommt dem Steuerpflichtigen die Möglichkeit der Erstqualifikation zu, das heißt, der Steuerpflichtige entscheidet grundsätzlich selbst, mit welchen Unterlagen er den Sachverhalt festhält. Soweit er sich dabei von seinen Wahrheits-, Vollständigkeits- und Beweisangebotspflichten leiten lässt und auch sachnahe Beweise bereithält, ist es der Finanzverwaltung nicht möglich den Zugriff auf andere Daten des Steuerpflichtigen zu verlangen.

X. Der Datenzugriff setzt maschinell auswertbare Daten voraus. Dieses Erfordernis erfüllen im Grunde nur strukturierte Daten. Allerdings unterliegt eine Unterlage bereits dann dem Datenzugriff, wenn sie selbst in strukturierter Art und Weise im Datenverarbeitungssystem des Steuerpflichtigen hinterlegt ist, selbst wenn sie selbst keine strukturierten Daten enthält. Dabei werden auch Daten erfasst, die ihren Ursprung in dem Buchführungssystem vorgeschalteten Systemen oder parallel laufenden Systemen haben, soweit sie buchführungsrelevant sind.

XI. Im Zuge der Neureglung des Datenzugriffs mussten auch die Aufbewahrungsvorschriften der Abgabenordnung angepasst werden. Unterlagen, die dem Datenzugriff unterfallen, können nun nicht mehr in ausgedruckter Form aufbewahrt werden, sondern sie müssen so archiviert werden, dass ihre abstrakte maschinelle Auswertbarkeit gewährleistet bleibt. Dabei kann der Steuerpflichtige die Daten zur Aufbewahrung auch in einem Archivsystem speichern. Zur Verwirklichung des unmittelbaren bzw. mittelbaren Datenzugriffs ist es nicht erforderlich, dass der Steuerpflichtige über die Mindestanforderungen des Lesens, Filterns und Sortierens hinaus weitere Auswertungsmöglichkeiten auf seinem System programmiert. Auf der anderen Seite darf er aber keine tatsächlich vorhandenen Analysemöglichkeiten sperren, auf die er selbst zugreifen kann. Wenn aus Sicht der Finanzverwaltung das vorhandene Datenverarbeitungssystem des zu prüfenden Steuerpflichtigen im Zeitpunkt des unmittelbaren bzw. mittelbaren Datenzugriff keine ausreichenden Datenanalysefunktionen bietet, kann sie im Rahmen ihres pflichtgemäßen Ermessens die Datenträgerüberlassung verlangen. Zwar reicht auch bei der Datenträgerüberlassung eine Archivierung aus, die lediglich die abstrakte maschinelle Auswertung gewährleistet, im Zeitpunkt der Wahl der Datenträgerüberlassung hat der Steuerpflichtige jedoch auf seine Kosten unverzüglich dafür zu sorgen, dass die Daten auf dem System der Finanzverwaltung gelesen und ausgewertet werden können, das heißt, er hat die Daten gegebenenfalls in ein vom Analyseprogramm lesbares Format verlustfrei zu konvertieren. Bei der Archivierung sind weiterhin die GoBS zu beachten, die auch nicht gegenüber den GDPdU subsidiär sind.

Durch das Jahressteuergesetz 2009 hat der Gesetzgeber die Möglichkeit eröffnet, die elektronische Buchführung ins Ausland zu verlagern, wenn dadurch die Besteuerung nicht beeinträchtigt wird.

XII. Der Steuerpflichtige kann seine Pflichten im Vorfeld des Datenzugriffs (insbesondere bei der Archivierung) oder im Rahmen des Datenzugriffs verletzen. Die Folgen einer solchen Verletzung waren für den Steuerpflichtigen bis zur Einführung des Verzögerungsgeldes durch das Jahressteuergesetz 2009 im Regelfall nicht gravierend. Dies galt insbesondere, wenn er den Datenzugriff durch eine Aufbewahrung vereitelt, bei der die maschinelle Auswertbarkeit nicht gewährleistet bleibt. Zwangsmaßnahmen sind in der Regel nicht möglich und auch eine Schätzung kommt nicht in Betracht, wenn der Sachverhalt durch eine konventionelle Buchführung belegt werden kann. Hat der Steuerpflichtige jedoch bei der Erstqualifikation der Daten eine fehlerhafte Einordnung vorgenommen, hat er seine Aufbewahrungspflicht und damit seine Mitwirkungspflichten verletzt. Kann der Sachverhalt daher mit den aufbewahrten Unterlagen in ihrer Gesamtheit nicht mehr ermittelt werden, eröffnet sich der Finanzverwaltung der Zugriff auf weitere Unterlagen, soweit das Vorlageverlangen zur steuerlichen Aufklärung notwendig, verhältnismäßig, erfüllbar und zumutbar ist (Zweitqualifikation). Eine Vorlagepflicht nach § 200 AO kann sich deswegen aus der Verletzung einer Aufbewahrungspflicht ergeben, sie besteht hingegen nicht für alle tatsächlich vorhandenen steuerlich relevanten Unterlagen. Auch die zweitqualifizierten Daten unterliegen im Rahmen der Verhältnismäßigkeit dem Datenzugriff.

Die Einführung des Verzögerungsgeldes hat der Finanzverwaltung nunmehr ein effektives Druckmittel an die Hand gegeben, das dafür sorgen wird, dass der Steuerpflichtige seine Mitwirkungspflichten im Rahmen des Datenzugriffs erfüllt.

XIII. Der Datenzugriff eröffnet der Finanzverwaltung einen neuen Weg für die Außenprüfung. Seine Stärke liegt darin, dass eine große Menge an Daten überprüft werden können. Die Außenprüfer sind nicht mehr darauf angewiesen, einzelne Daten stichprobenartig selbst zu erfassen, um sie maschinell auswerten zu können, sondern die Daten sind in ihrer Gesamtheit bereits maschinell auswertbar vom Steuerpflichtigen zur Verfügung zu stellen. Insbesondere das von der Finanzbehörde eingesetzte Analyseprogramm „IDEA“ bietet eine umfangreiche Sammlung an Tools und Prüfroutinen, die den Außenprüfer seine Arbeit erleichtern. Aber auch wenn teilweise vorprogrammierte Analysen zum Einsatz kommen können, bleibt es der Erfahrung und dem Ideenreichtum des Prüfers überlassen, den Datenzugriff auch effektiv umzusetzen. Durch die große Menge von Daten, die verarbeitet werden können, haben nun auch statistische Testverfahren in der Außenprüfung einen Platz gefunden. Vor allem der Einsatz des Benfordschen Gesetzes in Kombination mit dem Chi-Quadrat-Anpassungstest hat in letzter Zeit praktische Relevanz erlangt. Allerdings sind diese neuen Verfahren mit Vorsicht zu genießen, es ist immer kritisch zu überprüfen, ob das Datenmaterial auch die Voraussetzungen für einen aussagekräftigen statistischen Test bietet. Einen Beweis im juristischen Sinne kann ein solches Verfahren allein keinesfalls liefern.

XIV. Bei Einführung des Datenzugriffs wurden schnell verfassungsrechtliche Bedenken laut. Die Kritiker monierten insbesondere, dass in den Datenschutz auf verfassungswidrige Weise eingegriffen würde. Aber auch wenn Unternehmensdaten grundsätzlich vom Schutzbereich des Datenschutzgrundrechts erfasst sind, fehlt es an einer Grundrechtsverletzung. Der Grundrechtseingriff ist durch ein überwiegendes Allgemeininteresse gerechtfertigt, weil eine effektive Teilhabe an den Steuerdaten zur Durchführung der Besteuerung – insbesondere im Hinblick auf die Verifikation steuerlicher Vorgänge - Waffengleichheit zwischen Steuerbürger und Steuerstaat voraussetzt und deswegen der Datenzugriff nur die verfahrensrechtliche Anpassung an eine computergestützte Wirklichkeit darstellt. Der Vorwurf, dass es sich insgesamt um eine unverhältnismäßige Regelung handelt, hält ebenfalls einer näheren Überprüfung nicht Stand. Denn der Gesetzgeber hat den Datenzugriff als Ermessenvorschrift ausgestaltet und damit die Feinjustierung in das pflichtgemäße Ermessen der Verwaltung gestellt. Hierdurch kann im Einzelfall eine den angetroffenen Verhältnissen gerecht werdende Maßnahme ergriffen werden, so dass auf der abstrakt-generellen Ebene nicht der Vorwurf erhoben werden kann, aufgrund der Ermächtigung könne überhaupt keine verhältnismäßige Maßnahme von der Finanzbehörde getroffen werden. Auch das Grundrecht auf Eigentum und die Berufsfreiheit sind durch die Einführung des Datenzugriffs nicht verletzt.

XV. Die Ausgestaltung als Ermessenvorschrift hilft nicht nur verfassungsrechtliche Hürden aus dem Weg zu räumen, sondern dient als anpassungsfähiges Instrument einer effizienten und sachgerechten Erfüllung der Prüfungsaufgaben, die nach den Vorstellungen des Gesetzgebers auch zu einer verkürzten Prüfungsdauer und damit letztlich zu einer Entlastung von Unternehmern und Finanzverwaltung führen soll. Diesem Ziel der Entlastung ist bei der Ermessensausübung besonderes Augenmerk zu widmen, weil die beabsichtigte Entlastungswirkung erst die scheinbar konträren Zwecke der Herstellung eines verhältnismäßigen Eingriffs und der Steigerung der Verwaltungseffizienz verbindet, indem innerhalb der vom Zweck vorgegeben Ermessensdirektiven ein solcher Entlastungseffekt auf beiden Seiten hergestellt werden muss. In dieser eigenbestimmten Wertabwägung der konkret-individuellen Interessen- und Konfliktlage liegt Wesen und Kern der Ermessensausübung im Rahmen des Datenzugriffs. Dabei sind alle Umstände des Einzelfalls in die Abwägung einzustellen und eine dem Gleichheitsgrundsatz genügende und vor allem dem Verhältnismäßigkeitsgrundsatz entsprechende Entscheidung zu fällen.

XVI. Werden die Tatbestandsvoraussetzungen, die für einen Datenzugriff vorliegen müssen, nicht eingehalten, kann dies ein Verwertungsverbot für die erhobenen Daten nach sich ziehen. Das gilt allerdings dann nicht, wenn dem Außenprüfer vom Steuerpflichtigen ein Zugriff auf Daten ermöglicht wird, die konkret nicht dem Datenzugriff unterliegen. Soweit der Außenprüfer in Unkenntnis dieser Tatsache prüft, liegt ein verwertbarer Zufallsfund vor.

XVII. Bei der Anordnung des Datenzugriffs handelt es sich um einen Verwaltungsakt, der mit dem Einspruch angefochten und gegebenenfalls mit der Anfechtungsklage vor dem Finanzgericht angegriffen werden kann. Aufgrund des fehlenden Suspensiveffekts der Rechtsbehelfe ist aber ein Antrag auf Aussetzung der Vollziehung zu empfehlen. Einzelne Prüfungshandlungen können als Realakte grundsätzlich erst durch Anfechtung des Auswertungsbescheides angegriffen werden. Unter bestimmten Voraussetzungen kommt auch eine vorbeugende Unterlassungsklage in Betracht.

Literaturverzeichnis

Apitz, Wilfried, Digitale Buchführung und Datenzugriff der Finanzverwaltung ab 1.1.2002, StBp 2002, S. 33
Apitz, Wilfried, Digitaler Datenzugriff- Praxisbeispiel, Teil I: StBp 2007, S. 152; Teil II: StBp 2007, S. 174.
Arndt, Hans-Wolfgang, Zur Verfassungsmäßigkeit der „EDV-Zugriffsrechte" in den §§ 146, 147 AO des Entwurfs zum Steuersenkungsgesetz, Typoskript, Mannheim 2000
Assmann, Eberhard, Die abgekürzte Außenprüfung (§203 AO) – Der Weg zum dichteren Prüfungsraster?, StBp 1998, S. 309
Assmann, Eberhard, Die Geldverkehrsrechnung in der Außenprüfung, StBp 1989, S. 252
Balmes, Frank, Digitales Zeitalter der Außenprüfung, AO-StB 2002, S. 121
Bauer, Dan/Taetzner, Tobias, Zugriff ohne Ende? Grenzen der steuerlichen Vorlagepflicht von Gutachten des Steuerberaters zur Angemessenheit grenzüberschreitender Verrechnungspreise in multinationalen Konzernen, BB 2004, S. 2267
Bauer, Dan/Taetzner, Tobias, Zur Vorlagepflicht sachverhaltswürdigender Beratergutachten –Replik auf Weiß in StBp 2004, 220, StBp 2005, S. 39
Baum, Michael, Grundsätze zum Datenzugriff und zur Prüfbarkeit digitaler Unterlagen (GDPdU), NWB Fach 2, S. 7641
Becker, Enno, Die Reichsabgabenordnung, 7. Auflage, Berlin 1930
Beermann, Albert/Gosch, Dietmar, Abgabenordnung, Finanzgerichtsordnung, Loseblattsammlung, Bonn
Bilsdorfer, Peter, Die Betriebsprüfung und die erweiterte Möglichkeit des Datenzugriffs, PStR 2001, S. 76
Birkenfeld, Wolfram, Beweis und Beweiswürdigung im Steuerrecht, Köln 1973
Blenkers, Michael, Chi-Test – oder „Jeder Mensch hat seine Lieblingszahl", StBp 2003, S. 261
Brembs, Simone, Elektronische Betriebsprüfung, DSWR 2004, S. 273
Brune, Alfons, Die Auswirkungen des Handelsrechtsreformgesetzes auf die handels- und steuerrechtliche Buchführungspflicht, StBp 1998, S. 242
Bruschke, Gerhard, Datenzugriff und Prüfung digitaler Unterlagen, StB 2002, S. 42
Burchert, Bernd, Aktuelle Fragen zur Umsetzung des Datenzugriffs durch die Finanzverwaltung, INF 2002, S. 677
Burchert, Bernd, Einführung eines Zugriffsrechts der Finanzverwaltung auf DV-gestützte Buchführungssysteme – Teil I: INF 2001, S. 230; Teil II: INF 2001, S. 263
Burchert, Bernd, Praxis der digitalen Betriebsprüfung, LSW Gruppe 17, S. 81
Burkhard, Jörg, Datenzugriffsrecht der Finanzverwaltung, PStR 2001, S. 32

Burkhard, Jörg, Probleme beim EDV-Datenzugriff der Finanzverwaltung, DStZ 2003, S. 112

Canaris, Claus-Wilhelm, Die Feststellung von Lücken im Gesetz, 2. Auflage, Berlin 1983

Canaris, Claus-Wilhelm/Schilling, Wolfgang/Ulmer, Peter, Handelsgesetzbuch, Band 3, Teilband 1: §§ 238-289, 4. Auflage, Berlin/New York 2002

Carlé, Thomas, Der Zugriff der Finanzverwaltung auf die Unternehmens-EDV, KÖSDI 2001, S. 13106

Carlé, Thomas, Liquiditätsprüfung durch die Finanzverwaltung, AO-StB 2003, S. 137

Crezelius, Georg, Tendenzen der Rechtsfortbildung im Steuerrecht, BB 1984, S. 1377

Deutscher Steuerberaterverband, Steuerbereinigungsgesetz 1999, Stbg 2000, S. 2

Ditz, Xaver, Reichweite des digitalen Datenzugriffs der Finanzverwaltung im nationalen und internationalen Konzern, DStR 2004, S. 2038

Dreier, Horst, Grundgesetz-Kommentar, 2. Auflage, Tübingen 2006

Drüen, Klaus-Dieter, Datenzugriffsrechte der Außenprüfung und Archivierungspflichten der Unternehmen, AO-StB 2003, S. 83

Drüen, Klaus-Dieter, Ermessensfragen der digitalen Außenprüfung, StuW 2003, S. 365

Drüen, Klaus-Dieter, Verfassungsfragen der digitalen Außenprüfung, StuW 2003, S. 205

Duttge, Gunnar, Recht auf Datenschutz?, Der Staat 36 (1997), S. 281

Eberlein, Ulrich, Zugriff der Finanzverwaltung auf Daten und Datenverarbeitungssysteme im Rahmen der steuerlichen Außenprüfung, DStZ 2002, S. 249

Eifert, Martin, Informationelle Selbstbestimmung im Internet, NVwZ 2008, S. 521

Eller, Peter, Elektronische Rechnungsstellung und digitale Betriebsprüfung, Berlin 2003

Ernst, Stefan/Schmittmann, Jens M., Kaufmännische Aufbewahrungspflichten im Computerzeitalter, RDV 2006, S. 189

Fleischmann, Michael, Praktische Auswirkungen des Zugriffsrechts der Steuerprüfer auf die EDV des Steuerpflichtigen, BBK Fach 27, S. 2255

Forster, Eduard/Schorer, Eva, Datenzugriffsrecht der Finanzverwaltung im Rahmen steuerlicher Außenprüfungen, StB 2001, S. 402

Franzen, Klaus/Gast, Brigitte/Joecks, Wolfgang, Steuerstrafrecht, 6. Auflage, München 2005

Friauf, Karl Heinrich, Kommentar zur Gewerbeordnung, Neuwied, Loseblattsammlung

Frotscher, Gerrit, Betriebsprüfung ab 1977, Heidelberg 1976

Gerchow, Joachim/Heifer, Ulrich/Schewe, Günter/Schwerd, Wolfgang/Zink, Peter, Die Berechnung der maximalen Blutalkoholkonzentration und ihr Beweiswert für die Beurteilung der Schuldfähigkeit, Blutalkohol 1985, S. 77

Glade, Anton, Praktische Erfahrungen mit der Betriebsprüfung, StbJb. 1978/1979, S. 529

Gola, Peter/Schomerus, Rudolf, Bundesdatenschutzgesetz, 9. Auflage, München 2007

Groß, Stefan, Die Anpassung der Unternehmens-EDV an die Vorgaben zum Datenzugriff der Finanzverwaltung, DStR 2002, S. 1121

Groß, Stefan/Kampffmeyer, Ulrich/Eller, Peter, Klärungsbedarf in der praktischen Umsetzung des Rechts auf Datenzugriff im Rahmen steuerlicher Außenprüfungen, DStR 2005, S. 1214

Groß, Stefan/Kampffmeyer, Ulrich/Lamm, Martin, Ausweitung des Datenzugriffsrechts bei der digitalen Betriebsprüfung, BBK Fach 17, S. 3361

Groß, Stefan/Kampffmeyer, Ulrich/Matheis, Philipp, Die Vorbereitung auf die digitale Außenprüfung – ein Lösungsansatz, BB 2004, S. 1083

Groß, Stefan/Kampffmeyer, Ulrich/Matheis, Philipp, Endlich mehr Klarheit bei der Umsetzung des Datenzugriffs, K&R 2004, S. 112

Groß, Stefan/Matheis, Philipp/Lindgens, Bernhard, Rückstellung für Kosten des Datenzugriffs der Finanzverwaltung, DStR 2003, S. 921

Grötsch, Andreas, Persönliche Reichweite der Sperrwirkung im Rahmen des § 371 Abs. 2 AO unter besonderer Berücksichtigung von Personen- und Kapitalgesellschaften, Hamburg 2003

Hantzsch, Dieter, Der Datenzugriff durch die Finanzverwaltung – Anmerkungen aus Sicht der Betriebsprüfungspraxis, Hefte zur Internationalen Besteuerung, Heft 138, Hamburg 2001

Harnischfeger, Walter, Brennpunkte der digitalen Betriebsprüfung, DSWR 2004, S. 258

Heil, Michael, Datenzugriff der Finanzverwaltung im Fall von Außenprüfungen, StuB 2001, S. 745

Henn, Martin, Datenzugriff der Finanzverwaltung und Prüfung digitaler Unterlagen, BKK Fach 27, S. 2275

Hentschel, Bernd, Digitale Betriebsprüfung, 2. Auflage, Frechen 2005

Hoffmann, Heiko, Die Ausschlußtatbestände der Selbstanzeige bei Steuerhinterziehung : zur Sperrwirkung des § 371 Abs. 2 AO, Berlin 1998

Höreth, Ulrike/Schiegl, Brigitte, Zugriff der Finanzverwaltung auf EDV-Systeme - Zweifelsfragen, BB 2001, S. 2509

Hübschmann, Walter/Hepp, Ernst/Spitaler, Armin, Kommentar zur Abgabenordnung und Finanzgerichtsordnung, Loseblattsammlung, Köln

Intemann, Jens, Außenprüfung im digitalen Zeitalter, NWB Fach 17, S. 2007

Intemann, Jens/Cöster, Thilo, Rechte und Pflichten bei der digitalen Außenprüfung – Zugleich Besprechung des sog. Frage-Antwort-Katalogs des BMF, DStR 2004, S. 1981

Isensee, Josef/Kirchhof, Paul, Handbuch des Staatsrechts der Bundesrepublik Deutschland, Band VI, 2. Auflage, Heidelberg 2001

Jakobs, Michael Ch., Der Grundsatz der Verhältnismäßigkeit, Köln u. a. 1985

Jarass, Hans D./Pieroth, Bodo, Grundgesetz, 10. Auflage, München 2009

Käbisch, Volker, Datenzugriff und digitale Unterlagen, in: Das Steuerrecht der Neuen Medien, Teil 5/6.6, hrsg. von Kessler, Wolfgang, Loseblattsammlung, Köln

Kaminiski, Bert/Kerssenbrock, Otto-Ferdinand Graf /Strunk, Günther, Elektronischer Datenzugriff der Finanzverwaltung gemäß § 147 Abs. 6 AO, K&R 2002, S. 225

Kanzler, Hans-Joachim, Neuere Rechtsprechung zur Einkommensbesteuerung in der Land- und Forstwirtschaft, FR 1988, S. 594

Kerssenbrock, Otto-Ferdinand Graf/Riedel, Olaf/Strunk, Günther, Datenzugriff und kein Ende der Unsicherheit, StB 2002, S. 263

Kerssenbrock, Otto-Ferdinand Graf/Riedel, Olaf/Strunk, Günther, Zur Verfassungsmäßigkeit des Datenzugriffs der Finanzverwaltung im Rahmen von Betriebsprüfungen nach § 147 Abs. 6 AO, DB Beilage 9/2002, S. 1

Kirchhof, Paul, Steueranspruch und Informationseingriff, in: Die Steuerrechtsordnung in der Diskussion, Festschrift für Klaus Tipke, hrsg. von Joachim Lang, Köln 1995, S. 27

Klein, Franz, Abgabenordnung, 9. Auflage, München 2006

Klos, Joachim, Die Steuerkontrolle durch die sogenannte betriebsnahe Veranlagung, StBp 1992, S. 193

Koch, Karl/Scholtz, Rolf-Detlev, Abgabenordnung, 5. Auflage, Köln/Berlin/Bonn/München 1996

Kopp, Ferdinand/Ramsauer, Ulrich, Verwaltungsverfahrensgesetz, 10. Auflage, München 2008

Krause, Peter, Das Recht auf informationelle Selbstbestimmung – BVerfGE 65, 1, JuS 1984, S. 268

Kromer, Christoph, Datenzugriff der Finanzverwaltung auf die IT-Systeme des Unternehmens ab 2002: Umfang und Lösungsansätze, DStR 2001, S. 1017

Kromer, Christoph, StSenkG: Änderungen der AO zum Datenzugriff der Finanzverwaltung im Rahmen der Außenprüfung, DB 2001, S. 67

Kruse, Heinrich Wilhelm, Grundsätze ordnungsmäßiger Buchführung: Rechtsantur und Bestimmung, 3. Auflage, Köln 1978

Kruse, Heinrich Wilhelm, Lehrbuch des Steuerrechts, Bd. 1: Allgemeiner Teil, München 1991

Kuhfus, Werner/Schmitz, Ralf, Rechtsschutz gegen Maßnahmen des Außenprüfers als Voraussetzungen für ein Verwertungsverbot, BB 1996, S. 1468
Kuhsel, Rainer/Kaeser, Christian, Bemerkungen zum BMF-Schreiben betreffend den Datenzugriff der Finanzverwaltung ab 1.1.2002, DB 2001, S. 1583
Kungl, Willi, Vermeidbare Versäumnisse der Beratung im Rahmen der Betriebsprüfung, Steuerberaterkongressreport 1982, S. 137
Lambrecht, Claus, Normative Bindung und Sachverhaltserfassung, in: Steuerrecht und Verfassungsrecht, hrsg. von Friauf, Karl Heinrich, DStJG 12 (1989), S. 79
Lammerding, Jo, Besteht eine Pflicht zur Aufbewahrung von Steuerbelegen aus dem Privatbereich und bei Überschussrechnern, DB 1979, S. 2452
Larenz, Karl, Methodenlehre der Rechtswissenschaft, 6. Auflage, Berlin/Heidelberg/New York 1991
Loeser, Roman, System des Verwaltungsrechts, Band 1: Allgemeine Lehren, Methoden und Techniken, Baden-Baden 1994
Maaßen, Kurt, Mitwirkungspflichten des Unternehmers bei der steuerlichen Betriebsprüfung und ihre Grenzen, DB 1975, S. 2050
Marx, Franz Jürgen, Aktueller Begriff: Chi-Quadrat-Test, SteuerStud 2004, S. 536
Mathiak, Walter, Die Einkünfteverprobung mit Hilfe der Lebenshaltungsgleichung (Vermögenszuwachsrechnung und Geldverkehrsrechnung), StuW 1975, S. 30
Maurer, Hartmut, Allgemeines Verwaltungsrecht, 17. Auflage, München 2009
Mittelbach, Rolf, Schätzungen bei Außenprüfungen – Neue Erkenntnisse durch die Rechtsprechung, StBp 1984, S. 1
Mochty, Ludwig, Die Aufdeckung von Manipulationen im Rechnungswesen – Was leistet Benford´s Law?, Wpg. 2002, S. 725
Müller-Franken, Sebastian, Maßvolles Verwalten, Tübingen 2004 ,
Münch, Ingo von/Kunig, Philip, Grundgesetz-Kommentar, Band 1: Präambel bis Art. 19, 5. Auflage, München 2000
Nierhaus, Michael, Beweismaß und Beweislast, München 1989
Nöcker, Gregor, Digitale Außenprüfung der Finanzverwaltung 2002, CR 2001, S. 864
Notthoff, Karsten, Abgrenzung der Außenprüfung von sonstigen Ermittlungsmaßnahmen, DB 1985, S. 1497
Offerhaus, Klaus, Zur Analogie im Steuerrecht, BB 1984, S. 993
Ossenbühl, Fritz, Der polizeiliche Ermessens- und Beurteilungsspielraum, DÖV 1976, S. 462
Ossenbühl, Fritz, Verwaltungsvorschriften und Grundgesetz, Bad Homburg u. a. 1968

Osterloh, Lerke, Gesetzesbindung und Typisierungsspielräume, Baden-Baden 1992

Pahlke, Armin/Koenig, Ulrich, Abgabenordnung, München 2004

Palandt, Otto, Bürgerliches Gesetzbuch, 66. Auflage, München 2007

Panek, Martin, Die steuerliche Außenprüfung - Digitale Außenprüfung unter Berücksichtigung der §§ 146, 147 und 200 AO, Diss. Würzburg, Hamburg 2008

Pieroth, Bodo/Schlink, Bernhard, Grundrechte Staatsrecht II, 24. Auflage, Heidelberg 2008

Portner, Rosemarie, Zwei Seiten einer Medaille – unmittelbarer Zugriff der Finanzbehörde auf das DV-System des Unternehmens einerseits und Akteneinsicht in die elektronisch gespeicherten Ermittlungsergebnisse andererseits, in: Gesellschaftsrecht, Rechnungslegung, Steuerrecht, in: Festschrift für Welf Müller, hrsg. von Hommelhoff, Peter/Zätsch, Roger/Erle, Bernd, München 2001, S. 321

Pump, Herrmann/Leibner, Wolfgang, Abgabenordnung, Loseblattsammlung, Neuwied

Reichel, Fritz, Die Abgabenordnung kennt keinen Schätzungszwang, BB 1982, S. 1981

Rogall, Klaus, Informationseingriff und Gesetzesvorbehalt im Strafprozessrecht, Tübingen 1992

Sauer, Otto, Entwicklung der Außenprüfung zur rechtsstaatlich verfassten Institution, StBp 1991, S. 217 u. 241

Schaumburg, Harald, Der Datenzugriff und andere Kontrollmöglichkeiten der Finanzverwaltung, DStR 2002, S. 829

Schick, Walter, Steuerverfahrensrechtliche Aspekte der Bilanz, BB 1987, S. 133

Schick, Walter, Vergleiche und sonstige Vereinbarungen zwischen Staat und Bürger, München 1967

Schlink, Bernhard, Das Recht der informationellen Selbstbestimmung, Der Staat 25 (1986), S. 233

Schmid, Franz, Datenzugriff der Finanzverwaltung 2005, Offenburg 2005

Schmidt, Michael, Die Problematik der objektiven Beweislast im Steuerrecht, Berlin 1998

Schmittmann, Jens M., „Der gläserne Steuerpflichtige?“ – Anmerkungen zu den Grundsätzen des BMF zum Datenzugriff und zur Prüfbarkeit digitaler Unterlagen, WPg. 2001, S. 1050

Schmitz, Stephan, Elektronischer Geschäftsverkehr und sein Kontrolle, StBp 1998, S. 197

Schmitz, Stephan, Zweifelsfragen im Zusammenhang mit dem Zugriffsrecht der Finanzverwaltung auf DV-gestützte Buchführungssysteme, Teil I: StBp 2002, S. 189; Teil II: StBp 2002, S. 221; Teil III: StBp 2002, S. 253

Schneider, Thomas, Das Benford-Gesetz als statistisches Instrument zur Aufdeckung von Unregelmäßigkeiten, INF 2004, S. 677
Schoor, Hans Walter, Zur Aufbewahrungspflicht von Preisverzeichnissen, Fremdenverzeichnissen und Beherbergungsstatistiken im Hotel- und Gaststättengewerbe, StBp 1983, S. 89
Schroer, Heinrich J., Datenzugriff und Prüfung digitaler Unterlagen durch die Finanzverwaltung beim Steuerberater, INF 2002, S. 54
Schultz-Söderlund, Rüdiger, Der Datenzugriff – Anlass zur Sorgfalt, nicht zur Sorge, BB 2003, S. 1201
Schuppenhauer, Rainer, GoDV-Handbuch, 6. Auflage, München 2007
Schwarz, Bernhard, Abgabenordnung, Loseblattsammlung, Freiburg i. Br.
Seer, Roman, Kodifikation von Dokumentationspflichten über die Verrechnungspreisgestaltung im multinationalen Konzern?, FR 2002, S. 380
Seer, Roman, Reform des Veranlagungsverfahrens, StuW 2003, S. 40
Seer, Roman, Verständigungen in Steuerverfahren, Köln 1996
Simitis, Spiros, Bundesdatenschutzgesetz, 6. Auflage, Baden-Baden 2006
Sosna, Christian, Einsatz statistischer Methoden zur Risikoanalyse, Recherche und Lokalisierung von Steuerausfällen, Teil I: StBp 2000, S. 41, Teil II: StBp 2000, S. 68
Spönlein, Rita, DV-gestützte Betriebsprüfung in Frankreich, StBp 1997, S. 254
Stahl, Rudolf, „Elektronische Betriebsprüfung", KÖSDI 2005, S. 14532
Stern, Klaus, Das Staatsrecht der Bundesrepublik Deutschland, Band III/1 und III/2: Allgemeine Lehren und Grundrechte, München 1988 und 1994
Strunk, Günther/Zöllkau, York, Zugriff der Finanzverwaltung auf Daten des Betriebs bei der Betriebsprüfung, BB 2001, S. 703
Taetzner, Tobias/Büssow, Thomas, Grundsätze zum Datenzugriff und zur Prüfbarkeit digitaler Unterlagen – Quo vadis?, BB 2002, S. 69
Thiel, Jochen, Außenprüfung und verbindliche Zusagen aufgrund einer Außenprüfung nach der AO 1977, INF 1977, S. 111
Tipke, Klaus, Die Steuerrechtsordnung, Bd. III, Köln 1993
Tipke, Klaus, Steuerliche Betriebsprüfung im Rechtsstaat, München 1968
Tipke, Klaus/Kruse, Heinrich Wilhelm, Abgabenordnung – Finanzgerichtsordnung, Loseblattsammlung, Köln
Tipke, Klaus/Lang, Joachim, Steuerrecht, 19. Auflage, Köln 2008
Trappmann, Helmut, Archivierung von Geschäftsunterlagen, DB 1989, S. 1482
Viskorf, Stephan, Elektronische Betriebsprüfung bei Rechtsanwälten und Steuerberatern, DB 2005, S. 1929
Vitzthum, Wolfgang Graf, Völkerrecht, 4. Auflage, Berlin 2007
Vogelgesang, Klaus, Grundrecht auf informationelle Selbstbestimmung?, Baden-Baden 1987
Völker, Gerhard, Zur Ausfüllung von Gesetzeslücken im Steuerrecht, DStZ 1989, S. 235

Wähnert, Andreas/Kuballa, Dirk-Peter, Mathematisch-statistische Methoden in der Betriebsprüfung, BBK Fach 27, S. 2285

Watrin, Christoph/Struffert, Ralf, Benford´s Law und Chi-Quadrat-Test – Chancen und Risiken des Einsatzes bei steuerlichen Prüfungen, DB 2006, S. 1748

Weigel, Martin, Der „neue“ Datenzugriff bei Betriebsprüfungen, UStB 2001, S. 373

Weiß, Gerhard, Das an den Steuerpflichtigen gerichtete Verlangen auf Vorlage vorhandener Rechtsgutachten, StBp 2004, S. 220

Weiß, Gerhard, Duplik zu vorstehender Replik, StBp 2005, S. 42

Wilms, Jan/Roth, Jan, Die Anwendbarkeit des Rechts auf informationelle Selbstbestimmung auf juristische Personen i. S. von Art. 19 III GG, JuS 2004, S. 577

Woerner, Lothar, Verfassungsrecht und Methodenlehre im Steuerrecht, FR 1992, S. 226

Wolf, Edgar, Abgabenordnung, Baden-Baden 1977

Wolff-Diepenbrock, Johannes, Verwertungsverbot von Feststellungen ohne Prüfungsanordnung, StuW 1998, S. 267

Zezschwitz, Friedrich von, Überwachungsexzess im neuen Steuerrecht, RDV 2002, S. 117

Zwank, Herbert, Die Neuregelung der Aufbewahrungsfristen und die Dokumentation bei EDV-Buchführungen, INF 1978, S. 49

Bochumer Schriften zum Steuerrecht

Herausgegeben von Roman Seer

Band 1 Roman Seer / Burkhard Kämper (Hrsg.): Bochumer Kirchensteuertag. Grundlagen, Gestaltung und Zukunft der Kirchensteuer. 2004.

Band 2 Roman Seer (Hrsg.): Bochumer Lohnsteuertag. Die Lohnsteuer im Spannungsfeld zwischen Unternehmerfreiheit und Fiskalinteresse. 2005.

Band 3 Frank-André Mönkemöller: Die Zurechnung der Überschusseinkünfte bei Personengesellschaften. 2005.

Band 4 Kai Thulfaut: Die Besteuerung international tätiger Anwaltssozietäten. 2005.

Band 5 Jens Hoffmann: Die Besteuerung von Kapitalgesellschaften und ihren Anteilseignern in Irland im Vergleich zu Deutschland. Zugleich ein Beitrag zu den Grenzen des Steuerwettbewerbs in der Europäischen Union. 2005.

Band 6 Theresa Franz: Körperschaftsteuerliche Behandlung der grenzüberschreitenden Betätigung von Kapitalgesellschaften innerhalb der EG. Eine Betrachtung unter Berücksichtigung der Rechtsprechung des EuGH, der geplanten 14. gesellschaftsrechtlichen Richtlinie und der Societas Europaea. 2006.

Band 7 Jan Michaelis: Die territoriale Zuordnung von Beteiligungsaufwand im Europäischen Unternehmenssteuerrecht. Zugleich zur Verfassungsmäßigkeit des § 8b Abs. 5 KStG in der Fassung des ProtErklG. 2006.

Band 8 Hans Anders: Die Überschussrechnung nach § 4 Abs. 3 EStG im System der steuerlichen Einkünfteermittlung. 2007.

Band 9 Björn Kahler: Die Freistellungsmethode in deutschen Doppelbesteuerungsabkommen und ihre Vereinbarkeit mit dem EG-Vertrag. Betrachtung der Freistellungsmethode in deutschen Doppelbesteuerungsabkommen, Untersuchung ihrer Folgen im Ertragsteuerrecht und Prüfung ihrer Vereinbarkeit mit dem EG-Vertrag. 2007.

Band 10 Lars Rehfeld: Die Vereinbarkeit des Außensteuergesetzes mit den Grundfreiheiten des EG-Vertrags. 2008.

Band 11 Heike Rüping: Die Umsatzsteuer-Nachschau nach § 27b UStG. 2008.

Band 12 Marius Frederik Schumann: Das Dispensverfahren im europäischen Mehrwertsteuerrecht. Grenzen nationaler Alleingänge nach Art. 395 der Mehrwertsteuersystemrichtlinie in der Betrugsbekämpfung. 2008.

Band 13 Daniela Zuschlag: Die pauschalierte Gewerbesteueranrechnung nach § 35 EStG. 2009.

Band 14 Napoleão Dagnese: Verrechnungspreise und die Aufzeichnungspflicht im brasilianischen und deutschen Steuerrecht. 2009.

Band 15 Marcel Krumm: Steuervollzug und formelle Insolvenz. 2009.

Band 16 Martin Karl Plappert: Gemeinnützigkeits- und Spendenrecht: Ein steuersystematischer Rechtsvergleich zwischen den USA und Deutschland. 2009.

Band 17 Karina Grundmann: Das Recht auf Akteneinsicht im Besteuerungsverfahren. 2009.

Band 18 Claus Möllenbeck: Das Verhältnis der EG-Amtshilfe zu den erweiterten Mitwirkungspflichten bei internationalen Steuerfällen. 2010.

Band 19 Sibyl Tanja Rieper: Steuerverfehlungen als Tatbestandsmerkmale von AO-Vorschriften. 2010.

www.peterlang.de